ALBER PHILOSOPHIE

Der Herausgeber über das Buch:
Der in diesem Band enthaltene Kollegtext will auf dem Wege der Auslegung einiger Stücke aus der Aristotelischen ›Rhetorik‹ nicht nur als eine Einführung in das Denken des Aristoteles, sondern zugleich auch als eine Einführung in den sachgemäßen Umgang mit klassischen Texten der philosophischen Tradition überhaupt rezipiert werden. Diesem Ziel dient die Analyse und Interpretation einer Reihe von Begriffen (vor allem aus der Logik und der Ethik), welche über ihre Bedeutung für die Rhetorik hinaus für das Aristotelische Philosophieren grundlegend wichtig sind. Dabei fungieren die einschlägigen Texte lediglich als ein Medium des philosophischen Denkens selbst: Mit ihrer Hilfe wird zugleich auf die Auffassungen des Aristoteles als solche und seine Argumentation abgestellt, wie auch die eigene philosophische Intention auf die Sachverhalte ausgerichtet, auf die sich eben diese Auffassungen beziehen und die sie intendieren. König gelingt es so nicht nur den Aristotelischen Text auf faszinierende Weise zum Sprechen zu bringen; vielmehr vermittelt die souveräne Art seiner Gedankenführung auf exemplarische Weise den Prozeß der philosophischen Reflexion selbst.

Der Autor:
Josef König (1893–1974) war von 1946 bis 1953 Ordinarius für Philosophie an der Universität Hamburg, von 1953 bis zur Emeritierung 1961 Ordinarius seines Fachs in Göttingen. Neben seinem Buch ›Der Begriff der Intuition‹ (gedruckt 1926) und seinem Hauptwerk ›Sein und Denken‹ (gedr. 1937, ²1969) veröffentlichte König zu seinen Lebzeiten sechs zum Teil umfangreichere Aufsätze (gesammelt in ›Vorträge und Aufsätze‹, 1978) und eine Darstellung der Philosophie seines Lehrers Georg Misch (1967). Aus dem Nachlaß erschienen 1991 die Probevorlesung ›Die offene Unbestimmtheit des Heideggerschen Existenzbegriffs‹ (in Dilthey-Jahrbuch Bd. 7), 1994 die Kollegmanuskripte aus mehreren Semestern über den logischen Unterschied Theoretischer und Praktischer Sätze sowie ›Kleine Schriften‹ und der Briefwechsel von 1923–1933 mit Helmuth Plessner.

Josef König

Einführung in das Studium des Aristoteles

Alber-*Reihe* Philosophie

Josef König

Einführung in das Studium des Aristoteles

an Hand einer Interpretation seiner Schrift über die Rhetorik

Herausgegeben von
Nicolas Braun

Verlag Karl Alber Freiburg / München

Die Deutsche Bibliothek – CIP-Einheitsaufnahme

König, Josef:
Einführung in das Studium des Aristoteles :
an Hand einer Interpretation seiner Schrift über die Rhetorik /
Josef König / Nicolas Braun (Hg.). –
Freiburg (Breisgau) ; München : Alber, 2002
(Alber-Reihe Philosophie)
ISBN 3-495-48059-5

Texterfassung in der Verantwortung des Herausgebers

Gedruckt auf alterungsbeständigem Papier (säurefrei)
Printed on acid-free paper

Einbandgestaltung: Eberle & Kaiser, Freiburg
Einband gesetzt in der Rotis SemiSerif von Otl Aicher
Satzherstellung: SatzWeise, Föhren
Inhalt gesetzt in der Aldus und Gill Sans
Druck und Bindung: Difo-Druck, Bamberg 2002
ISBN 3-495-48059-5

Vorwort

Leser, die sich für die Arbeiten Josef Königs interessieren, aber wohl auch alle Freunde der aristotelischen Philosophie werden Nicolas Braun, dem ‹Entdecker› und Herausgeber des Kollegs, das Josef König im Sommersemester 1944 während eines Fronturlaubs an der Universität Göttingen gehalten hat, und dem Alber-Verlag, der dies Kolleg nun im Druck vorlegt, Dank wissen.

Der Text des Kollegs ‹Einführung in das Studium des Aristoteles an Hand einer Interpretation seiner Schrift über die Rhetorik› unterscheidet sich der Art nach von den anderen Kollegs Josef Königs, z. B. von dem schon veröffentlichten Kolleg über ‹Theoretische und Praktische Sätze›. Gelöst und geradezu heiter unterrichtet König die Studenten und Studentinnen hier über etwas, das, wie immer die Zukunft aussehen möge, ein «Schatz für alle Zeit» – mit den berühmten Worten des Thukydides – bleiben wird. Von der damaligen Lage der sich abzeichnenden militärischen Katastrophe fließt in den Text so gut wie nichts ein (anders als etwa bei Martin Heidegger, der gern zeitgeschichtliche Betrachtungen in seine Kollegs einflocht).

Aber war vielleicht gerade dies ein auch politisches Signal, das König seinen Hörern und Hörerinnen vermitteln wollte: Es gibt zeitübergreifende Gehalte, und Aristoteles wird bleiben, und damit die Möglichkeit, sich an seinen Texten immer wieder zu klarem Denken zu bilden?

Ganz ungewöhnlich – in der damaligen philosophischen Situation – ist es, wenn König schon im § 1 der ‹Einleitung› sagt: «Es ist mir darum zu tun, durch diese Beschäftigung mit Aristoteles unserem *eigenen* Philosophieren *ganz unmittelbar* zu dienen.»

In diesen Zusammenhang gehört es auch, daß König keinerlei Bedenken hat, zu einer bestimmten These des Aristoteles Stellung zu nehmen, indem er fragt: «Aber stimmt nun, was Aristoteles sagt?» Die Frage (§ 25a) bezieht sich auf die These des Aristoteles (Rhet. B8, 1385b 13–15): «Mitleid ist ein Gefühl des Schmerzes über ein offensichtliches Übel, das lebensbedrohlich oder schmerzlich ist, und jemanden trifft, der es nicht verdient hat, wobei das Übel eines sein muß, von dem der Mitleidende sich vorstellen kann, daß es auch ihn selbst oder Menschen, die ihm nahestehen, treffen könnte.» Die letzte Klausel ist für König philosophisch interessant: Meint Aristoteles, niemand könne Mitleid empfinden, der sich nicht der entsprechenden Gefahr ausgesetzt weiß? Oder sollen wir Aristoteles so verstehen, daß er sagen will: Mitleid *besteht darin*, daß jemand beim Anblick fremden Unglücks daran denkt, auch selbst gefährdet zu sein – so daß Mitleid eigentlich Sorge um uns selbst wäre?

König entscheidet sich – mit Recht, wie ich meine – für die erste Interpretation. Nachdem geklärt ist, was Aristoteles meint, fragt König, wie schon zitiert: «Aber stimmt nun, was Aristoteles sagt? Stimmt es, daß, wer das Fragliche nicht zu denken vermag, unmöglich Mitleid empfindet?» Er fährt fort: «Ich für mein Teil glaube, daß Aristoteles recht hat; aber auf das, was ich so glaube und meine, kommt es ja nicht an. Ein Beweis des Aristoteles liegt nicht vor.» Für König ist also bei der Auseinandersetzung mit einer philosophischen Theorie stets zweierlei zu erörtern:

a) ist die vom Autor aufgestellte These wahr?

b) reichen die vom Autor gegebenen Argumente für seine These als Begründung aus?

Im hier diskutierten Fall hält König die These für wahr, aber die Begründung der These durch Aristoteles für nicht überzeugend. Aus Zeitgründen verzichtet er darauf, nach besseren Gründen Ausschau zu halten. Es gilt daher für König bei philosophischen Thesen aus Texten der Tradition, drei mögliche Fälle zu unterscheiden: a) die These ist wahr, die Gründe sind zureichend; b) die These ist wahr, die Gründe reichen nicht aus; c) die These ist vermutlich falsch, die Gründe unzureichend; den vierten Fall, in dem die These falsch ist, aber hinreichende Beweisgründe vorliegen, kann es aus logischen Gründen nicht geben: Was falsch ist, kann man nicht überzeugend begründen.

Es ist vielleicht heute schwer, sich vorzustellen, wie überraschend, ja geradezu befreiend ein solcher Umgang mit klassischen philosophischen Texten wirken mußte; im allgemeinen wurde gegenüber den großen Denkern der Vergangenheit (und Gegenwart) eher eine andächtig kritiklose Haltung eingenommen; man war schon zufrieden, wenn man die Texte zu verstehen meinte. Sie kritisch zu erörtern, an ihrer Wahrheit und Begründbarkeit zu zweifeln, konnte als bloße Anmaßung erscheinen.

Das erste Kolleg, das ich selbst bei Josef König hören konnte, war das vom Wintersemester 1945/46, über Kants praktische Philosophie. Es war das nächste Kolleg, das König nach dem hier veröffentlichten Kolleg vom Sommer 1944 in Göttingen gehalten hat: Im Wintersemester 1944/45 war er, nachdem ihn die Wehrmacht, auf Antrag der Universität, mit dem Majorsrang entlassen hatte, zum Volkssturm eingezogen worden. Das Sommersemester 1945 fiel an allen Universitäten Deutschlands aus. Ich erinnere mich, daß König auch im Wintersemester 45/46 Kants Texte (aus der ›Kritik der praktischen Vernunft‹) einer ähnlich kritischen Prüfung unterzog, wie er dies mit Teilen der aristotelischen Rhetorik getan hatte. Da das Kant-Kolleg – am frühen Wintermorgen – ohne Licht im Hörsaal, nur mit einem oder zwei ‹Hindenburglichtern› auf dem Katheder, stattfand, konnte ich mir damals keine Notizen machen. Daher bin ich besonders erfreut darüber, im Rhetorik-Kolleg dieselben Verfahren angewandt zu sehen, die mir an dem späteren Kant-Kolleg so imponierten, und die mich, wie ich annehme, gegen die hermeneutische Selbstentmündigung gegenüber bedeutenden philosophischen Texten der Tradition immun gemacht haben.

Natürlich ist seit 1944 die Forschung zu Aristoteles erheblich fortgeschritten. Königs Einführung in die Biographie und in die Schriften des Aristoteles sind noch stark durch Werner Jaeger und sein Aristoteles-Buch von 1923 geprägt. Der Herausgeber hat dort, wo es nötig ist, auf die veränderte Forschungslage hingewiesen. Das Wichtigste an Königs Kolleg wird von solchen Veränderungen der Forschungslage nicht berührt. Solche Bemerkungen wie «Aristoteles hatte zu viel Takt, um tief zu sein» (S.150) sind zeitlos gültig, und so darf man dieses Kolleg, wie den Text des Aristoteles selbst, ein «κτῆμα εἰς ἀεί» nennen.

Daß dies Kolleg 1944 an einer deutschen Universität so gelesen werden konnte, scheint wie ein Lichtblick in finsterer Zeit, ähnlich wie es ein Lichtblick war, daß die Hamburger Fakultät 1936 Josef König als Nachfolger des von den Nationalsozialisten aus seinem dortigen Lehramt verdrängten Ernst Cassirer berufen wollte und, als der Minister die Erteilung des Rufs verweigerte, den Lehrstuhl bis 1946 unbesetzt ließ, um dann den Ruf an Josef König zu wiederholen.

Göttingen, Juli 2000 *Günther Patzig*

Inhalt

Zweiter Abschnitt

Aristoteles ist der wortkargste Philosoph, den ich kenne. Und dies Urteil ist allgemein. Gerade deshalb muß man dem, was er nun äußert und dessen sprachliche Fixierung er für notwendig erachtet, sorgfältig nachgehen. Es lohnt sich immer. Es ist nicht nur notwendig für das begriffliche Verstehen, sondern gewährt den Genuß, einen in seinen Gegenstand verlorenen Künstler und Meister bei der Arbeit zu sehen: wie er Striche hinsetzt, die sitzen. Dieses zu verfolgen und immer wieder mit ihm nachzuvollziehen, ist überhaupt der tiefste Gewinn solcher Schriften. Der liegt nicht darin, daß uns irgendwelche große Gedanken über Gott und die Welt vorgetragen werden, Gedanken, die dann andere auch große Philosophen bestreiten und die sich schließlich doch irgendwo im Dunkel verlieren. Er liegt in der Qualität der Arbeit, in dem tiefen Handwerk. Dies zu gewahren, die Möglichkeit und Wirklichkeit solchen selbstverlorenen Sachbezugs an irgendeinem scheinbar und vielleicht auch wirklich wenig bedeutungsvollen Punkt und Satz leibhaft vor sich zu sehen – ist ein κτῆμα εἰς ἀεί: *ein dauernder Besitz. Von den sog. großen umfassenden Gedanken gilt das nicht. In diesen kleinen Dingen liegt die* R e a l i t ä t *des Philosophierens. Und wer sie da nicht erfaßt, dem wird die Philosophie immer nur ein eingebildeter und zufälliger Besitz sein.*

Josef König (S. 146 f.)

Editorische Hinweis

K^n = Eigenhändige (Rand-)Bemerkungen von König.
Im Text erscheinen diese Bemerkungen eingeschlossen in gerade eckige Klammern: [… K^n].

[…] kursive Schrift in kursiven eckigen Klammern = Bemerkungen und Zusätze des Herausgebers.

⟨…⟩ bezeichnen Ergänzungen gegenüber der Handschrift.

Zur Textgestaltung des vorliegendes Bandes siehe ‹Nachwort des Herausgebers› (Ziffer 6).

Einleitung

§1. *Einleitende Bemerkungen über Vorhaben und Zweck der Vorlesung*

Meine Damen und Herren.

Der Titel der Ankündigung dieser Vorlesung spricht mein Vorhaben in diesem Semester klar aus. Ich möchte die Aristotelischen Bücher über die Rhetorik (über die Redekunst) interpretieren. Und der Zweck dabei soll nicht nur eben die Kenntnis dieses einzelnen Werkes sein; vielmehr will ich die Interpretation so lenken, daß sie zugleich als eine Einführung in das Studium der Philosophie des Aristoteles im ganzen dienen und gelten kann.

Ich betone ‹Einführung in das *Studium* der Aristotelischen Philosophie›: d.h. es ist *nicht* meine Absicht, dieses *Ganze* der Philosophie des Aristoteles Ihnen gleichsam vor Augen zu legen, so daß Sie glauben könnten, es nunmehr historisch-wissensmäßig zu besitzen. Und zwar ist dies deshalb nicht meine Absicht, weil ich mich in diesem Kolleg keineswegs *rein* historisch einstelle. Es ist mir vielmehr darum zu tun, durch diese Beschäftigung mit Aristoteles unserem *eigenen* Philosophieren *ganz unmittelbar* zu dienen. Dieses bedingt aber eine Gedankenführung und eine Richtung des Aufmerkens und Auswählens, die sich mit einem *rein* historischen Vorhaben nicht verträgt.

Daß ich gerade die Schrift über die Kunst der Rede der Interpretation zugrunde lege, hat seinen Grund darin, daß sich dieses Werk sehr gut als Unterlage für eine Einführung eignet. Es ist 1.) ein verhältnismäßig *leichtes* Werk. Es hat einen ganz konkreten, auch für uns Heutige sofort noch faßbaren Gegenstand: eben die Kunst, eine gute Rede zu halten; was dazu gehört und wie man das am besten anfängt; insofern ist es recht eigentlich das, was auch in seinem Titel liegt: eine *Technik*, eine Anweisung, das Reden technisch richtig und gut zu machen. Denn der Titel lautet lateinisch *ars* rhetorica; griechisch *τέχνη* ῥητορική.

2.) Eben weil es eine solche τέχνη oder ars ist, vereinigt es Einfachheit und konkrete Bestimmtheit des Ziels mit einer reichen Mannigfaltigkeit von Inhalt, der uns nun gerade interessieren soll. Eine Technik ist ja weniger selbst eine Wissenschaft als vielmehr eine Anwendung wissenschaftlicher Einsichten zur Erzielung eines bestimmten Zwecks. Und die Aristotelische Rhetorik greift für ihren Zweck auf mehrere philosophische Wissenschaften zurück: vor allem auf die *Logik* und auf die *Ethik*. Unser Hauptinteresse in dieser Vorlesung soll weniger der Rhetorik selber gehören als diesen logischen, ethischen und psychologischen Einsichten und Anschauungen, die Aristoteles hier seinem Zweck entsprechend möglichst einfach und leicht faßlich vorträgt und entwickelt. Der Leser der Rhetorik sieht sich alsbald einer großen Mannigfaltigkeit Aristotelischer *Grundbegriffe* aus der Logik und der Ethik gegenüber und zwar glücklicherweise derart, daß diese Begriffe in einer verhältnismäßig leicht faßlichen Weise eingeführt und definiert werden. Eine Interpretation der Rhetorik wird also notwendig zugleich Interpretation dieser Grundbegriffe sein. Natürlich kann man nun noch den Schwerpunkt einer Interpretation dahin oder dorthin legen. Man kann die wissenschaftlichen Grundbegriffe selber zurücktreten lassen und mehr auf das sehen, was der Autor mit ihrer Hilfe zustande bringt. Man kann auch das Umgekehrte tun. Je nach dem Zweck, den man selber verfolgt. Meinem Vorhaben entspricht es weit mehr das letzte zu tun. Ich möchte erreichen, daß Sie nach dem Anhören des Kollegs mit einer ganzen Reihe von Begriffen, die für das Aristotelische Denken grundlegend wichtig sind, so weitgehend vertraut sind, daß Ihnen daraus für Ihr eigenes Studium anderer philosophischer Schriften *überhaupt* und insbesondere natürlich anderer *Aristotelischer* Schriften ein ernsthafter Nutzen entspringt. Sollte mir dies gelingen, so würde ich meine Absicht, Sie an Hand dieser Interpretation in das *Studium* des Aristoteles einzuführen, für erreicht halten. Denn in ein *Studium* von etwas ist man eingeführt, wenn man in den Stand gesetzt ist, nun auch selber allein weiterzumachen.

Aber 3.) ist es noch aus einem anderen und tieferen Grunde sehr nützlich, sich gerade von der Rhetorik aus den Weg in die Aristotelische Philosophie zu bahnen. Ja, es ist keine Übertreibung, wenn ich sage, daß das Studium dieser Rhetorik in einer sehr wesentlichen Hinsicht eine Einführung abgeben kann in das Studium der ganzen klassischen und nachklassischen antiken Philosophie überhaupt. Ich kann und will diese Behauptung hier bei Beginn dieses Kollegs nicht näher begründen. Ich will auf die fraglichen Verhältnisse hier nur wie aus der Ferne mit aller Behutsamkeit hindeuten. Denn was sich da auftut ist zuletzt nichts Geringeres als das Problem, ob und in welchem Sinn die Philosophie überhaupt eine Wissenschaft ist. Was ich jedoch nun eben nur andeutend sagen will, ist folgendes: Die griechische Philosophie der klassischen Zeit beginnt mit der sog. *Sophistik;* mag man nun diese schon zu der klassischen Epoche selber hinzurechnen oder in ihr nur den Übergang sehen von der sog. Vorsokratik zur Klassik, die mit Sokrates beginnt, alsbald schon in der Platonischen Philosophie gipfelt und mit Aristoteles ausreift und endet. Die Hauptvertreter der frühen Sophistik sind den meisten wenigstens dem Namen nach aus den Dialogen Platos bekannt: Protagoras, Gorgias, Prodikos, Hippias, Thrasymachos u.a. Im Mittelpunkt des Unterrichts, den die Sophisten gaben, stand die *Rhetorik,* und Sophistik und Rhetorik sind von daher zu Begriffen geworden, die für diese Zeitepoche wechselseitig einander herbeiziehen.[1] Die Rhetorik, die Kunst des wirkungsvollen Redens, hat es nun zweifelsohne irgendwie mit dem Überreden und Überzeugen zu tun. Gut redet, oder wenigstens gut zu reden scheint, wer so redet, daß wir ihm *recht geben,* daß wir sagen ‹er hat recht›. Plato definiert in seinem Dialog Gorgias die sophistische ars rhetorica als πειθοῦς δημιουργός, d.h. als den Werkmeister oder als die Bewirkerin von Überzeugung.[2] Wie bringt man nun Überzeugung hervor? Wie stellt man es an, um andere von der Richtigkeit der Dinge, die wir redend vertreten, zu überzeugen? Wir werden aus der Aristotelischen Rhetorik alsbald mehrere Mittel zu diesem Zweck kennenlernen. Aber eines dieser Mittel, ein Hauptmittel, ist ohne Zweifel das *Begründen.* Nun ist zwar die Absicht, jemanden von der Richtigkeit eines Logos, eines Satzes, den man vertritt, zu *überzeugen,* nicht dasselbe wie die Absicht, einen solchen Satz in wissenschaftlich haltbarer Weise zu begründen. Sonst wäre ja jede Rede, gleichgültig welcher besonderen Art, ein wissenschaftlicher Vortrag. Indem jedoch die Rede in dem Hörer Überzeugung hervorbringen will, und indem ein Hauptmittel des Überzeugens das Begründen ist, brauchen wir uns nicht zu wundern, daß die

[1] Heinrich Gomperz: Sophistik und Rhetorik. Das Bildungsideal des εὖ λέγειν in seinem Verhältnis zur Philosophie des V. Jahrhunderts, Leipzig/Berlin 1912.
[2] *[Gorg. 453 A.]*

Rhetorik der griechischen frühen Sophistik eine wesentliche Triebkraft in der Entwicklung der griechischen Philosophie und griechischen Wissenschaft geworden ist. Die klassische griechische Philosophie – so wie sie vorliegt – ist ohne die griechische Sophistik gar nicht denkbar. Und man merkt es ihren Werken auch gut an, daß dieser Zusammenhang besteht. Die Rhetorik des Aristoteles ist eine direkte Fortsetzung der sophistischen Rhetorik; aber sie hat zugleich bewirkt, daß von nun an Rhetorik und Sophistik im allgemeinen Bewußtsein wieder getrennte Begriffe sind. Sie hat die Frage der Möglichkeit einer echt wissenschaftlichen Rhetorik, die schon Plato im Gegensatz zur unwissenschaftlichen Routine der Sophisten in seinem Dialog Phaidros bejahte,[3] durch die Tat positiv entschieden. Was eine aus wissenschaftlichem Geist entsprungene Rhetorik ist und sein kann, vermag das Aristotelische Werk noch heute auf das schönste und deutlichste vor Augen zu stellen.

Je reiner jedoch sich hier nun der philosophische Erkenntnistrieb auswirkt und durchsetzt, um so entschiedener macht dieses Werk nun auch jenen geheimen und tief problematischen Bezug spürbar, der in der klassischen und nachklassischen Antike Philosophie und Rhetorik miteinander verbindet und sie halb vereint und halb einander entgegengestellt zu den beiden geistigen Hauptbildungsmächten der alten Welt macht. Mal usurpiert die Rhetorik die Geschäfte der Philosophie und bringt damit echte Philosophie und Wissenschaft zum Erliegen. Mal raffen sich diese in großen Geistern wieder auf. Aber es gelingt der Antike nicht, jenen geheimen Bezug beider Mächte, der uns unter dem Zeichen der Vorherrschaft der Philosophie in der Rhetorik des Aristoteles ergreifend entgegentritt, endgültig aufzulösen. Ich lasse hier dahingestellt, ob dieser Bezug in irgendeiner Form und im tiefsten verstanden berechtigt und fruchtbar ist. Auf jeden Fall hat die antike Philosophie auch in ihren tiefsten Vertretern etwas Rhetorisches. Und das Studium der Aristotelischen Rhetorik kann uns daher nicht nur zeigen, welche äußerst nützlichen Kenntnisse und Ratschläge die Philosophie den antiken Rednern zu geben imstande war; vielmehr können wir daraus teils unmittelbar und allerdings mehr noch nur indirekt Winke entnehmen, die uns manche Aufklärung geben über die Verfertigung der antiken philosophischen Schriften selber. Unter diesem Gesichtspunkt des rhetorischen Einschlags in der antiken Philosophie kann

[3] *[Vgl. z. B. Phaidr. 269 E–271 B.]*

also das Studium der Aristotelischen Rhetorik, wie ich schon sagte, in der Tat als Einführung dienen in das Studium der klassischen und nachklassischen antiken Philosophie überhaupt.

Die Platonischen Dialoge sind, wie Sie ja wissen, zu einem großen Teil die Denkmale des Kampfes zwischen den beiden großen griechischen Bildungsmächten der Philosophie und der Rhetorik. Dieser Kampf hat zwei sehr verschiedene Aspekte, wie wir niemals vergessen wollen. Er ist *einmal* zeitgeschichtlich, geistesgeschichtlich bedingt und ist insofern ein Bestandstück der spezifisch griechischen Geistesgeschichte, das für uns mehr nur ein historisches Interesse hat. Es ist in dieser Rücksicht der Kampf zwischen der Philosophie oder besser noch zwischen Plato und der in eigentlichem Sinne *sophistischen* Rhetorik. Plato und die Philosophie sind hier der unbestrittene Sieger. Und wenn es noch eines Zeichens für dies Offenkundige bedürfte, so wäre eben hinzuweisen auf die aus Platos Schule hervorgegangene Aristotelische Rhetorik als der positiven Überwindung der sophistischen Rhetorik. Denn was die Kunst der Rede ist und sein kann ist darin auseinandergelegt. Damit ist die Kunst der Rede definiert und das heißt zugleich abgegrenzt gegenüber anderem, was sie nicht ist; abgegrenzt also auch gegenüber der Philosophie und Wissenschaft.

Aber nun der andere Aspekt: der uns auch heute noch angehen und in bezug auf den man nicht oder noch nicht Plato den unbestrittenen Sieger nennen kann. Philosophie und Rhetorik (und zwar Rhetorik verstanden als Kunst, Überzeugung zu bewirken) müssen doch irgend etwas gemeinsam haben. Wie wäre sonst denkbar, daß sie überhaupt einander entgegentreten können. Wir wissen doch z. B. nichts von einem irgend analogen Streit zwischen Philosophie und Mathematik oder zwischen Philosophie und Philologie; und allgemein: zwischen der Philosophie und irgendeinem bestimmten Fachwissen. Philosophie und sophistische Rhetorik scheinen dies gemeinsam zu haben, daß ihr Gebiet nicht fachlich abgegrenzt ist, so daß sich beide in einem gewissen Sinn auf *alles* beziehen. Das sonderbare, vieldeutige und daher gefährliche Wort ‹alles› mit dem solche Wörter wie ‹das All› zusammenhängen, kann den inneren Berührungspunkt zwischen Philosophie und Rhetorik im weiten Sinn hervortreten lassen. Die Sophisten pflegten so etwas wie eine ‹allgemeine Bildung› in einem weitesten Sinn von Bildung, die sich auf alle möglichen Gegenstände erstreckte. Und das hat doch eine gewisse verwirrende Ähnlichkeit mit der Philosophie. In dem Griechenland des späten 5. und frühen 4. Jahrhunderts waren die Worte Sophist und Philosoph dem Durchschnittsgriechen nicht unterschieden. Und man braucht ja nur Platos Dialog Sophistes aufzuschlagen, um zu fühlen und ausdrücklich zu hören, daß die mißliche Verwandtschaft beider das Problem und Rätsel ist. Die Richtung, in der die Platonische Philosophie eine Auflösung des Rätsels versuchte, wird bezeichnet durch das Wort *ἐπιστήμη* – Wissenschaft sowie durch den Gegensatz von Meinen (δοξάζειν) und Wissen (ἐπίστασθαι), von Meinung und Wahrheit. In Platos Dialog Sophistes wird dem Sophisten eine Art ἐπιστήμη zugebilligt, und zwar eine ἐπιστήμη *περὶ πάντων* (eine Wissenschaft, die sich auf alles erstreckt, 233 C), aber sie soll nun im Unterschied zu der Philosophie nur eine δοξαστικὴ ἐπιστήμη (eine bloß Meinung hervorbringende Wissenschaft), dagegen nicht Wahrheit sein. Doch was dies nun auch bedeuten mag: denn darauf einzugehen ist hier nicht unsere Aufgabe. Auf jeden Fall ist die Platonische Philosophie und Wissenschaft, die Plato oft Dialektik nennt und deren Gegenstand, wie Sie aus der Geschichte der Philosophie wissen, die sog. *Ideen* der Dinge sein sollten, schon von Aristoteles wieder aufgegeben worden. Das Rätsel jener gewissen Verwandtschaft von Philosophie und Rhetorik hat durch Plato seine wahre Auflösung nicht gefunden. Die Frage, was Philosophie eigentlich ist und in welchem Sinne und wovon sie Wissenschaft ist, wenn sie es überhaupt sein sollte, bleibt in der Antike offen. Und dies bedingt in der geistesgeschichtlichen Gesamtlage der alten Welt eine gewisse Anfälligkeit der Philosophie gegenüber der Rhetorik, auf die ich deshalb hinweisen wollte, weil uns dadurch verständlich wird, daß manche Anweisungen, die die Aristotelische Rhetorik für die Verfertigung guter Reden gibt, obzwar mehr indirekt, auch Anweisungen für die philosophische Behandlung eines Gegenstandes im antiken Sinne von philosophischer Behandlung darstellen.

Ich schließe damit meine einleitenden Bemerkungen ab und will anschließend, bevor ich mit der Interpretation beginne 1. an einige Jahreszahlen erinnern, die gegenwärtig zu haben für uns gut ist – und 2. ganz kurz die Hauptdaten aus dem Leben des Aristoteles angeben.

§2. Zur Biographie des Aristoteles

a) Einige Jahreszahlen

Sokrates	470 – 399 (70 Jahre)
Plato	428 – 348 (80 Jahre)
Aristoteles	384 – 322 (62 Jahre)

Sokrates war also gut 40 Jahre älter als Plato, und Aristoteles 44 Jahre jünger als Plato. Beim Tode des Sokrates ist Plato etwa 29 Jahre alt. Und Aristoteles wird 15 Jahre nach dem Tode des Sokrates geboren.

In die letzten 30 Lebensjahre des Sokrates und damit in die ersten 30 Jahre Platos fällt der Peloponnesische Krieg, der im Jahre 404 mit der völligen Niederlage Athens endet.

Die Lebenszeit des Sokrates fällt also ganz in das große 5. Jahrhundert: in das Jahrhundert der Perserkriege und der im Anschluß daran sich entwickelnden Vorherrschaft Athens. Das Jahrhundert der großen griechischen Tragiker: Sophokles stirbt über 90 Jahre alt im Jahre 406/5. Euripides, der 10–15 Jahre jünger war als Sophokles um die gleiche Zeit.

Plato gehört mit der größeren Hälfte seines Lebens und Aristoteles ganz in das 4. Jahrhundert. Es ist das Jahrhundert, das in seiner ersten Hälfte den überraschenden kurzen Aufstieg Thebens unter Pelopidas und Epaminondas zur griechischen Vormacht sieht und dessen zweite Hälfte ausgefüllt ist zunächst mit dem Vordringen des makedonischen Königreichs unter König Philipp und anschließend mit dem Perserzug Alexanders des Großen. Die klassische griechische Epoche endet und es beginnt das Zeitalter des sog. Hellenismus.

In das Jahr 338 fällt die Schlacht bei Chaironeia, in der König Philipp von Makedonien die vereinigten Athener und Thebaner besiegt und damit zum Herren Griechenlands wird. Zwei Jahre später wird König Philipp ermordet und damit kommt sein Sohn, Alexander der Große auf den Thron. 334 beginnt der Alexanderzug nach Persien.

Alexander der Große lebt von 356–323. Als er 323 in Asien, in Babylon stirbt, ist er 32 Jahre alt. – Und nun noch

b) einige biographische Daten über *Aristoteles* selber

Geboren, wie ich schon sagte 384 in Stageiros auf der Chalkidike. (Der Stagirite). Sein Vater Nikomachos war *Leibarzt* des Königs

Amynthas von Makedonien, des Vaters und Vorgängers Philipps von Makedonien. Überhaupt scheint die Familie eine ausgesprochene Ärztefamilie gewesen zu sein. Von Anfang an bestehen somit Beziehungen zu dem makedonischen Königshof. (Die Familie selbst natürlich griechisch.)

367, 17 Jahre alt, kommt Aristoteles nach Athen und wird Schüler Platos. Plato war damals schon 62 Jahre alt. Es ist übrigens nicht ausgeschlossen, daß Plato zu dieser Zeit gerade auf seiner zweiten sizilischen Reise war, die er auf Drängen des Tyrannen Dionysios des Jüngeren damals unternommen hat. Auf jeden Fall wurde Aristoteles Mitglied der Akademie und ist es zwanzig Jahre lang bis zu Platos Tode (348) geblieben. Die Gründung der Platonischen Akademie fällt übrigens *ungefähr* in das Jahr 386. Plato gründete die Schule gleich nach seiner Rückkehr von der 1. sizilischen Reise (Aufenthalt bei dem Tyrannen Dionysos dem Älteren von Syrakus), von der Plato 387 zurückkehrte. Als Aristoteles in die Akademie eintrat bestand diese also schon rund zwanzig Jahre.

Über persönliche Beziehungen zwischen dem noch so sehr jungen Aristoteles und dem alternden Plato wissen wir so gut wie nichts. Das ist eigentlich nur ein Feld müßiger Phantasien. Wo Aristoteles später von Plato redet, geschieht es immer nur mit echter Ehrerbietung. Und daran haben wir uns zu halten.

Bei Platos Tod ist Aristoteles 36 Jahre alt. Fest steht auf jeden Fall, daß Aristoteles noch in dem Todesjahr Platos (348) Athen verlassen hat. Es ist natürlich möglich, die Tatsache dieses Weggangs damit in Verbindung zu bringen, daß Aristoteles bei Platos Tode nicht sein Nachfolger als Schuloberhaupt der Akademie wurde, sondern daß die Wahl auf Speusippos, dem Neffen Platos, fiel. Aber auch das ist im Grunde müßiges Vermuten.

Aristoteles ging zusammen mit Xenokrates einem anderen Platoschüler nach Assos in der Troas und schloß sich dort mit noch zwei anderen damaligen Platoschülern (mit Erastos und Koriskos) zu gemeinsamer philosophischer Arbeit zusammen. Der Bund stand unter dem Schutze eines Mannes, der in dem Leben des Aristoteles eine bedeutende Rolle gespielt hat: des *Hermias*. Hermias war eine Art Selfmademan. Er hatte sich, wie wissen wir nicht mehr, aus sehr kleinen Anfängen zum Tyrannen und Dynasten eines nicht unbedeutenden Gebietes in der Troas gemacht. Seine Residenz war Atarneus. Er gilt in der Geschichte als der Fürst oder Dynast von Atarneus. Schon vor der Ankunft des Aristoteles hatte Hermias den beiden vorher erwähnten früheren Akademikern (dem Koriskos und Erastos) die Stadt Assos geschenkt, weil sie ihn politisch richtig beraten hatten. Auf ihren Rat hatte er u.a. seine Tyrannis freiwillig in eine, wie es in der Überlieferung heißt, «mildere Verfassungsform»[4] verwandelt. Der uns heute sehr seltsam berührende Bund ist ein interessantes Beispiel für die in jener Zeit nicht seltenen praktischen Berührungen zwischen Philosophie und Politik. Sie kennen ja aus Platos Leben seine immer wiederholten Versuche, philosophische Grundsätze in bezug auf die Einrichtung von Staaten durch einen persönlichen Bund mit den Herrschern in die Wirklichkeit einzuführen. Seine drei Reisen nach Sizilien (in den Jahren 388, 366 und 361) verfolgen ja lediglich diesen Zweck. Diese Verbindung von theoretischer Reflexion und praktischer Politik ist zum Teil überhaupt eine Eigentümlichkeit der griechischen Geschichte. Ich erinnere an die sog. Sieben Weisen, zu denen Solon gehörte. Und an eine Figur wie Lykourgos, auf den die spartanische Verfassung zurückgeführt wurde. Zum anderen Teil ist sie ein in seinen Ursachen schwer zu deutendes Kennzeichen jener Übergangszeit zum Hellenismus, in der wir uns mit Plato und Aristoteles befinden.

Aristoteles hat drei Jahre in Assos gelebt, von 348–45. Man darf annehmen, daß sich dort eine Art von Schul- und Forschungsgemeinschaft im Sinne jener frühen Philosophenschulen gebildet und daß Hermias in einer gewissen Weise daran teilgenommen hat. Auch dies, das Aristoteles dabei führend war, wird nicht zuviel vermutet sein. Aristoteles heiratete dort die Pythias, eine Nichte und Adoptivtochter des Hermias.

Von Assos aus ging Aristoteles nach Mytilene auf Lesbos. Er lebte dort von 345–343 – zwei Jahre also. Über die Gründe dieses Aufenthaltswechsels sind wir nicht unterrichtet. Ein Bruch mit seinem Schwiegervater und Freunde Hermias hat aber bestimmt nicht vorgelegen. Sehr wahrscheinlich hat die Bekanntschaft mit Theophrast, die Aristoteles in Assos gemacht haben wird, zu der Übersiedlung beigetragen. Denn Theophrast lebte damals in Eresos auf Lesbos. Die Verbindung mit Theophrast, der etwa zwölf Jahre jünger als Aristoteles war und der erst um 287 in sehr hohem Alter gestorben ist, ist für die Geschichte der griechischen Philosophie und Wissenschaft bedeutungsvoll geworden. Theophrast war ein hochbegabter Denker und vor allem Gelehrter und Forscher, Botaniker, Mineralog,

[4] *[Didym. in Demosth. 5,58f. Diels-Schubart.]*

Physiker. Er wurde Freund und Schüler des Aristoteles und ist nach dessen Tode sein Nachfolger als Schulhaupt der von Aristoteles gegründeten Peripatetischen Schule geworden. Die Schule verdankt ihm sehr viel. Theophrast ist ja auch heute noch allgemein bekannt durch seine glücklicherweise erhaltene Schrift Χαρακτῆρες (Charaktere).

Im Jahre 343 trat wiederum eine bedeutende Wendung im Lebensgang ein. König Philipp von Makedonien forderte Aristoteles auf, die Erziehung seines Sohnes, also Alexanders des Großen, zu übernehmen. Alexander war damals 13 Jahre alt, Aristoteles selber 41. Aristoteles folgte dem Rufe und siedelte 342 nach Pella, der makedonischen Residenz, über. Bis zur Thronbesteigung Alexanders, der 336 mit 18 Jahren seinem Vater Philipp folgte, hat diese denkwürdige Erziehertätigkeit gedauert. Sie wurde naturgemäß schon früher wiederholt unterbrochen durch andere Inanspruchnahmen des Thronfolgers, der u. a. z. B. schon als 16jähriger der Schlacht von Chaironeia beiwohnte. Auch über die Gründe für diese Berufung gerade des Aristoteles sind wir auf Mutmaßungen angewiesen. Gleichwohl haben gewisse Vermutungen, die Werner Jaeger zuerst ausgesprochen hat, für mich etwas sehr Einleuchtendes.[5] Sehr wahrscheinlich hat nämlich Hermias dabei mitgewirkt. Es erscheint mir doch nicht unwesentlich, darüber kurz zu berichten.

Der Gedanke eines Rachefeldzuges der unter makedonischer Führung geeinten Griechen gegen Persien hatte schon eine verhältnismäßig lange Geschichte, als Alexander ihn in die Tat umsetzte. König Philipp hat diesen Plan bewußt und lange gehegt. Es war ein Gedanke, der damals in der Luft lag, und er wäre, wenn Philipp länger gelebt hätte, sehr wahrscheinlich auch unter ihm in die Tat umgesetzt worden. Aus solchen weitgreifenden Absichten heraus scheinen im geheimen politische Beziehungen u. a. mit Hermias von König Philipp angeknüpft worden zu sein. Denn als Dynast eines strategisch bedeutsamen Gebiets in der Troas hätte seine Mitwirkung für Makedonien sehr viele Vorteile gehabt. Vielleicht oder vermutlich haben gewisse Abmachungen zwischen König Philipp und Hermias bestanden. Und als nun die Frage eines selbstverständlich griechischen Erziehers für den Thronfolger auftrat, wird Hermias auf Aristoteles hingewiesen haben, der ja seinerseits schon durch seinen Vater dem makedonischen Königshaus kein ganz Fremder war. Auf

[5] *[W. Jaeger, Aristoteles, Berlin 1923, 120f.]*

diesem verhältnismäßig zufälligen Wege scheint also das Schöne und ja wahrhaft Denkwürdige zustande gekommen zu sein: daß der größte Philosoph seiner Zeit (denn Plato war ja schon tot) und einer der mächtigsten Denker der abendländischen Geistesgeschichte überhaupt der Erzieher des größten griechischen Helden der nachmythischen Epoche geworden ist.

Über das Verhältnis zwischen beiden ist natürlich viel gefabelt worden. Allzuviel und Genaues wissen wir nicht, aber doch einiges. Eine tiefgehende Wirkung auf Alexander den Großen darf mit bestem Recht vermutet werden. König Philipp erwies sich sehr gnädig. Und es steht außer Zweifel, daß eine echte persönliche und gedankliche Verbindung zwischen Lehrer und Schüler lange Zeit bestanden hat. Nach dem Tode Philipps ließ Alexander Stageira, die Vaterstadt des Aristoteles, die unter Philipp in den Kämpfen um die Vorherrschaft durch makedonische Truppen verwüstet worden war, wieder aufbauen. Er entsprach damit einem Wunsche seines Lehrers. Es ist manches verloren: so eine Schrift Περὶ βασιλείας, die Jaeger für ein beim Regierungsantritt an Alexander gerichtetes Sendschreiben hält, das im Einverständnis mit Alexander veröffentlicht wurde und die Griechen über die ethisch-politischen Grundsätze, nach denen Alexander unterwiesen worden war, unterrichten konnte.[6] – Es hat ein Briefwechsel bestanden, und Fragmente davon sind auf uns gekommen. In einem Fragment rät Aristoteles dem Alexander, den Griechen als ἡγεμών (als Führer), den Barbaren (den Persern) als absoluter Selbstherrscher gegenüberzutreten, die Griechen wie Freunde und Gleichstehende, die Barbaren wie «Tiere oder Pflanzen» zu behandeln.[7] Die Echtheit dieses Fragments zu bezweifeln, besteht keine Veranlassung. Die Auffassung ist typisch griechisch. (Wenigstens für die damalige Zeit.) Verlorengegangen ist ferner ein Spätdialog ›Alexander oder Über Kolonisation‹. Er muß aus der Zeit nach der Niederwerfung Persiens stammen, als Alexander Städte gründete und als die Frage der Organisationsform des neuen Weltreiches brennend war. Wir wissen so überhaupt nicht mehr, wie dieser ungeheure weltgeschichtliche Umschwung, aus dem später der Hellenismus hervorging, auf Aristoteles gewirkt hat. Auf die Naturwissenschaften (Zoologie und Botanik, auf Völkerkunde und Geographie) hat der Alexanderzug sehr befruchtend gewirkt. Die empirische Forschung,

---

[6] *[Jaeger (o. Anm. 5) 271 f. und 331 Anm. 1.]*

[7] *[fr. 658 Rose^3.]*

die ja im Peripatos vorzüglich gepflegt wurde, hat dadurch sehr bedeutende Antriebe empfangen und es ist gar nicht ausgeschlossen, daß Alexander unter der Einwirkung und Vermittlung des Aristoteles und seiner älteren Schüler diese Auskehr seiner Eroberungen weitgehend gefördert hat. Im Altertum wurden darüber viele Geschichten erzählt.

In den letzten Jahren Alexanders ist dann ohne Zweifel eine erhebliche Entfremdung in dem Verhältnis beider eingetreten. Ein Hauptgrund dafür wird darin zu suchen sein, daß Aristoteles die Politik Alexanders, die auf Gleichstellung der Perser und Griechen ja geradezu auf eine Verschmelzung beider durch Heiraten ausging, entschieden mißbilligt hat. (Wie das, nach dem Brieffragment zu urteilen, nicht anders zu erwarten war.) Alexander ging, wie Sie aus der Geschichte erinnern werden, dazu über, nicht nur von den Persern sondern auch von Griechen und Makedonen die persische Proskynesis zu fordern, das Sich-Niederwerfen vor dem König (Anhündelung), und die Wirkung solcher Forderung mag man sich vorstellen. Aristoteles war diesen Vorgängen auch durch seine Familie nahegerückt. Er hatte sich nämlich des Sohnes seines Vormunds und seiner Pflegemutter, der *Nikanor* hieß, väterlich angenommen und ihn adoptiert. Nikanor stand als Offizier beim Hauptquartier Alexanders. Im Jahre 324 sandte Alexander den Nikanor zu den Olympischen Spielen, wo er den versammelten Griechen zu verkünden hatte, daß Alexander *göttliche Ehren* für sich beanspruche.

Eine weitere ernsthafte Trübung des persönlichen Verhältnisses beider war überdies schon einige Jahre vorher eingetreten: Alexander ließ Kallisthenes – einen Neffen und Schüler des Aristoteles hinrichten, weil dieser angeblich in eine Verschwörung gegen ihn verwickelt war. Kallisthenes war Historiker und hatte im Hofgefolge den Perserzug Alexanders mitgemacht, sehr wahrscheinlich um ihn zu beschreiben. Als Alexander im Jahre 323 plötzlich erkrankte und starb, fabelte man, er sei durch Gift, das Aristoteles ihm habe reichen lassen, umgekommen.

Gedenken möchte ich noch des tragischen Endes des Hermias, obwohl es unmittelbare Rückwirkungen auf den weiteren Lebensgang des Aristoteles nicht gehabt hat. Die Perser müssen von der geheimen Verbindung des Hermias mit Philipp erfahren haben. Denn in dem Jahre 341, ein Jahr nach der Übersiedlung des Aristoteles an den Königshof, wurde Hermias von einem persischen Heere in Atarneus eingeschlossen und belagert. Es gelang dem persischen

Feldherrn, den Hermias zu einer Besprechung zu verlocken. Man schleppte ihn nach Susa, wo er auf der Folter über seine Beziehungen zu König Philipp befragt und nach standhaftem Schweigen gekreuzigt wurde. Der persische König hat ihn fragen lassen, welche letzte Gnade er sich erbitte. Seine Antwort ist uns überliefert. Sie lautete: «Meldet meinen Freunden und Genossen, daß ich nichts der Philosophie Unwürdiges noch Haltungsloses getan habe.»[8] In Athen nahm die makedonenfeindliche Partei unter Führung des Demosthenes Stellung gegen Hermias und zog den Toten herab. Aristoteles trat offen für ihn ein. Wir haben noch von der Hand des Aristoteles einen Hymnos auf ihn[9] sowie das Weiheepigramm für das Kenotaph für Hermias in Delphi[10].

Es beginnt nun die letzte Lebensperiode. Nach der Thronbesteigung Alexanders hat sich Aristoteles sehr wahrscheinlich noch einige Zeit in seiner Vaterstadt Stageira, wo er zugleich in der Nähe des jungen Königs blieb, aufgehalten. Aber sehr bald – im Jahre 35/34 kehrte er nun nach *Athen* zurück. Er stand im 50. Lebensjahr. 13 Jahre waren vergangen seit Platos Tod und seit seiner Abreise von Athen. In der Akademie war der erste Nachfolger Platos, Speusippos, inzwischen schon gestorben und dessen Nachfolger war Xenokrates geworden; derselbe Xenokrates, der 13 Jahre vorher Aristoteles nach Assos begleitet hatte. Aristoteles kehrte begreiflicherweise nicht mehr in die Akademie zurück sondern gründete eine neue eigene Schule, den sog. Peripatos. Ihre Stätte war das *Lykeion*, ein heiliger Bezirk des Apollo Lykeios im Nordosten der Stadt. Es gab dort einen *Wandelgang* (περίπατος), in dem die Mitglieder der Schule natürlich umhergegangen sind. Von diesem zufälligen Umstand hat die Schule den Namen bekommen, mit dem sie in die Geschichte der Philosophie eingegangen ist: man nannte sie einfach den Peripatos. Die Mitglieder der Schule hießen οἱ Περιπατητικοί, die Peripatetiker (auch οἱ ἐκ τοῦ Περιπάτου, ἀπὸ τοῦ Περιπάτου).

Die Gründung der Schule stand, wie wir annehmen dürfen, unter dem Schutze des makedonischen Königs und seines Stellvertreters in Makedonien, des *Antipater*. Antipater war ein makedonischer General, den Alexander der Große bei seinem Aufbruch zum Perserzug als Reichsverweser für Makedonien und Griechenland bestellt

---

[8] *[Didym. in Demosth. 6,15–18 D.-Sch. Übersetzung nach Jaeger (o. Anm. 5) 118.]*
[9] *[fr. 675 Rose³ (= Diog. Laert. 5,7–8).]*
[10] *[fr. 674 Rose³ (= Diog. Laert. 5,6).]*

und in Europa zurückgelassen hatte. Er war mit Aristoteles eng befreundet. Aristoteles hat ihn in seinem Testament, das uns erhalten ist, zum Testamentsvollstrecker bestimmt.

Die Verfassung der Schule war die eines religiösen Vereins, in dessen Mittelpunkt ein Kultus der Musen stand. In der Akademie war das ebenso. Es gab einen großen Garten mit einem Heiligtum der Musen, mehrere Gebäude, in denen eine Bibliothek und Lehrmittel untergebracht waren. Die Mitglieder hießen φίλοι, Freunde. Aristoteles und die älteren Schüler hielten Vorlesungen. So soll Aristoteles die schwereren philosophischen Vorlesungen morgens gehalten und am Nachmittag über leichtere Gegenstände wie z. B. die Rhetorik vorgetragen haben. Das gesellige Zusammenleben war fest geregelt. Es gab feste monatliche Zusammenkünfte, Liebesmahle und Trinkgelage – Syssitien und Symposien. Aristoteles selber hat einen Komment für beide verfaßt (νόμοι συμποτικοὶ[11] und νόμοι συσσιτικοί[12]). In vielem glich diese Schule einer Universität. Lehren und Forschen war in ihr vereint. Ein unmittelbares Gefühl für diese Form einer Lebensgemeinschaft kann uns ein Stück aus dem Testament des Theophrast geben, das bei Diogenes Laertios überliefert ist.[13] Theophrast war, wie ich schon berichtete, der erste Nachfolger des Aristoteles im Vorsteheramt des Peripatos. In seinem Testament vererbte er den Gesamtbesitz, der – aus Gründen, auf die ich hier nicht einzugehen brauche – auf seinen Namen stand, dem Verein. Obwohl dieses Testament vielleicht dreißig Jahre nach dem Tode des Aristoteles erst geschrieben ist, so weht uns daraus doch so fühlbar etwas von der Wirklichkeit der Schule an, daß ich die Sätze in der Übersetzung Jaegers vorlesen möchte.[14] Es heißt: «Ich übergebe den Garten und den Peripatos mitsamt den am Garten gelegenen Gebäuden denjenigen unserer eingeschriebenen Freunde, die jeweils in ihnen gemeinschaftlich dem Unterricht und der Wissenschaft obliegen wollen, da es nicht möglich ist, daß ein jeder dauernd dableibe, und zwar mit der Maßgabe, daß es nicht gestattet ist, irgend etwas davon zu veräußern oder sich anzueignen, sondern daß sie es wie ein gemeinsames Heiligtum besitzen und in kameradschaftlichem und freundschaftlichem

[11] *[Athen. 5, 186b.]*

[12] *[Test. 1, 139 Rose[3] = Diog. Laert. 5,26,13 (in der allgemein akzeptierten Konjektur von Rose[3] für überliefertes* νόμοι συστατικοί*.)]*

[13] *[Diog. Laert. 5,51–57 (= fr. 1,295–365 Fortenbaugh et al.).]*

[14] *[Jaeger (o. Anm. 5) 336.]*

Verhalten gegeneinander benutzen sollen, wie es gehörig und gerecht ist.»[15] Der Einfluß des Peripatos unter Aristoteles und seinen nächsten Nachfolgern auf das geistige und wissenschaftliche Leben der damaligen Welt war ungemein groß.

Als Alexander der Große im Jahre 323 starb kam es in Athen und in anderen griechischen Staaten zu einem Aufstand gegen die makedonische Herrschaft und zu einer Verfolgung der makedonisch Gesinnten. Gegen Aristoteles suchte man einen Vorwand und erhob Anklage gegen ihn wegen ἀσέβεια (Frevel gegen die Religion). Die Anklage stützte sich auf die Lobpreisung des Hermias in einem uns noch erhaltenen Hymnos des Aristoteles auf die Tugend.[16] Natürlich war dies bloß ein sehr durchsichtiger Vorwand. Aristoteles entschloß sich dem Prozeß aus dem Wege zu gehen, verließ Athen und ging nach Chalkis auf Euböa, wo er ein Anwesen besaß, das anscheinend aus dem Besitz seiner Mutter stammte. Angeblich hat er beim Weggang geäußert: er wolle verhindern, daß die Athener sich zum zweiten Male an der Philosophie versündigten.[17] Denn die Anklage gegen Sokrates hatte gleichfalls auf Asebie gelautet.

In Chalkis hat Aristoteles nur noch ein Jahr gelebt. Er starb dort – wie es heißt an einem Magenleiden 322 im 63. Lebensjahr. Ich erwähnte schon sein Testament, das uns bei Diogenes Laertios, dem bekannten Verfasser einer Philosophengeschichte (um 250 n. Chr.) überliefert ist.[18]

Soviel über das Leben des Aristoteles. Anschließend möchte ich noch ein weniges über seine Schriften berichten.

§3. Über Aristoteles' Schriften

a) Zum Charakter der Schriften und ihrer Überlieferung

Zunächst: was Aristoteles alles geschrieben hat, wissen wir aus drei antiken Schriftenverzeichnissen, von denen uns das eine bei Diogenes Laertios überliefert ist. Aristoteles war unfaßbar produktiv. Es werden *400* libri aufgeführt. Selbst wenn man berücksichtigt, daß das antike ‹Buch› vielfach nur einen kleinen Umfang hatte und daß

---

15 *[Diog. Laert. 5,52 f.]*

16 *[o. Anm. 10.]*

17 *[Ael. Var. hist. 3,36.]*

18 *[Diog. Laert. 5,11–16.]*

vielfach Wiederholungen vorkommen, ist das eine staunenswerte Zahl.

Erhalten sind uns nun viele Schriften, aber im ganzen hat bei der Art der Erhaltung ein sonderbares Schicksal gewaltet. Wir haben zunächst bei ihm zu unterscheiden zwischen Werken, die Aristoteles selber als Buch im heutigen Sinn, als schriftstellerisches Werk, herausgegeben und einer weiteren Öffentlichkeit zugängig gemacht hat, – und Schriften, die dafür nicht gedacht waren, die auch zunächst in diesem Sinne nicht öffentlich erschienen sind und einem breiteren Publikum also gar nicht bekannt waren. Die ersten heißen bei Aristoteles selber ἐξωτερικοὶ λόγοι, *exoterische* Schriften.[19] Von den zweiten reden wir heute als ‹Lehrschriften›; man nennt sie auch *akroamatische* Schriften, weil sie dazu bestimmt waren *gehört* zu werden. Aristoteles hat sie *vorgetragen* in der Akademie, im Peripatos oder in Assos: kurz dort wo ein Kreis von Freunden und Schülern ihn als eine philosophische Gemeinde umgab. Von daher kann man sie in gewissem Sinn vergleichen mit Kollegausarbeitungen (Jaeger l. c. S. 135). Und nun ist es so sonderbar gekommen, daß die exoterischen Schriften des Aristoteles, die er selber als Literaturwerke veröffentlicht hat und die zu seiner Zeit und den ersten Jahrhunderten nach ihm allein der breiten Öffentlichkeit bekannt waren, bis auf wenige Fragmente verlorengegangen sind, während uns von den rein lehrhaften Kollegschriften ein verhältnismäßig großer Teil erhalten ist. Die exoterischen Schriften fallen so ziemlich sämtlich in die frühe und mittlere Periode, also in die Zeit des ersten Aufenthalts in Athen und in die Zeit von Assos. Zum größten Teil sind es Dialoge. So hat Aristoteles z. B. einen Dialog ›Eudemos oder Über die Seele‹ geschrieben, einen Dialog ›Gryllos oder Über die Rhetorik‹. Sophistes, Politikos, Symposion und Menexenos – diese vier Dialoge gibt es nicht nur von Plato; es gab sie auch von Aristoteles. [Περὶ ποιητῶν – Vier Bücher Περὶ δικαιοσύνης. K[n]] Anscheinend in Assos hat Aristoteles einen Dialog Περὶ φιλοσοφίας in drei Büchern geschrieben und veröffentlicht.

Eine andere Schrift, die nicht in Dialogform abgefaßt war und die im Altertum sehr berühmt war, ist der Protreptikos. Unter einem Protreptikos versteht man eine mahnende Aufforderung zu etwas.

---

[19] Exoterisch: W. Jaeger: Studien zur Entstehungsgeschichte der Metaphysik des Aristoteles, Berlin 1912, S. 134. – Diels *[H., Abh. d. Berl. Ak. 1883, XIX: Über die exoterischen Reden des Aristoteles.]*

προτρέπειν ist ein Zureden zu etwas, eine mahnende Empfehlung, Gewisses zu tun. Der Aristotelische Protreptikos, der an einen zyprischen Fürsten gerichtet ist, war eine Anmahnung zur Philosophie. Er ist einer der vielen Versuche der damaligen Zeit und besonders der Akademie, Einfluß auf herrschende Männer zu gewinnen. Cicero hat einen Dialog Hortensius geschrieben, der gleichfalls ein Protreptikos zur Philosophie war. Wir wissen, daß er dabei diesen Aristotelischen Protreptikos stark benutzt hat. Der Hortensius ist verlorengegangen, aber wir wissen z. B. daß er sehr stark auf Augustinus gewirkt hat. Der Protreptikos ist eine eigene antike Literaturgattung, die wie so viele Dinge, aus älteren Formen durch die Sophisten entwickelt und in den Rednerschulen sehr gepflegt wurde. Ein Protreptikos ist eine *Rede*, eine Art Werberede, nur daß sie eben im allgemeinen nicht als Rede gehalten, sondern als Literaturwerk geschrieben und veröffentlicht wurde. Die späteren Bekehrungspredigten des Hellenismus und weiter dann des Christentums knüpfen an diese Form an.

Die exoterischen Schriften des Aristoteles sind im Altertum viel gelesen worden und waren berühmt. Cicero z. B. hat sie sehr geschätzt und spricht von dem *golden* Strömenden ihrer Sprache[20]. Die Form des Dialogs ist selbstverständlich eine Nachahmung Platos, der ja deren Schöpfer war. Viele Schüler Platos haben solche Dialoge geschrieben. Wir wissen jedoch, so wenig uns von diesen Dialogen erhalten ist, daß Aristoteles gewisse Modifikationen der Form durchgeführt hat. Es wurde ein Thema aufgestellt und einer der Unterredner übernahm die Leitung des Gesprächs, das sich selber dann nicht in der dramatischen platonischen Weise eines schrittweisen sokratischen Fragens, Prüfens, Widerlegens, Neuansetzens vollzog; vielmehr ließ Aristoteles jeweils mehrere in sich abgeschlossene längere Reden über das fragliche Thema von den Gesprächsteilnehmern vortragen. Der Gesprächsleiter faßte dann am Schluß den Ertrag des Ganzen zusammen. Die Reden im Dialog waren nach den Forderungen und Regeln der Rhetorik komponiert. Und wir dürfen wohl annehmen, daß Aristoteles, als er seine Gedanken über die Rhetorik niederschrieb, auch schon, neben dem überreichen Redematerial, das ihm aus seiner Umwelt vorlag, auf eine eigene Praxis im Abfassen guter Reden zurückblicken konnte. Die unwiederholbare und schwer zu fassende Kunst, die ein Dialog Platos darstellt, dürfen wir bei Aristoteles nicht vermuten. Seine Dialoge waren, wie Werner

---

20 *[Cic. ac. 2,119.]*

Jaeger es ausdrückt, «wissenschaftliche Diskussionsdialoge»[21]. Aber diesem Zweck scheinen sie sehr angemessen gewesen zu sein.

Was den näheren Inhalt der exoterischen Schriften betrifft, so hat Jaeger sehr wahrscheinlich machen können, daß Aristoteles in ihnen noch Platonist ist und die Platonische Ideenlehre vertritt. Ich verweise auf Werner Jaeger: Aristoteles. Grundlegung einer Geschichte seiner Entwicklung (Berlin 1923 *[²1955]*). Die Forschungen Jaegers sind in der Tat grundlegend oder mindestens doch sehr bedeutend. Sie haben mir für meine Vorbemerkungen hier sehr gedient. Den Dialog Περὶ φιλοσοφίας, den ich schon erwähnte, setzt Jaeger in die Zeit von Assos und läßt ihn als erste der exoterischen Schriften antiplatonisch sein, d.h. gegen die Platonische Ideenlehre gerichtet.

Und nun die akroamatischen *Lehrschriften*, die man im Gegensatz zu den exoterischen ‹esoterische› nennen könnte. Ich empfehle jedoch diese Ausdrucksweise nicht, weil sie mißverständlich ist. Der Sprachgebrauch hat sich heute dahin so ziemlich festgelegt, unter dem Esoterischen so etwas wie *Geheimlehren* zu verstehen. Davon kann hier gar keine Rede sein. [οἱ κατὰ φιλοσοφίαν λόγοι. K^{n}][22]

Die Überlieferungsgeschichte der Lehrschriften scheint sehr sonderbar gewesen zu sein nach den antiken Berichten darüber zu urteilen. Es ist ein Feld sicher sehr reizvoller, aber vielleicht niemals wirklich mehr zu entscheidender Vermutungen. Die eigenartige Stellung dieser Schriften als zwar innerhalb der Schule ‹veröffentlichter› aber doch auch wiederum im modernen Sinn nicht veröffentlichter Schriften hat wohl ihr Schicksal bestimmt. Auf jeden Fall neigt man heute zu der Annahme, daß 1. auch von diesen Schriften eine ganze Reihe verhältnismäßig frühzeitig voll ediert worden sind (so z.B. die Nikomachische Ethik) und daß 2. die Schule als solche jederzeit Kenntnis von diesen Schriften gehabt hat. Es werden Abschriften vorhanden gewesen sein. Aber eines steht fest: eine wirkliche Edition des gesamten Nachlasses hat zunächst und auf Jahrhunderte hinaus nicht stattgefunden. Es ist ein kulturhistorisch höchst merkwürdiges Phänomen, das uns bei dem Vergleich mit dem, was wir nach unseren modernen Anschauungen erwarten würden, sehr deutlich daran er-

---

21 *[Jaeger (o. Anm. 5) 27.]*

22 *[Von König in Rücksicht auf den Begriff der esoterischen Lehrschriften und zu deren Erläuterung hinzugefügt, vgl. Jaeger (o. Anm. 19) 134: «Den Gegensatz zu* ἐξωτερικοὶ λόγοι *machen die* κατὰ φιλοσοφίαν λόγοι *aus.»]*

innert, wie tief verschieden die Struktur der Kultur der Antike von der unserer heutigen Welt war. So war offenbar z. B. der Begriff des geistigen Eigentums weit weniger entwickelt als heute. Man hat dazu grundsätzlich anders gestanden. Und wenn uns auch diese Philosophenschulen an Universitäten erinnern, so waren sie doch offenbar zugleich etwas ganz und gar anderes. Mitgespielt bei dem Schicksal dieser Schriften mag auch haben, daß der Peripatos sehr bald schon nach Aristoteles' Tode sich immer mehr der Ausbildung des fachlichen Wissens, also der Einzelwissenschaften, widmete. Die Philosophie im engeren Sinn des Worts trat dagegen beträchtlich zurück. Das Interesse an den Aristotelischen Schriften sank im Peripatos selbst. Es ist das Zeitalter des Hellenismus. Alexandria war damals das geistige Zentrum. Die berühmte Alexandrinische Bibliothek wurde um 280 v. Chr. durch Ptolemaios II. Philadelphos gegründet. Jedoch hierauf einzugehen, ist hier nicht unsere Aufgabe. Wohl aber möchte ich in bezug auf den Aristotelischen Schriftennachlaß noch eine Geschichte erzählen, die Strabo (der bekannte Geograph und Historiker aus der zweiten Hälfte des 1. Jh. v. Chr.) überliefert. Sie ist bestimmt nicht wahr, wenigstens nicht ganz wahr – aber schon die Tatsache, daß eine solche Geschichte im Altertum aufkam und erzählt wurde, zeigt daß irgend etwas Merkwürdiges obgewaltet hat.

Als nicht veröffentlichte und anscheinend auch für eine Veröffentlichung nicht gedachte Schriften gehörten sie *[sc. die Lehrschriften]* zu dem handschriftlichen Nachlaß des Aristoteles, der bei seinem Tode (das ist sicher überliefert) zusammen mit der Bibliothek des Aristoteles an seinen Nachfolger in der Vorsteherschaft des Peripatos, also, wie ich schon erwähnte, an Theophrast durch Erbschaft überging. An eine Publikation dieses Nachlasses hat man nun zunächst nicht gedacht – und das berührt allerdings uns Heutige sehr merkwürdig. Nicht als ob auch nur schwache Anzeigen dafür vorlägen, daß dies aus unrechten Gründen nicht geschah. Das ist ausgeschlossen. Es muß in der Anschauungsweise der Zeit über den Sinn solcher Publikationen und in der Auffassung der Schule über die Bedeutung solchen Publizierens begründet sein, daß es unterblieb. Würden wir die Gründe wirklich wissen und verstehen, so würden sie zweifelsohne ein Licht werfen auf die Anschauung, die die Philosophenschulen jener Zeit von ihrem eigenen Tun und Wirken besaßen. Theophrast vererbte den Aristotelischen Nachlaß an den Sohn jenes Koriskos, von dem ich schon berichtete, daß er Platoschüler war, mit Hermias von Atarneus in einem philosophisch-politischen

Freundschaftsbunde stand und daß Aristoteles 348 zu ihm und Erastos nach Assos kam. Der Sohn des Koriskos hieß Neleus und ist bekannt als bedeutender Aristoteliker. Er erbte also den Nachlaß und vererbte ihn seinerseits wieder an seine Verwandten, die – wie die Familie überhaupt – in Skepsis in der Troas (in der Nähe von Assos) beheimatet waren. Und nun haben wir einen Bericht Strabos[23], daß dieser inzwischen nun vollkommen verschollene Nachlaß um das Jahr 100 v. Chr. in einem Gewölbe der Stadt Skepsis entdeckt und nach Athen gebracht wurde. Dort fiel der Nachlaß in die Hände Sullas, der ihn 86 v. Chr. nach Rom überführen ließ. Und dann erst kam es schließlich zu einer eigentlichen Edition durch *Andronikos von Rhodos*. Das Ganze hört sich wie ein Roman an, wird auch von vielen Seiten dafür gehalten. Es ist jedoch durchaus möglich, daß es sich so verhält; auch Werner Jaeger z. B. betont die Möglichkeit.[24]

Andronikos von Rhodos war um 70 v. Chr. Leiter der peripatetischen Schule in Athen. Er war der zehnte Nachfolger des Aristoteles (der zehnte ἀπὸ Ἀριστοτέλους wie man sagte). Und wie es nun auch mit der Überlieferungsgeschichte im einzelnen stehen mag, fest steht auf jeden Fall, daß die erste vollständige Edition dieser Schriften durch Andronikos Rhodios um 70 v. Chr. veranstaltet wurde. Er hat die Schriften gesammelt, geordnet, kritisch gesichtet, auch philologische Arbeit daran geleistet. Auch Kommentare hat er schon verfaßt. Seine Ausgabe ist grundlegend für die Zukunft gewesen und geblieben. Wir sind diesem Manne also zu großem Dank verpflichtet und es ist eigentlich so etwas wie eine Ehrensache für einen Aristotelesleser seinen Namen zu kennen. Deshalb bin ich hier etwas ausführlicher darauf eingegangen. Mit dieser Ausgabe begann dann eigentlich erst das Aristotelesstudium in umfassendem Sinn. Aristoteles hat später ja durch die Araber und die Scholastik das Mittelalter schlechthin beherrscht in einem Ausmaß, das wir uns heute nur mühsam vorstellen können. – An der Wiederbelebung des Aristoteles-Studiums im 19. Jahrhundert ist Deutschland maßgebend beteiligt. Grundlegend ist die von der Berliner Akademie der Wissenschaften veranstaltete Gesamtausgabe (Berlin 1831 ff. in fünf dicken Bänden). Der letzte Band mit dem Index kam 1870 heraus. Herausgeber waren Immanuel Bekker, Brandis, Rose und *Bonitz*. Bonitz hat

---

[23] *[Strab. 13,1,54.]*

[24] *[Jaeger (o. Anm. 5) 117.]*

den Index herausgegeben. Nach den Seitenzahlen dieser Hauptausgabe wird heute zitiert.

b) Überblick über die Hauptgruppen des Corpus Aristotelicum

Es ist nicht meine Absicht, nun die einzelnen Schriften alle aufzuführen. Ich gebe lediglich die Hauptgruppen an und hebe daraus einige besonders wichtige Bücher heraus.

Die erste Gruppe sind die Lehrschriften zur Logik. Man faßt sie unter dem Titel Organon zusammen. Der Ausdruck ‹Organon› geht vielleicht schon auf Andronikos von Rhodos zurück. Organon heißt ‹Werkzeug›. Der Titel entspringt aus der Auffassung, daß die Logik das Werkzeug der Philosophie ist. Aristoteles gilt als der Schöpfer der Logik und er war es in der Tat. Die Schriften des Organons sind auch heute noch keineswegs veraltet; am wichtigsten sind daraus die sog. *Erste* und Zweite *Analytik.* Für die Interpretation der Rhetorik ist ferner die sog. *Topik* von großer Bedeutung.

Die zweite Gruppe sind die Schriften zur *Ethik* und *Politik,* die gleichfalls für die Interpretation der Rhetorik heranzuziehen sind. Hauptschrift zur Ethik ist die sog. Nikomachische Ethik (Nikomachos war der Sohn des Aristoteles). Hauptschrift zur Politik die gleichnamige Schrift in acht Büchern.

Als eine dritte Gruppe mögen die Schriften zur Rhetorik und Poetik angeführt werden. Sie umfaßt 1.) die drei Bücher über die Redekunst, mit denen wir uns beschäftigen wollen, und 2.) die leider unvollständige Poetik, deren zweites Buch verlorengegangen ist.

Vierte Gruppe: Schriften zur Naturphilosophie und Naturwissenschaft.

Hauptwerk daraus: die Physik in acht Büchern. Für Aristoteles war es Naturwissenschaft. Für uns ist es Naturphilosophie. Und wenn man sich einmal energisch davon freigemacht hat, darin Naturwissenschaft im heutigen Sinn wenigstens in Spuren und Ansätzen zu suchen, dann ist es hochinteressant. Es enthält u. a. die Aristotelischen Lehren über die Bewegung, über das Unendliche (τὸ ἄπειρον) sowie über Raum und Zeit.

Ferner: Περὶ οὐρανοῦ. Über den Himmel, das Weltall und seine Unvergänglichkeit.

Ferner: Περὶ γενέσεως καὶ φθορᾶς. Über das Entstehen und Vergehen. (Es enthält die Lehre von den sog. Elementen und ihrer Verwandlung ineinander, soz. die Chemie.)

Ferner zoologische Werke: die ›Tiergeschichte‹ (Περὶ τὰ ζῷα ἱστορίαι, Historia animalium). Der Titel ist irreführend. Es ist eine Art vergleichende Anatomie und Physiologie. – Und noch eine ganze Reihe bedeutender anderer Werke.

Ferner: eine mit Zeichnungen versehene Schrift über Anatomie in 7 Bänden *(verloren)*.

Fünfte Gruppe: *Psychologie.* Das ist allerdings ein modernes Wort und paßt eigentlich nicht für Aristoteles. Es gehört hierhin als Hauptwerk die berühmte Abhandlung Περὶ ψυχῆς. ›Über die Seele‹.

Sechste Gruppe: Die Metaphysik. Das bekannte gleichnamige Werk, das sehr schwer zu interpretieren ist.

Endlich hat Aristoteles in seiner Spätzeit unter der Mitarbeit seiner Schüler einige Sammelwerke verfaßt, die als letzte Gruppe hier aufgeführt werden mögen:

1.) Liste der Sieger in den pythischen Spielen (ἀναγραφὴ τῶν πυθιονικῶν) zusammen mit Kallisthenes. In Delphi ausgegrabene Ehreninschrift mit dem Beschluß der Delphier, den Aristoteles und den Kallisthenes zu belobigen und zu bekränzen zum Dank für die Feststellung dieser Liste.

2.) die berühmten Διδασκαλίαι. διδασκαλία bedeutet ursprünglich die Aufführung eines chorischen oder dramatischen Dichtwerks. Von dort nimmt es auch die Bedeutung einer öffentlichen Urkunde in Listenform an, in der in zeitlicher Reihenfolge Angaben über die Festzeiten, über die dabei aufgeführten Dichtungswerke, über deren Verfasser und die Hauptschauspieler sowie über die erteilten Preise enthalten waren. Sie sind nur fragmentarisch auf uns gekommen. Aber im Altertum sind sie von den alexandrinischen Literaturhistorikern benutzt worden. Was wir heute über die Aufführungen der klassischen Dramen wissen, geht auf dem Wege über die Alexandriner auf Aristoteles zurück.

3.) die noch berühmteren ›Politien‹ (Πολιτεῖαι – ›Verfassungen‹): es war eine auf dem Studium von Lokalquellen beruhende Sammlung der Verfassungen von 158 Staaten. Fragmente sind vorhanden. Durch einen Papyrusfund um 1890 herum ist daraus ziemlich vollständig das Stück, das die πολιτεία Ἀθηναίων (die Verfassung der Athener) darstellt, erhalten.[25]

---

[25] *[«Um 1890 herum»: gemeint ist der Fund zweier Blätter eines Papyruscodex i. J. 1880 und der große Fund von vier Papyrusrollen i. J. 1890.]*

4.) ferner Sammelwerke zur Geschichte der Philosophie und Geschichte der Wissenschaften, die ich im einzelnen übergehe.

Es handelt sich bei all diesen Spätwerken, wie aus dem Titel schon zu entnehmen ist, um Arbeiten, die recht eigentlich auf die Feststellung von *Tatsachen* aus sind. Ich erwähne sie ganz besonders, weil ihr Gegenstand mit Philosophie im engeren Sinn gar nichts mehr zu tun hat, und sie deshalb auch bei den Philosophiestudenten wenig bekannt sind. Es ist aber sehr wichtig für das Gesamtbild dieses Denkers, daß er gerade in seiner Spätzeit diese im Vergleich zu seiner Frühzeit scheinbar so ganz anderen Wege gegangen ist. Es handelt sich übrigens zumeist um Arbeiten, die Aristoteles gar nicht allein durchführen konnte, die vielmehr eine von ihm im Peripatos geschaffene Organisation der wissenschaftlichen Forschung an den Tag bringt, die für seine Zeit etwas ganz Neues darstellte. Wir haben uns also viele Mitarbeiter zu denken, deren Forschungen von Aristoteles planvoll angeregt und geleitet wurden. Und es waren Forschungen, die in einem fast schon modernen Sinn unter Benutzung von Archiven angestellt wurden. Philologie, Wissenschaftsgeschichte, Geschichte der Philosophie, überhaupt Kulturgeschichte sind durch diese Arbeiten für die Antike geradezu erst geschaffen worden. Aber auch die beschreibenden Naturwissenschaften (Zoologie, die Botanik durch Theophrast aber sicher unter Mitwirkung des Aristoteles) haben anscheinend erst damals die Form und Haltung bekommen, in der sie dann in den weiteren Jahrhunderten der alten Welt da waren. Der anonyme unpersönliche Charakter eines solchen gemeinsamen wissenschaftlichen Forschens macht sich auch hier spürbar. So wie wir annehmen müssen, daß diese letzten Werke, die unter seinem Namen überliefert sind, zugleich schon Produkte seiner Schule darstellen, so werden wir richtig vermuten, daß hinter manchen Arbeiten seiner nächsten Schüler er selber als Inspirator oder doch als führend beteiligter Mitarbeiter steht.

Und nun nur noch einige Worte über die drei Bücher der Aristotelischen Rhetorik selber.

c) Zur Aristotelischen ›Rhetorik‹

Fest steht, daß Aristoteles schon während seines ersten Aufenthalts in Athen, als er noch Mitglied der Akademie war Vorlesungen über Rhetorik gehalten hat. Ja, es scheint so zu sein, daß die *ersten* öffentlichen Vorlesungen oder Vorträge des Aristoteles die Rhetorik zum

Gegenstand hatten. Ob dies nun *Vorlesungen* in einem engeren Kreise innerhalb der Akademie, oder ob es Vorträge vor einem größeren Publikum irgendwo anders und räumlich außerhalb der Akademie waren, möge offenbleiben. Es ist eine Vermutung, für die manches spricht, daß die Beschäftigung des jungen Aristoteles gerade mit Rhetorik und daß vor allem das erste öffentliche Auftreten desselben auf gerade diesem Felde von Plato und der Akademie nicht nur soz. zugelassen und gebilligt, sondern gefördert und veranlaßt worden ist. Die Leidenschaft und Aktualität der ersten Kämpfe zwischen Plato-Sokrates und der Rhetorik der frühen Sophisten gehört zwar in dieser Zeit schon lange der Vergangenheit an; wir halten hier ja etwa bei den letzten zehn Lebensjahren Platos – also bei den Jahren 358–348; für Aristoteles die Zeit zwischen seinem 25. und 35. Lebensjahr. Die Hauptvertreter der frühen Sophistik sind alle längst dahin. Gorgias, dessen Einfluß auf die Entwicklung der attischen Kunstprosa so tiefgehend und nachhaltig war, ist schon rund zwanzig Jahre oder vielleicht noch länger tot. Allein ich sagte schon: die Spannung zwischen den beiden Mächten der Philosophie und Rhetorik ist nicht daran gebunden, daß die Rhetorik spezifisch sophistisch ist, sondern liegt überhaupt in ihrer Natur, nämlich in der Tatsache, daß beide nicht eigentlich ein Fachwissen sind und sich gebietsmäßig irgendwie auf alles erstrecken. Und so bestand die Spannung auch zu jener Zeit noch fort. Sie durch eine philosophisch-wissenschaftliche Definition der Rhetorik und durch eine darauf fußende positive Darlegung ihrer Möglichkeiten endgültig aufzuheben, mag das Ziel gewesen sein, das Plato und die Akademie dem jungen Aristoteles gewiesen haben.

Der Gedanke der Rhetorik als der allgemeinen Bildungs- und Erziehungsmacht schlechthin war in dem damaligen Athen sehr imposant verkörpert in *Isokrates* und seiner Schule der Beredsamkeit. Und es entspricht durchaus dem zu Erwartenden, wenn uns überliefert wird, daß Aristoteles in seinen frühen Vorträgen über die Rhetorik gerade gegen die technischen Lehren des Isokrates lebhaft polemisiert hat. Isokrates, der in den Aristotelischen Büchern der Rhetorik wiederholt genannt wird, lebte von 436–338. Er ist also 98 Jahre alt geworden. Er ist in der Redekunst der bedeutendste Schüler des Gorgias. Aber auch zu Sokrates scheinen Beziehungen bestanden zu haben; und in einer viel erörterten Stelle des Platonischen Phaidros erhält er von Plato-Sokrates das Lob: er lasse infolge seiner philosophischen Veranlagung Besseres hoffen als Lysias und die anderen

Rhetoren.[26] Fünfzig Jahre lang hat Isokrates in Athen mit größtem Publikumserfolg gelehrt. Er wollte kein bloßer Rhetor sein, sondern gab dem Ganzen seiner Unterweisungen – die auf eine gesunde Lebensgestaltung im Rahmen der gültigen Moral und auf Erziehung zu praktisch-politischer Wirksamkeit in der athenischen Demokratie abzweckten – den Titel Philosophie. Im Mittelpunkt dieses Unterrichts stand aber eben die Rhetorik, die bei ihm soz. die Grunddisziplin seiner Philosophie war: die Grunddisziplin also des Wissens (der allgemeinen Bildung), der Moral und des rechten politischen Handelns. Wilamowitz charakterisiert ihn (in ›Kultur der Gegenwart‹, S. 112) in folgendem Satz: «Der athenische Mann, der die formale Bildung des Verstandes durch die Redekunst mit vollem Bewußtsein als die einzig wahre Menschenerziehung gepredigt und geübt hat, der wirklich den Ruhm (oder vielmehr die Schuld) beanspruchen kann (und beanspruchte), der König der Rhetorik zu sein, den die allgemeine Bildung als ihren Ahnherrn verehren sollte, ist Isokrates.»[27]

Antiken Nachrichten zufolge hat die Polemik, die Aristoteles gleichsam als Vertreter der Akademie gegen die Isokrateische Schule führte, sogar eine Gegenschrift in vier Büchern ›Wider Aristoteles‹ durch einen Anhänger des Isokrates, Kephisodor zur Folge gehabt.

Unter diesen Umständen liegt es nun offenbar nahe, die Abfassung der Aristotelischen ars rhetorica in diese frühen Jahre zwischen 358 und 348 anzusetzen. Vieles spricht dafür, u.a. die Tatsache, daß die Beispiele, die Aristoteles in diesen Büchern aus Tagesvorfällen nimmt, im allgemeinen in diese Zeit weisen. Dies finden Sie gut ausgeführt bei Adolf *Stahr*, einem verdienten Aristoteles-Forscher aus der Mitte des vorigen Jahrhunderts, dem wir auch eine Übersetzung der Rhetorik verdanken.[28] Ein weiterer wichtiger Hinweis auf frühe Abfassungszeit liegt *vielleicht* auch darin, daß u.a. eine Definiton der Lust (ἡδονή) eingeführt wird, die von Aristoteles selber in den nachweislich späten Büchern der Nikomachischen Ethik ausdrücklich als falsch und unzureichend bezeichnet wird. (Freilich kann dies auch in anderer Weise Erklärung finden.) Um eine klare Entscheidung

---

26 *[Phaidr. 279 A.]*

27 *[P. Hinneberg (Hrsg.), Die Kultur der Gegenwart, Teil I, Abt. VIII: Die griechische und lateinische Literatur und Sprache, von U. v. Wilamowitz-Moellendorf et al., 3. verb. u. verm. Aufl., Leipzig/Berlin 1912.]*

28 *[Aristoteles' drei Bücher der Redekunst übers. v. A. Stahr, Stuttgart 1862.]*

schwer zu machen, kommt hinzu, daß wir zweifelsohne annehmen müssen, daß Aristoteles diese Schrift, die er ja nicht selber veröffentlicht hat – sie zählt zu den Lehrschriften – wiederholt umgearbeitet oder doch mindestens ständig ergänzt hat, nämlich jedesmal wenn er über Rhetorik gelesen hat.[29]

Überliefert ist unter dem Namen des Aristoteles noch eine weitere Rhetorik – die sog. ῥητορικὴ πρὸς Ἀλέξανδρον. Sie finden sie vielfach in Aristoteles-Ausgaben mit abgedruckt. Sie ist ohne jeden Zweifel nicht Aristotelisch. Die klassischen Philologen schreiben das Produkt übereinstimmend nach dem Vorgang Paul Wendlands[30] dem Historiker und Rhetor Anaximenes von Lampsakos zu, der im Hofgefolge Alexanders den Perserzug mitmachte und von dessen historischen Schriften Fragmente erhalten sind. Man nimmt an, daß es um 340 geschrieben ist. Voran geht dem Buch ein später geschriebener gefälschter Widmungsbrief des Aristoteles an Alexander den Großen.

Für denjenigen, der sich aus philologischem oder historischem Interesse ein Bild machen will von einem Lehrbuch der Rhetorik jener Zeit ist die Schrift wichtig. Und wenn es uns hier darauf ankäme, in rein historischer Rücksicht die Rhetorik des Aristoteles mit einer

---

[29] *[An dieser Stelle fügt König auf einer gesonderten Seite in Stichworten hinzu:*
Stellung der Philologen.
Friedrich Solmsen, Die Entwicklung der Aristotelischen Logik und Rhetorik (= Neue Philol. Unters. Heft 4), Berlin 1929.
(Kantelhardt, De Aristotelis rhetoricis. Gött. Diss. 1911)
Solmsen: Jaeger-Schüler.
›Gryllos‹ (Sohn des Xenophon). Wenige Fragmente bei Quintilian (35–95 nach Chr. – Institutio oratoria).
Nach Solmsen: ›Gryllos‹ – erste Schrift. Ganz ablehnend gegen Rhetorik. Die Rhetorik keine *ars,* keine τέχνη.
Die 4 Bücher Wider Aristoteles des Kephisodor *gegen* den Gryllos.
Sodann um *355* erster Entwurf einer ars rhetorica durch Aristoteles. In dieser ars fehlte noch 1.) die πάθη des Hörers, 2.) das ἦθος des Redners.
Später dann *Ergänzung* dieser ersten ars.
Die Topologie *[gemeint ist offenbar die ›Topik‹]* ein *frühes* Werk des Aristoteles – auf jeden Fall vor den Analytiken.
Ich stimme dem bei. Daß aber die 3 Bücher der Rhetorik – so wie sie heute vorliegen – nicht selbst von Aristoteles so zusammengestellt worden sind, erscheint mir evident. Ihre heutige Zusammenstellung scheint eine Arbeit späterer Redaktoren zu sein. Ob da an Andronikos von Rhodos zu denken ist, ist vollkommen fraglich. Wir wissen da eben nichts darüber. K^{n}]

[30] *[P. Wendland, Anaximenes von Lampsakos, Berlin 1905.]*

anderen Rhetorik seiner Zeit zu vergleichen, müßten wir sie heranziehen.[31]

Die antike *Theorie* der Beredsamkeit soll zuerst in *Syrakus* ausgebildet worden sein in der Gerichtsrede, in den Wirren der Demokratie, die auf den Sturz des Tyrannen Hieron von Syrakus folgte (um 460). Eine erste τέχνη (ars) – also ein erstes Lehrbuch soll dort von einem gewissen Korax oder Teisias verfaßt worden sein. Gorgias brachte diese syrakusanische Techne nach Athen. Gorgias stammte ja, wie Sie vielleicht erinnern, aus dem sizilischen Leontinoi und kam in den ersten Jahren des Peloponnesischen Krieges (427) an der Spitze einer Gesandtschaft seiner Vaterstadt nach Athen. Ungefähr gleichzeitig mit Gorgias ist dann in Athen jener aus Platons ›Staat‹ bekannte Thrasymachos als Theoretiker der Redekunst aufgetreten. Isokrates, der Schüler des Gorgias war, hat dann in seiner Schule die Theorie weiter entwickelt, aber selber kein Lehrbuch veröffentlicht. Die pseudoaristotelische Rhetorik an Alexander ist aber von Isokrates auf das stärkste beeinflußt. Wir haben an ihr also an sich, wie ich schon sagte, durchaus die Möglichkeit, uns eine Vorstellung zu machen davon, wie ein Lehrbuch jener Rhetorenschulen aussah. (Allerdings dürfen wir nicht vergessen, daß die Rhetorik an Alexander *nach* dem Auftreten des Aristoteles geschrieben ist.)

Als Aristoteles in der Akademie anfing, sich mit der Theorie der Redekunst zu beschäftigen, fand er also eine Art *Theorie der Redekunst* schon vor, und wir dürfen und müssen annehmen, daß er sehr vieles daraus geschöpft hat. Was er – abgesehen von Geist und Haltung – hinzugetan hat, werden wir zwar bald schon von ihm selber hören. Auf eines mag jedoch schon hier hingewiesen werden: Überredung mit allen dazu tauglichen Mitteln und Erregung der auf das Urteil einfließenden Affekte war nach der Auffassung der Rhetoren das Ziel der Rede, das technische Lehrbuch und der Unterricht in den Schulen sollten die Mittel lehren, dieses Ziel beim Reden zu erreichen. Aristoteles ist praktisch genug, das Überreden und Überzeugen nicht aus dem Auge zu verlieren. Aber in den Mittelpunkt setzt er die *Begründung* aus dem Wesen der Sache und aus einsichtigen festen Prinzipien des Handelns. Indem er die Begründung und zwar eben echte und nicht sophistische Begründung zum Quellpunkt der guten Rede macht, werden Logik und Ethik zu den in jeder Theorie der Rede *vorausgesetzten* Grunddisziplinen. Wir werden alsbald ja nun

[31] *[Vgl. Anaximenes, Ars rhetorica, ed. M. Fuhrmann, Leipzig 1966.]*

sehen, in welcher Weise beide als Grundlagen in der Aristotelischen Rhetorik darinstecken. Aber Sie verstehen von hier aus, auf welchen sachlichen Zusammenhängen es beruht, daß diese Rhetorik in der Tat als Ausgangspunkt dienen kann für eine Einführung in die Aristotelische Philosophie. Und klar wird von hier aus auch der sachliche Sinn des Kampfes der Akademie gegen die Rhetorenschulen der Zeit und vor allem gegen die Kreise des Isokrates. Die Rhetorik ist nicht die Grunddisziplin der echten Bildung (παιδεία) und des echten Philosophierens, wie Isokrates wollte, sondern sie ist Technik und Fähigkeit, die ihre sachlichen Wurzeln in Logik und Ethik (also in dem, was Plato und Aristoteles ἐπιστήμη, Wissenschaft nennen) zu suchen hat. Wenigstens grundsätzlich deutlich wird endlich hier auch das sonst vielleicht Befremdliche oder doch wenigstens zufällig Erscheinende, daß Aristoteles *gerade* mit Vorlesungen über die Rhetorik seine öffentliche Lehrtätigkeit begonnen hat, wie wir doch allen Nachrichten zufolge annehmen müssen. Wer je auch nur wenige Seiten in einer der überlieferten Lehrschriften des Aristoteles gelesen hat, wird zunächst in ihm einen für die Kunst der Rede interessierten und empfänglichen Mann zuletzt vermuten. Allein diese Rhetorik hat eben eine ihrer beiden Hauptwurzeln in der Logik. Und Aristoteles gilt und ist ja der Schöpfer der Logik. Sichere Anhaltspunkte für eine nähere Fixierung der Abfassungszeit dieser Bücher lassen sich zwar auch von hier aus, soviel ich sehe, nicht gewinnen. Wohl aber unterliegt es keinem Zweifel, daß auch nur schon die Grundkonzeption derselben sachlich voraussetzt, daß Aristoteles über gewisse Hauptlinien seiner logischen Anschauungen mit sich im reinen war. Vor allem muß ihm zu dieser Zeit mindestens das Wesentliche seiner Topik betitelten Lehrschrift, die in dem ›Organon‹ steht, völlig deutlich gewesen sein. In der Tat geht dann auch eine weit verbreitete Ansicht dahin, daß diese Topik ein Aristotelisches Frühwerk ist. In der Interpretation des Textes werde ich auf das Verhältnis der Topik zur Rhetorik etwas eingehen müssen. Auf jeden Fall ist es also nicht nur nicht befremdlich, sondern entspricht dem, was man erwarten dürfte: daß Aristoteles sich in seinen Anfängen besonders der Rhetorik gewidmet hat. Die logischen und rhetorischen Studien werden sich bei ihm wechselseitig gefördert haben.

Was einleitend zu unserem Vorhaben zu sagen war, ist damit so ziemlich gesagt. Ich beginne die Interpretation nun, indem ich zunächst einen knappen Überblick über den Inhalt und über die Einteilung der Rhetorik gebe.

Hauptteil
Interpretation der Rhetorik

Erster Abschnitt
Der logische Hintergrund der Aristotelischen Rhetorik

Erstes Kapitel
Inhalt und Gliederung der Aristotelischen Rhetorik[1]

§4. Die Aristotelische Definition der Rhetorik

Die Rhetorik ist in drei Bücher eingeteilt. – (Und da zunächst eine Bemerkung über das Äußerliche. Ob die Einteilung dieser Schrift in Bücher, Kapitel u.s.f. von Aristoteles selber stammt, wissen wir nicht. Es ist für den Leser klassischer Texte wichtig zu wissen, daß diese Einteilungen vielfach auf spätere Editoren zurückgehen. Wir wissen, daß z.B. Thukydides sein Geschichtswerk und Plato seinen ›Staat‹ ohne die Einteilung in jene Bücher herausgegeben haben. Bei den heutigen Einteilungen der Lehrschriften des Aristoteles wird man vielfach (wenn auch nicht immer) an Andronikos von Rhodos denken, dem ja die erste Gesamtausgabe verdankt wird. Wie es in dieser Rücksicht näher mit den Einteilungen der Rhetorik steht, kann ich nicht sagen. Vielleicht bekommt es einmal ein scharfsinniger Philologe heraus.) – Aber nun der Inhalt:

Aristoteles definiert nun also zu Beginn die Kunst der Rede als das Vermögen (Fähigkeit), in jeglichem, was sinnvoll Gegenstand, Vorwurf, Thema einer Rede sein kann, dasjenige zu entdecken, was geeignet ist, Glaube oder Überzeugung hervorzubringen.[2] So vertrete z.B. ein Redner in der Volksversammlung in Athen die Notwendigkeit, Sparta den Krieg zu erklären. *Dieses* – nämlich die Notwendigkeit, Sparta den Krieg zu erklären – ist der Gegenstand oder das Thema oder der Vorwurf seiner Rede – das *Worüber*. Der Redner ist nun ein *guter Redner*, so erklärt Aristoteles, beherrscht also die Kunst oder das *Können* der Rede, wenn er die Fähigkeit besitzt, *in*

[1] *[Überschrift nach König.]*
[2] *[I 2. 1355b 26f.]*

diesem (nämlich in dem Worüber, also z. B. in der Notwendigkeit, Sparta den Krieg zu erklären), dasjenige zu erspähen, was geeignet ist, *von ihm* zu überzeugen (also von der Notwendigkeit, Sparta den Krieg zu erklären, zu überzeugen). Die Fähigkeit oder das Vermögen: δύναμις, facultas. Der Redner *betrachtet* gleichsam das Thema seiner Rede auf diejenigen Momente-in-ihm oder Züge-an-ihm, die für-das-Thema sprechen. Das Betrachten ist ein *θεωρεῖν* (videre). Aber es ist ein *Betrachten auf etwas hin*, nämlich auf das hin, was für die These, die der Redner vertritt und die der Gegenstand oder das Thema seiner Rede ist, spricht. Dieses Betrachten ist ein Ausspähen nach solchem. Und der gute Redner ist dér, der dabei Erfolg hat, der sich auf das Entdecken von solchem versteht. – Dasjenige, was geeignet ist, von etwas zu überzeugen, oder (dasselbe mit anderen Worten) dasjenige, was für etwas spricht – heißt bei Aristoteles *τὸ πιθανόν*. Ein Kunstausdruck der Rhetorik. Lateinisch: id quod idoneum est ad faciendam fidem.

Wichtig ist zu sehen, was Aristoteles *nicht* sagt, wie er *nicht* definiert. Er definiert nämlich die ars rhetorica *nicht* als die Kunst zu überzeugen. Sie werden sich erinnern, daß z. B. Gorgias in dem gleichnamigen Dialog des Plato sich damit zufrieden gibt, in der Redekunst einen πειθοῦς δημιουργός, den Werkmeister der Überzeugung zu sehen.[3] Nicht als ob Aristoteles so weltfremd und verstiegen wäre, das Überzeugen zu übersehen oder zu verachten. Der Redner will natürlich überzeugen. Wozu redet er sonst? Aber das Überzeugtsein ist eine *Wirkung* der Rede in dem Hörer. Und das *Eintreten* dieser Wirkung entzieht sich der Macht des Redners. Was dieser wirklich *vermag*, was wirklich in seiner *Macht* steht (wenn er ein Könner ist), ist eben nicht das Überzeugen sondern das Erspähen des Beistimmung Erweckenden, eben des *πιθανόν*. Der gute Redner versteht sich auf das πιθανόν.

Noch wichtiger in eben diesem Zusammenhange ist dann aber folgendes zu sehen: wie ist das Verhältnis zwischen dem Worüber und jenen Zügen an oder in ihm, die Überzeugung hervorzubringen geeignet sind? Dasselbe nur mit anderen Worten gefragt: wie ist das Verhältnis zwischen der These, die einer redend vertritt, und dem, *was für sie spricht*? Und damit der Fragepunkt unmißverständlich vor uns steht, gebe ich noch dasselbe im Beispiel: wie ist das Verhältnis z. B. zwischen der Notwendigkeit, Sparta den Krieg zu erklären

[3] *[oben S. 19 mit Anm. 2.]*

(denn das ist ja die These oder das Worüber) und dem, was für das Bestehen dieser Notwendigkeit spricht? Der gute Redner *begründet*. Er gibt Gründe dafür, daß diese Notwendigkeit besteht. Er *beweist* dies gleichsam. Das für-eine-These-Sprechende sind die *Gründe*, aus denen heraus die These bewiesen werden kann. Das Aristotelische πιθανόν (also das Überzeugung Weckende) erschöpft sich zwar (wie wir sehen werden) nicht in solchen Gründen; aber diese sind ein Hauptbestandteil desselben. Der gute Redner versteht sich also darauf, die Gründe zu erspähen, aus denen heraus beweisbar ist, was er vertritt, also z. B. beweisbar ist, daß jene Notwendigkeit besteht. Und meine Frage hier nach jenem Verhältnis ist also die Frage nach dem Verhältnis zwischen dem *Worüber* der Rede und *seinen* Gründen. Allein sind dies nun wahrhaft *seine* Gründe, Gründe also *des* Worüber? Sind es nicht vielmehr *unsere* Gründe (Gründe *des* Redners) für es? In einem gewissen Sinn sind beide Fragen zu bejahen, ohne daß daraus ein Widerspruch hervorginge. Das fragliche Verhältnis eines Begründeten zu *seinen* Gründen ist ein eigen gearteter, selbständiger Typ von Verhältnissen, mit dem wir an sich ja auch ganz vertraut sind. Es muß nur das Bewußtsein herrschen, daß man diesen Typ wohl mit anderen ähnlichen Typen vergleichen, aber ihn nicht auf andere zurückführen kann. Im *Hinblick auf* die These erwächst das Bewußtsein um *ihre* Gründe. Die Gründe werden gleichsam an ihr oder in ihr *entdeckt*. Der gute Redner *erfindet* nicht die Gründe, sondern *findet* sie; wenn er sie auch selbstverständlich nicht in demselben Sinne findet, wie einer z. B. Gold findet. Kurz: das fragliche Verhältnis ist ein Verhältnis, das in der Natur solcher *Sachen* gegründet ist. Es ist ein objektiv bestehendes Verhältnis; wenigstens sieht es Aristoteles so an. Als ein solches objektiv bestehendes Verhältnis ist es nicht möglicher Gegenstand eines Erfindens, sondern Gegenstand eines Schauens, θεωρεῖν, das es eben nur *findet* oder entdeckt. Es öffnet sich damit also ein Bereich sachlicher Zusammenhänge (eben der Bereich der Zusammenhänge zwischen dem Worüber der Rede und *dessen Gründen*) der Gegenstand eines Studiums sein kann. Der gute Redner hat den angeborenen Blick dafür. Die Theorie aber der Redekunst bringt diesen Blick zum Bewußtsein seiner selbst und entwickelt, kräftigt und bildet ihn. Diese Theorie ist eine ars, τέχνη, die der angeborenen Fähigkeit die Bahn frei macht (ὁδοποιεῖ, 1354a 8). Wer – wie eben die üblichen Rhetoren – die Rhetorik als Kunst des *Überredens* definiert, verliert dieses Gebiet sachlicher Begründungszusammenhänge notwendig aus dem Blick.

Wo sind nun aber jene *Gründe* beheimatet, die uns im Hinblikken auf die These zuwachsen? Nun – hier taucht eben, wie wir bald etwas näher sehen werden, die Ethik – überhaupt wie Aristoteles sagt, die Philosophie der menschlichen Dinge (ἡ τῶν ἀνθρωπίνων φιλοσοφία) auf,[4] in deren Mittelpunkt die ars politica, die Politik, steht. Ohne feste Grundlagen der Politik und Ethik, ohne also Philosophie und Wissenschaft (ἐπιστήμη), die diese Grundlagen zu geben hat, ist die Rhetorik nichtig und eitel.

Noch ein Glied der Aristotelischen Definition bedarf jetzt der Interpretation. Die Rhetorik soll sein das Vermögen, in jeglichem das mögliche Beistimmung Weckende zu gewahren. Aristoteles sagt einfach: in jeglichem, in bezug auf jegliches: περὶ ἕκαστον (in quaque re). Ich gab vorher schon einen Zusatz dazu bei der Übersetzung und sagte ‹in jeglichem, was sinnvoll Gegenstand oder Thema einer Rede sein kann›. Es ist ein wesentlicher, schwieriger Punkt; ganz durchzuschauen kann im gegenwärtigen Augenblick auch noch gar nicht von uns versucht werden. Aber das Problem muß uns klar sein. 1.) Kann denn wirklich *jegliches,* wofern es nur etwas ist, wovon wir überzeugt sind, sinnvoll Gegenstand einer *Rede* sein? Kann z. B. unsere Überzeugung davon, daß das Parallelenaxiom eben ein Axiom und kein Lehrsatz ist – oder daß die Fortpflanzung des Lichtes weder rein nach dem Modell des sich-Fortbewegens von stofflichen Partikeln noch rein nach dem Modell der Ausbreitung von Wellen begriffen werden kann – oder daß z. B. Plato nach Sokrates und vor Aristoteles gestorben ist – *kann* derartiges *sinnvoll* Gegenstand einer *Rede* sein? Das ist natürlich nicht die Meinung bei Aristoteles. Wissenschaftliche Thesen im engeren Sinn von fachwissenschaftlichen Thesen sind kein möglicher Gegenstand von Reden im Sinne der Rhetorik, d. h. von Reden, wie sie eben ein Redner vorträgt. Vielmehr haben wir zu dem ‹jegliches› einschränkend hinzuzudenken etwa eben ‹jegliches das sinnvoll Gegenstand oder Thema einer Rede sein kann›. Für Aristoteles ist alles, was Gegenstand der ἐπιστήμη und damit der Philosophie ist, *nicht* möglicher Gegenstand einer Rede. Aber 2.) wenn nun auch das fragliche ‹jegliches› in der dargelegten Weise eingeschränkt gedacht werden muß, so eignet ihm doch eine merkwürdige Allgemeinheit, auf die ich übrigens schon in der ersten Stunde anspielte.[5] Unmittelbar anschließend daran nämlich, daß er

[4] *[Vgl. Eth. Nic. X 10. 1181b 15.]*
[5] *[oben S. 21 f.]*

die Rhetorik definiert als das Vermögen, in jeglichem das mögliche Beistimmung Erweckende zu gewahren, fährt er fort: «Dieses nämlich leistet keine andere τέχνη. Denn das Vermögen zu lehren und zu überzeugen jeder anderen erstreckt sich auf das ihr Vorliegende, so das der Heilkunst auf das Gesund- und Krankmachende, das der Geometrie auf die Schicksale der Größen, das der Arithmetik auf die Zahl. Die Rhetorik aber scheint soz. für jeden gegebenen Fall das Beistimmung Weckende erspähen zu können. Deshalb auch sagen wir, ihr Vermögen erstrecke sich nicht auf irgendeine besondere, abgegrenzte Gattung» (1355b 27–35). – Und schon der erste Satz der ganzen Rhetorik, den ich bisher übergangen habe, lautet folgendermaßen:

«Die Rhetorik ist das Seitenstück zur Dialektik. Beide nämlich erstrecken sich auf solches, was ein Gemeinsames ist und was zu erkennen in irgendeiner Weise Sache aller und nicht einer abgegrenzten Wissenschaft ist. Deshalb auch sind alle Menschen in irgendeiner Weise beider teilhaft» (I 1. 1354a 1–4).

In der Aristotelischen Definition der Rhetorik als des Vermögens, in jeglichem das Überzeugung Weckende zu entdecken, ist also das ‹*in jeglichem*› soz. die spezifische Differenz und also ein Hauptbestandteil. Die Rhetorik ist eine Kunst (τέχνη, ars). Die Künste und Wissenschaften sind, wie wir hörten, vermögend zu lehren und zu überzeugen (διδασκαλικὴ καὶ πειστική, 1355b 29) rücksichtlich ihres Gegenstandes. Das ist soz. die Gattung. Es gilt also auch für die Rhetorik, die ja als Kunst zu dieser Gattung gehört. Auch sie vermag etwas zu lehren und von dem, was sie lehrt, zu überzeugen. Jede Kunst und Wissenschaft ist ein Vermögen, das Überzeugung Weckende (τὸ πιθανόν) in bezug auf das, was sie vertritt, zu entdecken. Selbstverständlich: denn jede *begründet ja*. Und dies gilt auch für die Redekunst, die insofern zu der Gattung ‹Kunst, Wissenschaft› gehört. Die spezifische Differenz der Redekunst liegt nach Aristoteles nun eher darin: daß die übrigen Künste und Wissenschaften nur in bezug auf bestimmt angebbare Dinge sich auf das Überzeugung Weckende verstehen, während die Redekunst soz. ein jegliches zu begründen vermag: freilich ein ‹jegliches› doch anscheinend nur mit einer von Aristoteles nicht ausdrücklich hervorgehobenen Einschränkung; nämlich ein jegliches, das sinnvoll Gegenstand einer *Rede* sein kann.

[*Schwieriger* Sachverhalt. – ‹Dialektik›: hier noch nicht zu erörtern.

Die Gedankenführung nicht durchweg glücklich: verschiedene Fassungen liegen ineinander. K^n]

Was Aristoteles bei seiner Definition vorschwebt, was er damit treffen möchte, ist gleichwohl deutlich: Rhetor, Redner ist *jeder* Mensch in irgendeiner Weise und gleichsam von Natur; Arzt oder Mathematiker hingegen nicht. Inwiefern aber auch jeder Mensch in irgendeiner Weise Dialektiker ist, wie Aristoteles sagt, soll hier noch offen bleiben.

Daß diese höchst sonderbare Allgemeinheit, die Aristoteles der Rhetorik zuspricht, irgendwie erinnert an die Allgemeinheit, die in der Meinung vieler, der Philosophie eignet, ist nicht zu leugnen. Mancher wird sagen, was Aristoteles von der Rhetorik sagt: ‹Philosoph ist in irgendeiner Weise jeder – Mathematiker und Arzt nicht›. Anders ausgedrückt ist es die Frage nach dem Gegenstand. Was ist der Gegenstand des Redners? Als ein Beispiel für *einen* möglichen Gegenstand gab ich ‹die Notwendigkeit, Sparta den Krieg zu erklären›. Aber läßt sich dies nun irgendwie allgemein ausdrücken und bestimmen? Aristoteles sagt ‹nein›, und dieses Negative benutzt er, um die Rhetorik zu definieren. Ebenso sonderbar ist die Frage nach dem Gegenstand der Philosophie. Beispiele für Gegenstände dieses oder jenes Philosophen sind leicht zu haben. Aber läßt sich über den Gegenstand der Philosophie etwas Allgemeines und Definierendes sagen? Klar ist uns doch eigentlich auch hier nur das Negative, daß die Philosophie keine Fachwissenschaft ist.

Auf diese Parallelität möchte ich von Anfang an hinweisen. Denn 1. beleuchtet sie die geistesgeschichtliche Lage jener Zeit und 2. scheint sie mir einer der tiefsten Gesichtspunkte zu sein, den wir für das Studium der Aristotelischen Rhetorik in unhistorischer Absicht mitbringen können.

Jedoch wie dem auch sei. Wir haben ein erstes Verständnis gewonnen für die Aristotelische Definition der Rhetorik. Diese soll sein: das Vermögen, für jegliches dasjenige zu entdecken, was geeignet ist, von ihm eine Überzeugung hervorzubringen.[6]

[6] Ἔστω δὴ ῥητορικὴ δύναμις περὶ ἕκαστον τοῦ θεωρῆσαι τὸ ἐνδεχόμενον πιθανόν (I 2. 1355b 26 f.).

§ 5. Fortsetzung. Über das πιθανόν

Die nächste Frage ist nun natürlich: was ist das πιθανόν? Man übersetzt es mit ‹Überzeugungsmittel›: es sind die zum *Zweck* des Überzeugens geeigneten Mittel. Das scheint ganz sinnvoll übersetzt zu sein. Der Grieche kennt z. B. die Wendung λόγος πιθανός = ein glaubwürdiger, überzeugender λόγος. Auch eine Person kann πιθανός heißen, nämlich eine glaubwürdige Person. Hier bei Aristoteles ist der Ausdruck τὸ πιθανόν, das πιθανόν, ein Kunstausdruck und meint in der Tat: solches, was das Gesagte dem Hörer glaubwürdig oder überzeugend macht. Es ist da also nicht eigentlich ‹das Glaubwürdige› sondern ‹das Glaubwürdig-*Machende*›.

Nun hörten wir ja schon: das Glaubwürdig-Machende (oder das Überzeugung-Weckende) sind die Gründe, die Beweisgründe. Aber wir müssen uns sofort jetzt eines Weiteren belehren lassen. Die Beweisgründe sind nicht das ganze πιθανόν. Es gibt noch andere Arten desselben. Aristoteles entwickelt dies ganz platonisch in Form von Diairesen, von Einteilungen: er teilt es zunächst ein in solches, was beizubringen nicht Sache der Kunst (eben der Redekunst) ist – und in solches, was die Redekunst beibringen muß und in dessen Beibringen sie eben ihre Kunst, ihr Können zeigen muß. (Die Ausdrücke dafür: ἄτεχνοι – ἔντεχνοι – sc. πίστεις, Glaube, Glauben hervorbringende ⟨Überzeugungsmittel⟩, 1355b 35 f.) Zu dem ersten rechnet er z. B. Zeugen, Urkunden, Folter. Einer mag geschickt sein, in einem Prozeß Zeugen und Urkunden beizutreiben, die wichtig und vielleicht entscheidend sind. Er ist aber *deshalb* nicht schon ein guter Reder. Die Rhetorik hat es aber nur mit denjenigen Überzeugungsmitteln zu tun, in deren Findung und Anwendung sie sich als Kunst bewähren kann. Und in dieser Rücksicht unterscheidet nun Aristoteles drei kunstgemäße Überzeugungsmittel, die der Redner in seiner Rede und durch seine Rede in Anwendung bringen muß:

1.) Die aus der Rede hervorgehende Sinnesart des Redners. Mit einem Fremdwort: das Ethos des Redners. τὸ ἦθος, mores (1356a 2 f.).

2.) Die durch die Rede bewirkte Stimmung des Zuhörers, die sein Urteil beeinflußt (56a 3).

3.) Endlich, worüber wir schon einiges hörten: die Gründe – oder wie Aristoteles sagt: das Aufzeigen (δεικνύναι, a 4). Er sagt an dieser Stelle nicht ἀποδεικνύναι, das ja der Terminus der Aristotelischen

Logik für das *Beweisen* ist (ἀπόδειξις, demonstratio – Beweis). Aber er meint so etwas hier.

Diese drei Arten des Zustimmung Hervorbringenden beherrschen die Gliederung der ersten zwei Bücher der Rhetorik. Das dritte Buch fällt in etwa aus diesem Rahmen heraus, da es von der λέξις, dem Sprachausdruck, und von der τάξις τοῦ λόγου, d.h. von der Ordnung der Redeteile handelt. In einem weiteren Sinn gehören auch der Sprachausdruck und die Ordnung der Rede zu der Rhetorik, wie sie Aristoteles definiert. Er selber sagt zu Beginn des III. Buches in dieser Rücksicht: «Es genügt nicht im Besitz dessen zu sein, *was* man kunstgemäß sagen muß; auch das Wie man dies sagt, muß gut, richtig sein. Das trägt viel dazu bei, die Rede so wirken zu machen, wie man will» (1403b 15–18). Und was der Redner zuletzt will, ist ja, daß seine Rede, sein λόγος πιθανός, glaubwürdig, überzeugend wirkt. Gleichwohl rechnet Aristoteles die Wortwahl und Redeordnung nicht zu dem Beistimmung-Hervorbringenden in dem engeren Sinn dieses Begriffs, wie er ihn in der Definition der Rhetorik einführt. Wortwahl und Ordnung der Rede sind Hauptelemente des *Stils*, wenn ich hier einmal dieses verhältnismäßig späte aus dem Lateinischen kommende Wort gebrauchen darf. Der Stil gehört nach Aristoteles *nicht* zu dem eigentlichen πιθανόν, trägt aber unter Umständen doch dazu bei, das πιθανόν hervorzubringen. Wir werden diese Stellungnahme des Aristoteles zu würdigen wissen. Aber die Konsequenz davon ist dann doch, daß das III. Buch nicht *eigentlich* zu derjenigen ars rhetorica gehört, die Aristoteles im I. Buch definiert. Das III. Buch erscheint daher mehr wie eine nicht ganz notwendige Zugabe. Es ist zweifelsohne Aristotelisch und übrigens sehr charakteristisch für ihn und sehr schön. Aber es ist mir wahrscheinlich, daß es nicht zu dem ursprünglichen Entwurf der Rhetorik gehört hat und erst später von Aristoteles angefügt worden ist. Für unsere Zwecke hier trägt das nicht viel aus. – Zunächst also zu den drei Arten des eigentlichen πιθανόν:

1.) Die Sinnesart des Redners. Die Rede soll só sein, daß sie den Redner ἀξιόπιστον, d.h. wert, daß man ihm glaubt, erscheinen läßt. Denn, sagt Aristoteles, dem anständigen, redlichen Mann (ἐπιεικής) schenken wir überhaupt mehr und schneller Glauben, und in Fragen, die ihrer Natur nach nicht so eindeutig zu entscheiden sind, ist *er* schlechthin derjenige, dem man Glauben schenkt (1356a 5–8). – Aristoteles legt auf diesen Punkt großen Wert, zumal gewisse Theoretiker der Redekunst vor ihm – wie wir von ihm hören (a 8–13) – dies nicht wahrhaben wollten. Das Ethos des Redners hat soz. beinahe (σχεδὸν ὡς εἰπεῖν) die am meisten überzeugende Kraft, ruft er aus (κυριωτάτην ἔχει πίστιν). Zweifelsohne eine richtige und tiefe Bemerkung, die die Wirklichkeit immer bestätigen wird. Die Stelle ist ein ausgezeichneter Beleg für den Wirklichkeitssinn des Aristoteles. Ich glaube nicht, daß irgendein Denker des Altertums ihn darin übertroffen oder nur erreicht hätte. Dabei ist man doch, obwohl sicher unbegründeter Weise, geneigt, anzunehmen, daß eine solche Einsicht gerade ihn als dem Schöpfer der Theorie des Beweises besondere Mühe gekostet hat. Unser Eindruck von dem Ethos des Redners muß nun aber, wie Aristoteles ausdrücklich bemerkt (l. c.), durch dessen Rede hervorgerufen sein. Sonst gehört es nicht zu dem Beistimmung-Weckenden, mit dem sich die Theorie der Redekunst zu beschäftigen hat. Es mag sein, daß wir vor jeder gehörten Rede geneigt sind, unser Wissen um den Redner als einen anständigen, tüchtigen Mann zugunsten seiner Vorschläge und Ansichten sprechen zu lassen. Allein das geht die Kunst der Beredsamkeit nichts an, die es nur mit demjenigen Ethos zu tun hat, das der Redner versteht aus dem Inhalt und vielleicht auch aus dem Stil seines Redens hervorleuchten zu lassen. Die Theorie der Redekunst studiert und lehrt also, was man sagen muß und vielleicht auch wie man es sagen muß, damit der Zuhörer den gewünschten Eindruck von dem Ethos des Redners bekommt. Sie ist insofern eine sittlich indifferente Theorie. Aristoteles könnte dies in seiner *Schulsprache* folgendermaßen formulieren (und es ist mir ja ein Hauptanliegen, Sie in seine Schulsprache einzuführen): Er könnte sagen: der Redner ist ein guter Redner, wenn er es versteht, sich *durch seine* Rede für die Zuhörer als einen Mann darzustellen, der so ist, wie es sich gehört, der in Ordnung ist, als eben einen ἐπιεικής, vir probus. Wenn er außerdem noch ein vir probus *ist*, so ist das etwas, was ihm als gutem Redner gleichsam nur zustößt (συμβαίνει, accidit), so ist er das nur *κατὰ συμβεβηκός* – secundum accidens, so ist er das nur, wie man dies übersetzen mag, ‹zufällig›.

2.) Einige Bemerkungen zu der zweiten Art von Überzeugungsmitteln. Es war: die durch die Rede bewirkte Stimmung des Zuhörers, die sein Urteil beeinflußt. Der gute Redner muß also imstande sein, seine Zuhörer, wie Aristoteles dies ausdrückt, irgendwie in eine Verfassung zu bringen (διαθεῖναί πως, 1356a 3). Und in welche Verfassung? Nun: er muß sie durch die Rede vorwärtstreiben in den *Affekt*, in das πάθος, in – wie ich mit Ausdrücken von Klages übersetzen möchte – in Stimmungen und Wallungen. Solche Stimmungen und Wallungen sind: der Zorn (ἡ ὀργή, ira), das Lieben (τὸ φιλεῖν), hier bei Aristoteles mehr im Sinne von freundschaftlicher Neigung; die Furcht (ὁ φόβος, metus); die Scham (ἡ αἰσχύνη, pudor), das freundliche Wohlwollen, ἡ χάρις – gratia (das nicht Freundschaft ist), das Mitleid (ὁ ἔλεος, misericordia), das Entrüstetsein (τὸ νεμεσᾶν, indignatio), der Neid (ὁ φθόνος, invidia) und endlich das Nacheifern (ζῆλος, aemulatio).

Das griechische Wort πάθος kommt ja von πάσχειν, ‹leiden›, ‹erleiden› und bedeutet so zunächst einfach ein Erleidnis, das wir von außen an Leib oder Seele erfahren. Eine der mancherlei Bedeutungen des Worts, die sich später fixiert, ist ein gewisses Erleidnis der Seele. Immer gehört aber eben dazu, daß die Seele von außen in das Erleidnis hineinversetzt wird. Der Affekt ist eine Wallung oder eine Gemütsbewegung, die, wie das von Klages besonders gut entwickelt worden ist, zugleich ein Antrieb ist. Es ist eine Gemütsbewegung, die, von außen erregt, auf ein Ziel gerichtet ist. Wie z. B. der Affekt der Furcht ein Antrieb zur Flucht ist und das Ziel ‹weg von› hat.

Für Aristoteles erhalten die Affekte notwendig von daher ihren Einzug in die Rhetorik, weil – wie er sagt – das Urteil der Menschen nicht gleich ausfällt, wenn sie niedergeschlagen oder freudig bewegt sind, oder wenn sie freundschaftlich gesinnt sind oder hassen (56a 15 f.). Indem der Redner auf Beistimmung aus ist, möchte er ja bewirken, daß das Urteil (ἡ κρίσις) der Zuhörer so ausfällt wie sein eigenes. Wenn es aber stimmt, daß die Urteile mit den Affekten sich verändern, so ist das die Zuhörer in Wallungen Bringen notwendig ein πιθανόν, d. h. ein Beistimmung Bewirkendes, und dann hat sich die Rhetorik notwendig mit den Affekten zu befassen, wenn anders sie das Können ist, das Beistimmung Bewirkende zu kennen und im einzelnen Fall zu entdecken.

Es wird im übrigen schon so sein, daß nicht schlechthin alles, was ein Mensch behaupten oder als Ansicht vertreten kann, von den Affekten abhängt. Wir werden auch hier wieder auf eine Einschränkung jenes ‹jegliches› hingewiesen, welches in der Definition der Rhetorik auftaucht. Und wir werden alsbald auch diese Einschränkung kennenlernen. Methodisch kann dazu hier jedoch schon gesagt werden, daß man bestrebt sein muß, solchen Negationen (wie eben z. B. die Negation ‹nicht jegliches›) immer eine positive Seite abzugewinnen. Denn wie wäre es z. B. wenn der fragliche schwer definierbare Bereich der Gegenstände der Rede geradezu dadurch definierbar wäre, daß es diejenigen Gegenstände sind, deren Beurteilung u.a. von den Affekten abhängt? Doch dies nur als prinzipieller Wink im Vorbeigehen.

Aristoteles gibt nun in der Rhetorik eine Art von Affektenlehre. Sie füllt den ersten Teil des II. Buches aus. Sie scheint mir ein Meisterstück. Und ich hoffe, daß ich in diesem Semester noch dazu komme, Ihnen einen Geschmack davon zu geben. Vorarbeiten von anderen werden dazu verhältnismäßig viel vorgelegen haben. Aristoteles bemerkt abschätzig: dieses Lehrstück der Rhetorik sei ja das einzige, was die Theoretiker der Beredsamkeit bisher behandelt hätten (56a 16f.). Auch werden wir uns darüber nicht wundern: die notwendige Abhängigkeit des Urteils vom Affekt verspricht ja etwas Gepfeffertes, und die antiken Sophisten denken wir uns ja gern (und vielleicht nicht ohne ein gewisses Recht) als Leute, die so etwas lieben.

Philosophiegeschichtlich gesehen ist diese Aristotelische Affektenlehre der Anfang der Behandlung dieses Gebiets, das wenig später nach Aristoteles in der Philosophie der Stoiker zu so verhältnismäßig zentraler Bedeutung kommen sollte. (Übrigens: Beim Tode des Aristoteles ist der Begründer der stoischen Philosophie, Zenon aus Kition auf Zypern, ungefähr 13, 14 Jahre alt. Sein Antipode Epikur schon etwa 20 Jahre alt. So nahe rücken diese Dinge zusammen.) – Man findet auch nirgends sonst in den Aristotelischen Schriften eine eigene Behandlung der Affekte (auch nicht in der Ethik – sehr bezeichnenderweise). Für Aristoteles ist die Abhängigkeit des Urteils von den Gemütsbewegungen oder Wallungen anscheinend etwas ganz Selbstverständliches. Wenigstens möchte man und darf man doch auch wohl dies daraus schließen, daß er sie ohne jede weitere Erörterung von daher definiert. Er sagt: «Gemütsbewegung, Wallung, πάθος ist alles dasjenige, was die Urteile verschieden ausfallen läßt, wenn die Urteilenden selber sich verändern – und welchem Bedrücktheit oder Gehobenheit (λύπη – ἡδονή) folgt.»[7]

Der gute Redner muß also wissen 1. welche Gemütsbewegungen in einem gegebenen Fall die Beistimmung des Hörers in seinem Sinne zu beeinflussen vermögen und vor allem dann 2. welche Ursachen allgemein gesprochen welche Gemütsbewegungen hervorrufen. Die Aristotelische Affektenlehre ist eigentlich eine ausführliche kasuistische Entwicklung dieses Zweiten – immer unter der leitenden

[7] ἔστι δὲ τὰ πάθη, δι' ὅσα μεταβάλλοντες διαφέρουσι πρὸς τὰς κρίσεις, οἷς ἕπεται λύπη καὶ ἡδονή (II 1. 1378a 20–22).

Absicht, dem Redner Anweisungen zu geben, wie er es anstellen kann, den Hörer in eine gewünschte Wallung hineinzubringen.

Das mag an dieser Stelle über die πάθη genug sein. Wenn wir bedenken, daß jede solche Wallung zugleich (wie ich vorhin bemerkte) ein Antrieb zu etwas ist (Furcht – Trieb zum Fortlaufen, Zorn – Trieb zum Vernichten u.s.f.), so wird uns die Aristotelische Lehre von dem notwendigen Einfluß der Wallung auf das Urteil vielleicht schon etwas wahrscheinlicher vorkommen.

Über die Arten des πιθανόν oder des Glaubwürdig-Machenden (der Überzeugungsmittel) ist damit in dieser vorläufigen Übersicht genug gesagt worden, denn über das Aufzeigen oder Beweisen als dritte Art habe ich zu Anfang ja das zunächst Notwendige entwickelt. Die Aufteilung des Glaubwürdig-Machenden in diese drei Arten ist eine platonische Diairese und bestimmt die Gliederung der Rhetorikbücher. Es ist möglich, ja sehr wahrscheinlich, daß Aristoteles in einem ersten Entwurf der Rhetorik nur das Aufzeigen und Beweisen anerkannt und behandelt hat. Eine ganze Reihe von Stellen im 1. Kapitel des I. Buches, die ich hier übergangen habe, deuten darauf hin. Was wir aus Quintilian über den Dialog Gryllos wissen, läßt sich im gleichen Sinne auslegen. Wir werden auch Verständnis dafür aufbringen, daß es der Akademie zunächst nicht ganz geheuer war, Dinge wissenschaftlich zu behandeln, deren Verwendung in einem schlechten Sinne jederzeit möglich war. Aber Aristoteles ist offenbar schon bald über diese Bedenken weggeschritten. Die Rhetorik, wie sie heute als ein trotz mancher Spuren älterer Stücke einheitliches Werk vorliegt, ist eine rein wissenschaftliche Abhandlung, in die moralische Wertungen als konstitutive Momente nicht eingehen.

§6. *Zur Aristotelischen Lehre vom Nutzen der Rhetorik*

Aristoteles ist sich dieser Sachlage selbstverständlich bewußt. Die Rhetorik ist ein Gut, so sagt er, und dem widerstreitet nicht, daß man von ihr einen üblen Gebrauch machen kann. Denn Körperkraft, Gesundheit, Reichtum, Kriegskunst u.s.f. lassen wir gleichfalls für Güter gelten, obwohl man sich ihrer zum Schlechten bedienen kann (cf. 1355b 2–7).

Die Beredsamkeit ist ein Gut (ἀγαθόν τι), weil sie *nützlich* ist (χρήσιμος) und was ein Nützliches ist, ist auch *ein Gut, ist etwas Gutes*. Das muß man scharf hören und auffassen. Die Beredsamkeit (sie als Beispiel) ist *schlechthin* nützlich und deshalb *ein* Nützliches, und jedes Nützliche ist ein Gut, ist etwas Gutes. Wir haben hier zum ersten Mal ein Beispiel für eine Aristotelische Gedankenführung und Begriffsbildung auf dem Felde der Ethik. Die Beredsamkeit mag beispielsweise jemandem das Leben retten; aber nicht deshalb ist oder wäre sie für Aristoteles *ein Nützliches.* Es wäre ja auch offenbar komisch, wollte man beispielsweise argumentieren: die Beredsamkeit ist nützlich, *denn* sie war mal dem und dem für das und das von Nutzen. Vielmehr muß *allgemein angebbar* sein, wofür sie nützlich ist. Dann ist sie nützlich *schlechthin* oder *ein* Nützliches für Aristoteles. Diese Forderung, daß sich *allgemein angeben* läßt, wozu sie nützlich ist, ist für Aristoteles – begreiflicherweise – die Bedingung dafür, daß über den Gegenstand wissenschaftlich gesprochen werden kann. *Das Nützliche* ist für Aristoteles nur dann ein möglicher Gegenstand der ἐπιστήμη, wenn es Nützliches gibt, dessen Nützlichkeit in der angegebenen Weise *allgemein* fixierbar ist. Ein solcher allgemein aussprechbarer Nutzen der Beredsamkeit und zugleich der Theorie der Beredsamkeit ist nun der, daß wir mit ihrer Hilfe das Wahre und Gerechte befördern können. Sie ist ein Mittel zur Beförderung des Wahren und Gerechten, und deshalb *ein* Nützliches. Auf den Inhalt angesehen scheint das eine erhebliche Banalität zu sein. Allein das scheint eben nur so. Der Gedanke bei Aristoteles ist nämlich folgender[8]: Von Natur (φύσει) ist das Wahre und Gerechte *stärker* als das Gegenteil. Wenn daher die Urteile der Menschen nicht so fallen, wie es sich gehört, so liegt das an ihnen, an den Urteilen, an den urteilenden Menschen und nicht an einer Schwäche des Wahren und Gerechten. Daß es so ist, daß die Urteile nicht immer so fallen ist deshalb eine Schande; es ist ἄξιον ἐπιτιμήσεως (reprehensione dignum); es ist só, daß es sinnvoll und gerecht ist, es zu tadeln. Es bräuchte nicht zu sein. Der Nutzen der Beredsamkeit liegt in ihrer Fähigkeit, den wahren und gerechten Urteilen Beistimmung zu verschaffen – und *nur* darin. Käme es nicht vor, daß unwahre und ungerechte Urteile gefällt würden, so würde die Beredsamkeit nicht nützlich sein; denn ihr Nutzen besteht darin, dies zu verhindern. Und wäre das Wahre und Gerechte nicht von Natur mächtiger als das Gegenteil, so würde die Beredsamkeit sie nicht stärker machen können; wenn sie das vermöchte, so wäre sie eben nicht, was sie ist.

In diesem Sinne also will der Satz verstanden werden, daß die Beredsamkeit ein Nützliches und also ein Gut ist. Allein: ist sie nicht

[8] *[Vgl. 1355a 20–24.]*

ebensogut ein Schädliches und also ein Schlechtes, ein Übel (κακόν)? Aristoteles würde sagen: nein. Es wäre hier in seinem Sinn das Doppelte zu begreifen: daß sie schlechthin ein *Nützliches ist*, aber Schaden anrichten *kann*. Der Satz, daß sie ein Nützliches und also ein Gut ist, hat für Aristoteles, der hier ganz Platoniker ist (aber ohne die Platonische Ideenlehre, aber Plato erschöpft sich nicht in seiner Ideenlehre) die Dignität eines wissenschaftliches Satzes. Die Beredsamkeit ist *ein Seiendes*. Und sie wäre kein Seiendes, wäre sie kein Gut. – Wenn Aristoteles also einen Satz beginnt wie: χρήσιμος δ᾽ ἐστὶν ἡ ῥητορική … (1355a 20f.), so müssen Sie das und alles Aristotelische in dieser Höhe reiner Seinssätze lesen. Und insofern ist dann allerdings weder die Rhetorik noch irgendein anderes Werk des Aristoteles wertfrei.

§7. *Über die Arten oder Gattungen der Reden*

Anschließend an die Arten (εἴδη) des Beistimmung Hervorbringenden (des πιθανόν) entwickelt Aristoteles nun die Arten der Reden und der zu ihnen gehörigen Arten der Beredsamkeit. Auch hier gibt es also eine platonische Diairese. Beide Einteilungen beherrschen die Gliederung der Bücher und zwar so, daß sie ineinander liegen. Denn in jeder besonderen Art der Rede haben die drei Arten des Beistimmung Hervorbringenden ihren Ort. Mit der Einteilung der Gattung ‹Rede› in Arten kommen wir jetzt auch dem Problem des ἕκαστον, jenes ‹jeglichen› näher, das uns schon bei der Erörterung der Definition der Rhetorik etwas beschäftigte. Denn ein bestimmtes Eidos der Rede wird sich ja auch durch einen bestimmten *Gegenstand*, durch ein bestimmtes Worüber auszeichnen. Wir dürfen also erwarten, durch diese Einteilung zugleich einen Einblick und Überblick zu bekommen über das Feld aller der Dinge, die sinnvoll Gegenstand einer Rede im Sinne der Rhetorik sein können.

Mit einer Einteilung nun, die nach Aristoteles erschöpfend sein soll, werden drei Arten oder auch drei Gattungen unterschieden. (Aristoteles spricht im dritten Kapitel des I. Buches mal von drei Redearten (εἶδος, species), mal von drei Gattungen (γένος, genus)[9]; das macht ja keinen Unterschied, da εἶδος und γένος in Grenzen relative Bestimmungen sind). – Die drei Arten oder Gattungen sind:

1.) das γένος συμβουλευτικόν, das deliberativum, sagen wir

[9] *[vgl. z.B. I 3. 1358a 36 mit 1358b 7.]*

zunächst kurz die *beratende* Gattung. Es ist die Rede, die in einer *Beratung* ihren Ort hat. Die Volksversammlung (z. B. in der demokratischen Verfassung Athens) ist so ein Ort der Beratung.

2.) das γένος δικανικόν (genus iudicale) – die Gerichtsrede. Die Rede vor dem Gericht.

3.) das γένος ἐπιδεικτικόν (genus demonstrativum). ἐπιδεικνύναι = ‹vorzeigen›, ‹aufzeigen›, ‹sehen lassen›; im Medium = ‹sich zeigen›, ‹etwas von sich aufzeigen, sehen lassen›; ‹sich mit etwas sehen lassen›.

Der λόγος ἐπιδεικτικός (die sog. epideiktische Rede) ist also zunächst und wörtlich eine Rede, die imstande ist, etwas vor Augen zu legen, etwas hinzustellen, etwas sichtbar zu machen, etwas zur Schau zu stellen. Das Wort ἐπίδειξις kann daher sogar die Bedeutung von *Beweis* annehmen (wie ja das lateinische *demonstrare* auch das mathematische *Beweisen* bedeutet, während das Griechische hier differenziert zwischen ἐπιδεικνύναι und ἀποδεικνύναι, zwischen ἐπίδειξις und ἀπόδειξις, wobei ἀπόδειξις immer (in der Sprache der Philosophie) dem mathematischen und überhaupt wissenschaftlichen Beweis und Beweisen zugeordnet bleibt). Das Beweisen des ἐπιδεικνύναι ist ein Weisen und Zeigen im Sinne des die Sache selber Vorzeigens. Der Redner z. B. beweist seine eigene Beredsamkeit am besten dadurch, daß er eine gute Rede hält. Und überhaupt: wer beweisen will, daß er dies oder jenes vermag, oder daß er so und ein solcher ist, der kommt am schnellsten und besten zum Ziel dadurch, daß er sich als einen solches Vermögenden und als einen so gearteten durch die Tat zeigt und beweist. Tut er dies nun und zwar *in der Absicht solchen Beweisens* dann liegt ein ἐπιδείκνυσθαι, eine ἐπίδειξις und keine ἀπόδειξις vor.

Wichtig ist dabei nun noch folgendes zu sehen: Man kann auch etwas als schön, gut, trefflich, tüchtig, erhaben, bewundernswert, verehrungswert, kurz als wertvoll aufzeigen wollen. Man will ein Wertvolles als Wertvolles sichtbar machen: die Schönheit, Trefflichkeit, Größe von etwas (einer Tat, eines Verhaltens, eines Menschen, eines Werkes u. s. f.) zeigen, sehen lassen. Auch hier ist das Feld der ἐπίδειξις, obzwar in einem logisch schwerer greifbaren und problematischen Sinn, wie der versteht, der sich schon einmal über die Logik ethischer und ästhetischer Reflexionen Gedanken gemacht hat.

Die epideiktische Rede bei Aristoteles und überhaupt in der antiken Rhetorik heißt epideiktisch in einem Sinn, der die beiden letzten Bedeutungen enthält. Es ist deshalb schwer einen guten deutschen Ausdruck dafür zu finden. Die klassischen Philologen sprechen häufig von *Prunkreden* in dem Sinn, daß es Reden sind, in denen der Redner alle Register seiner Kunst zieht, um mit seiner Kunst zu prunken. Und damit ist in der Tat ein wesentliches Moment bezeichnet. Es kommt dabei jedoch das zweite Moment zu kurz, das z. B. bei Aristoteles darin heraustritt, daß nach ihm das Loben und Tadeln die Weisen sind, in denen sich die epideiktische Rede zur Existenz bringt. Man könnte also auch ‹Lobrede›, ‹Preisrede› übersetzen. Es sind Reden auf etwas und über etwas, auf jemanden und über jemanden. Es sind auch wesentlich Gelegenheitsreden: bei Gelegenheit z. B. von Festen. So könnte einer (um mit dem Beispiel in der Nähe zu bleiben) eine Rede halten auf oder über die Beredsamkeit: was für ein großes Ding sie ist (wo dann der Sophist seinen Witz an einer Gegenrede zeigen könnte). Oder ein ganz anderes Beispiel: die Grabreden (ἐπιτάφιοι). Athen veranstaltete in jedem Kriegsjahr den Gefallenen eine Leichenfeier, und deren Höhepunkt war der ἐπιτάφιος, die Lobrede. Paul Wendland bezeichnet die Festsetzung dieses Brauches als die «Geburtsstunde der Prunkberedsamkeit».[10] Im Menexenos des Plato hat Plato selber einen solchen ἐπιτάφιος geschrieben. Gorgias und Isokrates sind Verfasser berühmter Lob- oder Prunkreden.

Die epideiktische Gattung ist sehr schwer zentral zu fassen, und deshalb wohl vermag ich selber auch keine befriedigende deutsche Übersetzung vorzuschlagen. Ich werde ‹epideiktische Rede› sagen. Sie grenzt an den Bereich der reinen Kunst. Sie kann von tiefstem Ernst getragen sein (wie z. B. die Epitaphien); aber es ist ein andersartiger Ernst als der Ernst, der in der Beratung und vor den Schranken des Gerichts waltet. Auch sie will überreden und überzeugen. Aber es ist ihr weniger um Beistimmung zu einer bestimmten These, sondern eher und mehr um die Hervorbringung eines gemeinsamen Fühlens, um eine Art totaler Beistimmung zu tun. Und daß in ihr der Redner sich und seine Kunst zeigt und sichtbar macht, hat seine wesentliche Quelle nicht in der persönlichen Absicht, sondern im Wesen der Gattung, so daß der epideiktische Redner, wie ähnlich auch der Künstler, dem soz. gar nicht entfliehen kann, sich und seine Kunst zur Schau zu stellen. Und erst dieser wesentliche Zusammenhang bewirkt dann allerdings, daß ein Redner, der in der Tat nun nur des sich-Zeigens wegen eine Rede halten will, es meistens und am

---

[10] Einleitung in die Altertumswissenschaft, hrsg. von A. Gercke und E. Norden, Bd. 1, Leipzig/Berlin 1910, S. 337.

zweckmäßigsten mit einer epideiktischen Rede auf etwas oder auf jemand tut.

Ich bin hier des Fremdworts wegen etwas ausführlicher geworden, und weil das, was Aristoteles selber zu dieser Gattung sagt nicht geeignet ist, auf ihr Wesen hinzuführen, sondern Vertrautheit mit ihm voraussetzt. Er charakterisiert nun alle drei Arten in folgender Weise weiter:

1.) die Rede der Beratung entfaltet sich in προτροπή oder ἀποτροπή: in einem etwas anraten oder von etwas abraten;

2.) die Rede vor Gericht klagt an oder verteidigt;

3.) die epideiktische Rede (ich erwähnte dies schon) spendet Lob (ἔπαινος) oder tadelt (ψόγος).

Dementsprechend hat jede Rede ein verschiedenes τέλος (finis) (ein in diesem Zusammenhang nicht leicht zu übersetzendes Wort, denn ‹*Zweck*›, ‹Ziel› paßt zwar, aber nicht völlig). Gemeint mit τέλος ist das, worum es in diesen Reden geht, und zwar:

1.) In der Beratung geht es um oder dreht es sich um das *Nützliche oder Schädliche* (τὸ συμφέρον καὶ βλαβερόν, utile et perniciosum). Man berät über das zu Tuende, über Schritte, die zu unternehmen sind; und prüft sie unter dem hier alles beherrschenden *Gesichtspunkt* ihres Nützlich- oder Schädlichseins. Das Wort τέλος des λόγος meint hier also den *maßgebenden Gesichtspunkt* der Erörterung.

2.) In diesem Sinne von *τέλος* ist dann das τέλος der Rede vor Gericht das Gerechte und das Ungerechte (τὸ δίκαιον καὶ τὸ ἄδικον, iustum et iniustum). Dies ist der entscheidende Gesichtspunkt für Anklage und Verteidigung, um den sich alles übrige dreht: es ist hier gleichsam die Achse des Wirbels der Rede.

3.) Die epideiktische Rede endlich bewegt sich im Felde des *Schönen* und *Häßlichen* (τὸ καλὸν καὶ τὸ αἰσχρόν). Es ist hier das griechische ‹Schöne›, das in innerer Verbindung zu dem Guten und Trefflichen steht gemeint; diese Verbindung charakterisiert ja auch manche Wendungen des deutschen Wortes. (Lat. honestum, aber auch pulchrum.)

§8. *Fortsetzung. Der Handlungsbezug der jeweiligen Gegenstände der Redegattungen. Schärfere Fassung des* περὶ ἕκαστον *in der Aristotelischen Definition der Rhetorik*

Mit der Einteilung der Gattung Rede in diese drei Arten wird nun auch das *Worüber* oder der Gegenstand der Rede greifbarer. Ich kehre noch einmal zu diesem Zweck zurück zur Definition der Beredsamkeit als der Macht (δύναμις), über *jegliches* (περὶ ἕκαστον) so zu sprechen, daß das darüber Gesagte Zustimmung findet. Was ist dieses jegliches? Läßt es sich allgemein charakterisieren und definieren? Aristoteles definiert es *nicht*. Und ich lasse selbstverständlich hier auch offen, ob es überhaupt definierbar ist. Aber ein Blick und Überblick über seinen Bereich läßt sich doch nun gewinnen. Die Rede im Sinne der Rhetorik kann niemals Wissenschaft sein. Und zwar nicht so, als ob dieses Reden ein unwissenschaftliches Tun wäre, als ob seine Unwissenschaftlichkeit ein defizienter Modus oder eine στέρησις (privatio) wäre, d. h. als ob es wissenschaftlich sein könnte und daher auch müßte, sondern so, daß es nicht zur Gattung der Wissenschaft gehört und also wissenschaftlich weder sein kann noch sein darf. Nun, das ist jedem wohlbekannt und ziemlich selbstverständlich. Aber wir wollen uns diesen bekannten Unterschied auch nur ein wenig anschaulich machen. Denn irgendwie und zuletzt ist es der Unterschied zwischen dem theoretischen und praktischen Verhalten, zwischen theoretischer und praktischer Vernunft (nicht *Kant!*), zwischen, aristotelisch gesprochen, διάνοια θεωρητική und διάνοια πρακτική (διάνοια – Denken, cogitatio). ‹Praxis› (πράττειν) ist dabei in dem ursprünglichen Sinn als ‹Handeln› zu nehmen (jenes Handeln, das man z. B. als klug Handeln oder als anständig, töricht, gerecht u. s. f. charakterisieren kann).

Die beratende Rede dient unmittelbar dem Handeln. Die Kriegserklärung an Sparta, um bei diesem Beispiel zu bleiben, wäre ein Handeln; und das Unterlassen derselben wäre gleichsehr ein Handeln. Dies ist ja eine Eigentümlichkeit des Handelns: das Malen eines Bildes ist ein Schaffen; das Unterlassen des Malens ist nicht auch ein Schaffen. Aber das Unterlassen des Handelns ist auch ein Handeln. Dem Künstlersein kann man so entfliehen; dem Handelndersein nicht. Man müßte aufhören Mensch zu sein, wollte man dem Handeln entgehen. Die Kriegserklärung – als ein Beispiel – ist so ein πρακτόν, ein *Gegenstand* des Handelns und als ein Gegenstand des Handelns zugleich auch *Gegenstand* eines Mit-sich-zu-Rategehens.

Jeder Gegenstand der *beratenden* Rede (des genus deliberativum, συμβουλευτικόν) ist ein solches *πρακτόν*, d.h. ein solches praktisches Problem: soll man es tun oder soll man es unterlassen? Und solche praktischen Probleme *müssen* Auflösung finden innerhalb einer variablen Frist. Zwar manchmal und manches kann auf die bekannte lange Bank geschoben werden. Aber diese Bank ist nicht beliebig lang. Es ist grundanders als bei theoretischen Problemen, wo wir immer noch Muße haben. Das Sich-nicht-Entscheiden in bezug auf ein theoretisches Problem ist eben *nicht* zugleich ein Sich-Entscheiden, obgleich manche Philosophen in bezug auf einige Probleme so sagen (das können Sie z.B. an Pascal und Kierkegaard zur Anschauung bringen). Das Sich-nicht-Entscheiden in bezug auf ein praktisches Problem ist aber ein Sich-Entscheiden. Der Wendung zur theoretischen Vernunft, zur Wissenschaft, kann man entgehen; der praktischen Vernunft entgeht man aber nicht, solange man Mensch ist, denn die Wendung zu ihr liegt dem Mensch-sein vorauf und macht es geradezu aus.

Aber auch die *epideiktische* Rede ist Rede wesentlich des *handelnden* Menschen, wenn man bei ihr auch nicht so geradezu, wie bei der beratenden Rede sagen kann, ihr Gegenstand sei ein πρακτόν, d.h. ein Gegenstand des Handelns, der schicksalhaft von uns zu entscheiden ist. Aber dieses Loben und Preisen oder dieses Tadeln *kurz*, solches *Werten* (wenn ich mir hier einmal diesen im wesentlichen *modernen* Ausdruck erlauben darf) gehört auf das innigste zum Handeln. Ja dieses ‹auf das innigste› ist noch lange nicht innig genug: denn jedes Handeln *ist* ein Akt wertenden Wählens und Vorziehens (ein αἱρεῖσθαι). Weil jedes Handeln ein Akt wertenden Wählens *ist*, ist das Handeln auch der eigentümliche, spezifische Gegenstand wertender Beurteilung als *gutes, schönes* Handeln oder schlechtes und häßliches. Im Mittelpunkt der epideiktischen Rede auf einen Menschen wird immer dessen Handeln stehen. Und *dás* ist eine schlechte Lobrede, die nicht Nacheiferung erweckt. Echte Nacheiferung heißt aber handelnd einem Handeln nacheifern. Wenn der Gegenstand der epideiktischen Rede etwas anderes ist als ein Mensch, verhält es sich nicht anders. Es ist schwer zu sagen, was *nicht* Gegenstand einer solchen sein kann.

Ich nehme die wahrhaft für uns hier nächsten Beispiele: die Beredsamkeit oder die Philosophie oder die Wissenschaft sind mögliche Gegenstände einer epideiktischen Rede. Wer sich der Philosophie oder der Wissenschaft zuwendet und hingibt, *handelt*, mag die theoretische Betrachtung als solche auch noch so fern dem Leben sein. Man tut gut daran, zu philosophieren oder vielleicht auch nicht gut daran. Auf jeden Fall tut man damit etwas, was als schön und trefflich oder als schlecht und häßlich charakterisierbar ist. (Damit wir uns nicht mißverstehen an diesem Punkt: ich denke nicht an Urteile über sog. *philosophische Werke*. Ich meine das Philosophieren und das Wissenschaft-Treiben als solches, als etwas, an das wir uns verschwenden.) Eine epideiktische Rede, eine Prunkrede auf die Philosophie wird sich nicht an die sog. Werke halten; das kann sie ja auch gar nicht. Denn *die* Philosophie, über die sie sprechen will, ist eine und der Werke sind gar sehr viele. Ihr Gegenstand wird also und muß das Philosophieren sein als ein Handeln, das sie – wie jedes Handeln – auf seinen Wert befragt und beurteilt, preist oder verächtlich macht. Und auch hier gilt: daß *díe* Lobrede auf die Philosophie gewiß keine gute wäre, die in den Hörern nicht den Trieb erweckte, sich ihr zu widmen. Selbst also Philosophie und Wissenschaft scheinen der Rhetorik insofern nicht entgehen zu können, als sie ein legitimer Gegenstand der epideiktischen und auch – wie leicht erhellt – der beratenden Rede sein können. Denn wenn z. B. zur Beratung steht (im Kreise der Familie oder auch in dem Bezirk des Staates), ob es gut getan ist, darauf hinzuwirken, daß die Jugend Philosophie und Wissenschaft oder dergleichen pflegt, so wäre dies als ein πρακτόν, ein legitimer Gegenstand der beratenden Rede, in die dann als Begründung eine epideiktische Rede notwendig mit einfließen müßte.

Das so durch und durch andere Wesen der Rede-über-etwas im Sinne der Rede der Rhetorik und der Rede-über-etwas, welche Mitteilung oder Fixierung einer wissenschaftlichen Betrachtung ist, wird uns vielleicht besonders plastisch, wenn wir *beiden* Reden im Vergleichen *denselben Gegenstand* geben oder wenigstens anscheinend denselben Gegenstand, z. B. die Wissenschaft. Die theoretische Betrachtung wendet sich ihr zu als einem Seienden, nach dessen Was sie fragt. Der Rede der Rhetorik ist sie ein πρακτόν, ein Gegenstand des Handelns, ein zu Wählendes oder ein zu Meidendes. Es scheint, man kann manchmal in schicksalhaften Augenblicken nicht umhin, zum Redner zu werden. Und dies bestätigt höchste Philosophie durch die Tat. Nehmen Sie – ein Beispiel, vielleicht allerdings ein ungewöhnlich schönes gutes Beispiel – den Dialog Theaitetos von Plato. Plato führt darin eine in Dialogform sich entwickelnde theoretische Untersuchung über die Episteme, über die Wissenschaft, vor. Und an einem gewissen Punkte unterbricht er sie eine Weile, läßt er den

Sokrates eine Weile sich unterbrechen und ausbrechen in ein – ja man darf und muß sagen – in ein rhetorisches Reden epideiktischer Art über die Wissenschaft, die Philosophie, *für sie* und *gegen* das im täglichen Handeln aufgehende Leben, gegen den βίος πρακτικός (wie Aristoteles dies nennt).[11] Und was er Sokrates dá sagen läßt, ist höchste Rhetorik, höchste Beredsamkeit, an der alle Aristotelischen πιθανά, alle von Aristoteles analysierten Kunst- und Überzeugungsmittel zu studieren sind, und vielleicht noch einige dazu. Ja, in einem wundersamen Überschlag tritt das rhetorische Moment in den Inhalt der Rede selber ein, indem Sokrates dem Philosophen und ihm allein zuschreibt, sich darauf zu verstehen «der Götter und seligen Menschen wahrhaftiges Leben zu preisen.»[12] Das *Preisen*, das ὑμνεῖν (μακαρίζειν = glücklich preisen) ist eine Unterform der epideiktischen Rede. Oder, um noch ein anderes Beispiel zu geben: wir werden ja wohl nicht glauben, daß der Aristotelische Protreptikos zur Philosophie (ich sprach davon ja) kein Produkt der Beredsamkeit war? Irgendwie fällt ja jeder Protreptikos, jede Mahnung und adhortatio zu etwas, unter das Genos der beratenden und der epideiktischen Rede zugleich. Das darf selbstverständlich nicht zu einer Vermischung dieser an sich so klar unterschiedenen Gattungen führen. Der Gegenstand der epideiktischen Rede ist nicht das πρακτόν, im Sinne des jetzt und hier von mir oder uns zu Tuenden, über das wir mit uns und miteinander zu Rate gehen. Wohl aber ist ihr Gegenstand (der Gegenstand des Lobens und Tadelns) ein *solches* Seiendes, das gleichsam in das Sein hineinkommt nur durch das Handeln.

Die Rede vor Gericht endlich ist Anklage oder Verteidigung. Aber im gegenwärtigen Zusammenhang brauche ich nicht viel über sie zu sagen: denn so augenfällig auch ihr Unterschied ist sowohl gegenüber der beratenden als auch der epideiktischen Rede, so kommt sie mit dieser letzten doch darin überein, daß auch ihr Gegenstand nur im Handeln (im πράττειν) den Ursprung seines Seins hat. Denn wir klagen jemanden an als einen, der Unrecht getan hat. Und das Unrechttun ist eine Weise des Handelns.

Und von hier aus kehren wir noch einmal zurück zu der Definition der Redekunst und zu dem ἕκαστον. Was ich soeben versuchte über den *Gegenstand* der Rede im Sinne der Rhetorik aufzuzeigen (näm-

---

[11] *[Plat. Theait. 172 C– 177 C.]*

[12] ὑμνῆσαι θεῶν τε καὶ ἀνδρῶν εὐδαιμόνων βίον ἀληθῆ (176 A).

lich, daß dieser Gegenstand – sehr allgemein und nicht präzis gesagt – im Felde des Handelns liegt), findet sich bei Aristoteles in dieser Form *nicht*. Auch gibt Aristoteles keine weitere Erläuterung dessen, wie es zu verstehen ist, daß die Redekunst über *jegliches* gut zu reden vermag, daß also ihre Gegenstände kein γένος ἴδιον ἀφωρισμένον, keine eigentümliche definierbare Gattung darstellen. Ich will nicht darüber sprechen, warum er das nicht tut (manches ließe sich dazu schon sagen). Aber es ist gut und unerläßlich, daß wir versuchen, durch uns selbst darüber eine gewisse Klarheit zu bekommen. Und ich glaube, daß wir jetzt doch in der Lage sind, darüber so viel zu sehen, wie für unseren Zweck genügt: Über *jegliches* vermag die Rhetorik zu sprechen in demselben Sinn, in dem auch wir Menschen im alltäglichen Miteinander *über jegliches* zu sprechen vermögen. Denn diese Gegenstände, über die wir im gewöhnlichen Miteinander reden, sind ja nicht *vorher* und unabhängig von uns und unserem Handeln existierende Dinge, sondern sprachlich geprägte und dadurch gestaltete Einheiten, die nur aus dem menschlichen Leben des Handelns und des damit wesentlich verbundenen Miteinanderredens entspringen. So ist, um das hier naheliegende Beispiel zu geben, z. B. also das *Handeln selbst*, dieses Ding und dieser Gegenstand, eine solche sprachlich geprägte und durch die Sprache gestaltete Einheit, die rein nur aus dem Miteinanderleben entspringt. Es ist daher kein Wunder, daß wir über *alles* miteinander zu reden vermögen und daß es uns soz. nicht passiert, daß uns ein Ding begegnet, bei dem uns diese Kraft des miteinander darüber Redens im Stich ließe: denn solche Dinge können uns ja nur begegnen im Zuge eines über-sie-Redens, das sie schon sprachlich gestaltet hat. Die Beredsamkeit entspringt aus diesem alltäglichen Miteinanderreden, dessen gerade Fortsetzung sie ist. Die Gattungen der Rede der Rhetorik: die beratende Rede, die preisende und lobende Rede, die Anklage und die Verteidigung sind in ihrem Ursprung Formen des redenden Miteinanderseins, denn wir leben ja so, daß wir mit uns und anderen über das zu Tuende zu Rate gehen, daß wir loben und preisen, anklagen und verteidigen. Nicht z. B. die Konstituierung eines Gerichtshofes hat das Anklagen und Verteidigen hervorgebracht, sondern das u. a. als ein Anklagen und Verteidigen sich vollziehende menschliche Miteinanderleben hat die Konstituierung eines Gerichtshofes ermöglicht und veranlaßt. Das Überzeugen- und Überredenwollen selbst ist ursprünglich ein Akt des menschlichen Miteinanderlebens, ein charakteristischer Wesenszug desselben, dem wir selbst uns gar nicht entziehen könnten (wenn wir wollten), solange wir Mensch und auf der Welt sind. Es ist nicht eine Erfindung des bösen Rhetors; eher könnte man das Umgekehrte sagen.

Von hier aus verstehen wir etwas tiefer die Berechtigung des Aristotelischen Ausspruchs, den ich zitierte: daß alle Menschen in irgendeiner Weise der Redekunst teilhaftig sind. (Er sagte das, wie Sie erinnern werden, zu Anfang des I. Buches. Er sagte dasselbe auch von der *Dialektik*, die hier noch ganz beiseite bleibt.) Und wenn ich mich nicht täusche, so verstehen wir jetzt auch in einer für unsere Zwecke genügenden Weise, daß die Beredsamkeit *für jegliches* (περὶ ἕκαστον) das Überzeugung-Weckende zu erspähen vermag: *jegliches* nämlich von solchem, das in dem handelnden Miteinanderleben Gegenstand eines Besprechens, eines es vor anderen Vertretens, eines andere davon-Überzeugen-Wollens sein kann. Und daß dieses keine eigentümliche, definierbare Gattung darstellt, ist verständlich. Jede Kunst und Wissenschaft hingegen (von der Dialektik abgesehen) sagt Aristoteles, erstreckt sich auf ein ihr allein eigentümliches und angebbares Gebiet. Die Heilkunst, die Geometrie, die Arithmetik. Ihr Gegenstand ist eben ein so oder so geartetes Seiendes, dessen Artung betrachtet wird.[13]

§ 9. Zu Aufbau und Gliederung der ›Rhetorik‹

Ich setze nun die Angabe des Inhalts fort. Die Einteilung der Redegattungen und die Einteilung der Überzeugungsmittel benützt Aristoteles zur Gliederung *só*, daß er zunächst anschließend für die *einzelnen* Redegattungen die obersten Gründe und Grundsätze entwickelt, aus denen heraus rhetorische Beweise möglich sind. Er gibt zuerst eine Aufstellung und Zusammenstellung solcher Gründe für die Gattung der beratenden Rede, dann für die epideiktische und endlich für die Gerichtsrede. Damit schließt das I. Buch der Rhetorik ab. Von den Überzeugungsmitteln, den πιθανά, behandelt er also in diesem I. Buch nur das rhetorische Begründen und Beweisen. Die beiden anderen Überzeugungsmittel waren das eigene aus seiner Re-

[13] *[Auf einem Beiblatt notiert König:* Metaphys. Γ2: 1.) καὶ ἔστι τοῦ φιλοσόφου περὶ πάντων δύνασθαι θεωρεῖν *[1004a 34f.]* 2.) Die Sophisten und die Dialektiker διαλέγονται περὶ ἁπάντων. Denn die Sophistik und die Dialektik beschäftigen sich mit derselben Gattung wie die Philosophie: περὶ μὲν γὰρ τὸ αὐτὸ γένος στρέφεται ἡ σοφιστικὴ καὶ ἡ διαλεκτικὴ τῇ φιλοσοφίᾳ *[1004b 22f.]*. K[n]]

de hervorleuchtende ἦθος des Redners und die Beeinflussung des Urteils durch die Affekte. Über sie handelt Aristoteles erst im II. Buch, dessen Herzstück eine Beschreibung der Affekte ist. Die zweite Hälfte des II. Buches ist dann noch einmal einer Betrachtung des rhetorischen Beweisens gewidmet, behandelt also in gewisser Weise denselben Gegenstand wie das I. Buch. Der Unterschied ist der: daß im I. Buch die den einzelnen Redegattungen eigentümlichen Beweisgründe jeweils gesondert erörtert werden, während die Behandlung des rhetorischen Beweises im II. Buch diejenigen Beweisgründe entwickelt, die den drei Redegattungen gemeinsam sind.

Die Aufteilung dieses Gesamtstoffes der beiden für uns allein in Betracht kommenden Rhetorikbücher ist, wie Sie schon jetzt sehen können, durchaus angemessen. Auffallend kann allerdings scheinen, daß die Erörterung der rhetorischen Beweisgründe nicht in einem Zuge erfolgt, sondern auf zwei verschiedene, durch das Zwischenstück der Beschreibung der Affekte getrennte, Stellen verteilt ist. Auch diese Anordnung läßt sich jedoch rechtfertigen. Denn von den Einleitungskapiteln abgesehen behandelt das *erste Buch* diejenigen Überzeugungsmittel, die den einzelnen Redegattungen eigentümlich sind. Das II. Buch behandelt die für diese Redegattungen *gemeinsamen* πιθανά: denn das ἦθος des Redners und die Erregung der Affekte haben in allen Redegattungen ihren Ort, obzwar mit graduellen Unterschieden ihres Gewichts. So ist z. B. nach Aristoteles die Erregung der Affekte vorwiegend bedeutsam für Anklage und Verteidigung. Aber das ist nur ein gradueller Unterschied. Nur das rhetorische Beweisen oder genauer die Beweisgründe des rhetorischen Beweisens unterscheiden sich in solche, die für die einzelnen Redegattungen eigentümlich und solche, die für alle gemeinsam sind. Und daher läßt sich durchaus auch rechtfertigen ihre Behandlung zu trennen.

Maßgebend für die gegenwärtige Einteilung der beiden Rhetorikbücher scheint dennoch der an sich ganz sinnvolle Gedanke gewesen zu sein, daß in dem *ersten* Buch (immer abgesehen von den drei einleitenden Kapiteln) diejenigen Überzeugungsmittel Behandlung finden sollten, die für die drei verschiedenen Redegattungen verschieden sind; und daß das II. Buch den für sie gemeinsamen Mitteln gewidmet sein sollte. Diese an sich sehr klare und zweckmäßige Einteilung wird jedoch eben etwas verdunkelt durch die Tatsache, daß dieser die Einteilung des Ganzen begründende Unterschied lediglich bei *einem* der drei Überzeugungsmittel, lediglich nämlich in bezug auf die Beweisgründe des rhetorischen Beweisens aus der Natur der Überzeugungsmittel heraus gemacht werden kann. Nur in bezug auf dieses eine der drei πιθανά ist überhaupt dieser Unterschied von spezifischen und gemeinsamen Überzeugungsmitteln existent. Denn die Wirkung des ἦθος des Redners und die Erregung der Affekte sind in den drei verschiedenen Redegattungen prinzipiell dieselben. Deshalb befriedigt denn auch diese Einteilung nicht vollständig. Befriedigender wäre am Ende doch, wenn die Erörterung und Zusammenstellung der Prinzipien des rhetorischen Beweisens in *einem* Zuge hintereinander erfolgte, erst die spezifischen Prinzipien für die einzelnen Gattungen, dann die für sie gemeinsamen Prinzipien. So wäre das *eine* der drei Überzeugungsmittel, das Beweisen geschlossen abgehandelt. Die Behandlung der beiden übrigen Überzeugungsmittel hätte sich dann anzuschließen.

Nun: die Einteilung ist nun eben nicht so, und das ist ja auch kein Unglück. Ich habe überhaupt über diese für unseren eigensten Zweck ziemlich unerhebliche Sache nur deshalb so ausführlich gesprochen, weil 1. die jetzige Einteilung mit ihrer Trennung der Behandlung des Beweisens in zwei voneinander getrennte Teile zunächst irgendwie stutzig macht. Und 2. weil das Ganze eine Veranschaulichung abgeben kann für das allgemeine Überlieferungsproblem solcher Aristotelischer Texte. Ich sagte früher schon, daß es mir unwahrscheinlich sei, daß Aristoteles selber die Rhetorik editionsfertig gemacht habe. In dem Buche von Friedrich Solmsen über die Entwicklung der Aristotelischen Logik und Rhetorik finden Sie über diese ganzen Verhältnisse eine sehr gelehrte und gründliche Erörterung.[14] Was ich dazu hier bemerkt habe, berührt nur das Oberflächliche, aber genügt für uns.

[14] *[o. S. 42, Anm. 29.]*

Zweites Kapitel
Zur Aristotelischen Enthymemtheorie

§10. Zum Begriff ‹Enthymem› und einige Beispiele für Enthymeme

Und nun zur Sache, also zu dem *rhetorischen Beweisen*. Zunächst führt Aristoteles (in I c. 2) ganz allgemein den Begriff desselben ein.

Ein rhetorischer Schluß ist nach Aristoteles nun zunächst einmal durchaus ein *Schluß* (συλλογισμός). In seinem letzten Kern und Wesen unterscheidet er sich also nicht von dem, was wir im allgemeinen vorzüglich unter ‹Beweis› und ‹Schluß› verstehen, also von dem wissenschaftlichen Beweis. Die Unterschiede beider werden wir gleich kennenlernen. Für den rhetorischen Schluß hat Aristoteles einen eigenen Kunstausdruck eingeführt: er nennt ihn *ἐνθύμημα*, ‹Enthymem›. Das Wort ἐνθύμημα kommt von *ἐνθυμεῖσθαι* = ‹etwas zu Herzen nehmen›, ‹in Erwägung ziehen›, ‹in Betracht nehmen›, ‹etwas bedenken›. Das Substantiv *τὸ ἐνθύμημα* meint zunächst das Beherzigte, Erwogene, *auch* das zu Bedenkende, das Beherzigenswerte. Bei Aristoteles ist es dann, wie gesagt, ein reiner Kunstausdruck geworden, bei dem *als solchem* wir uns nichts Weiteres mehr zu denken brauchen. Wir müssen uns eben nur merken, daß Enthymem den *rhetorischen Schluß bezeichnet. Was* also ein rhetorischer *Schluß* i s t, kann man nicht aus dem Terminus ‹Enthymem› entnehmen. Wohl aber kann man sich kurz klarmachen, warum Aristoteles gerade dieses Wort für seinen Terminus in Anspruch nahm. Jeder Schluß nämlich – und also auch der rhetorische Schluß – kann vorgestellt werden als ein Akt des Bedenkens und Beherzigens. Z. B.: ‹X hat in seinem hohen Alter noch eine so gewaltige Lebenskraft, daß ich ihn für unsterblich halten möchte. Allein bedenke, beherzige, erwäge, daß er ein Mensch und daß der Mensch sterblich ist. Halte ihn also lieber nicht für unsterblich.› Dieses bekannte Beispiel für einen wissenschaftlichen Schluß, für einen Syllogismus, kann also gleichfalls vorgestellt werden als ein Prozeß des Etwas-Beherzigens. Die Beherzigung der Prämissen führt zum Schlußsatz, zur Conclusio. Sie sehen: es ist verständlich, warum Aristoteles gerade auf das Wort *ἐνθύμημα* zurückgreift. Sie sehen aber auch: daß nichts im Wege stände, z. B. den Schluß der Wissenschaften ein Enthymem zu nennen und daß also eine relative Willkür in der Wahl des Ausdrucks statthat. Und so ist es ja bei allen Termini technici, bei allen Kunstausdrücken. *Kurz also:* der rhetorische Schluß *heißt* bei Aristoteles ein Enthymem.

a) Beispiele von Enthymeme aus Thukydides

Ich gebe nun zunächst eine Reihe von Beispielen solcher Enthymeme, damit Sie sich gleich an etwas halten können und nicht irgendwelche Wunderdinge hinter dem Terminus suchen. Zunächst einige Beispiele, die ich selber ausgesucht habe. Sie stammen aus Thukydides, der ja in seine Geschichte des Peloponnesischen Krieges viele Reden eingelegt hat, die er zwar selber verfaßt hat, von denen wir aber zugleich annehmen, daß sie tatsächlich gehaltenen Reden mehr oder minder entsprechen. Die Beispiele stammen aus zwei um 416 v. Chr. gehaltenen Reden des Nikias und des Alkibiades in der athenischen Volksversammlung. Zur Beratung steht, ob Athen Syrakus angreifen soll oder nicht. Nikias rät ab (ἀποτρέπει), Alkibiades rät zu (προτρέπει).

1.) Nikias sagt: «Wir Athener wollen jetzt so eifrig unseren Bundesgenossen zu Hilfe eilen, weil sie beleidigt worden sind, und gegen einen Feind, der uns *selber* durch seinen Abfall schon seit geraumer Zeit beleidigt, nehmen wir noch Anstand, uns Recht zu verschaffen.»[1] Das ist ein Enthymem.

Das Schlußhafte daran springt heraus durch eine Umformung. Etwa so: Es ist nicht gut, sich an Fernerliegendes heranzumachen und darüber das Naheliegende zu vernachlässigen. Wenn ihr den Bundesgenossen helft, macht ihr euch an Fernerliegendes heran und vernachlässigt darüber, die Stadt Chalkis, die euch durch ihren Abfall von euch beleidigt hat, zur Botmäßigkeit zurückzubringen, was das Näherliegende ist. Es ist also nicht gut für euch, was ihr vorhabt.

2.) Nikias sagt zu den Athenern (ich zitiere natürlich nur das Notwendigste): Stimmt nicht für den Zug nach Sizilien aus einer blinden Begier nach etwas Fernem, Weiten, sondern «beherzigt, daß lüsterne Begierde selten gut tut, Vorsicht hingegen in den meisten Fällen zu einem glücklichen Ausgang führt» (γνόντας ὅτι ἐπιθυμίᾳ μὲν ἐλάχιστα κατορθοῦνται, προνοίᾳ δὲ πλεῖστα).[2] Das letzte Stück: ὅτι ἐπιθυμίᾳ ἐλάχιστα κατορθοῦνται, προνοίᾳ πλεῖστα ist das, was Aristoteles und was man ja überhaupt eine γνώμη nennt,

[1] *[Thuk. 6,10.]*
[2] *[Thuk. 6,13.]*

eine sententia, eine *Sentenz*. Wie sie in den Tragödiendialogen häufig vorkommt überhaupt im dramatischen Dialog, z. B. bei Euripides, von dem Quintilian sagt, er sei «sententiis densus» (reich an Sentenzen).[3] Aber auch Schiller und Goethe (z. B. der Tasso) sind reich daran.

Die bloße γνώμη ist natürlich noch kein Enthymem, aber mit wenig Hinzufügung (wie hier bei Nikias) wird sie dazu. Der Schluß tritt heraus bei folgender Formulierung: Begierde bringt sehr selten Gutes zustande, Vorsicht sehr oft. Wenn ihr also aus Begierde für den Krieg gegen Syrakus stimmt, so tut ihr etwas, was sehr selten Gutes zustande bringt.

3.) Alkibiades sagt: «Bekümmert man sich also um einen anderen nicht, wenn es ihm schlecht geht, so lasse man sich's auch gefallen, von denen, die in großem Glück leben, übersehen zu werden» (ἀλλ᾽ ὥσπερ δυστυχοῦντες οὐ προσαγορευόμεθα, ἐν τῷ ὁμοίῳ τις ἀνεχέσθω καὶ ὑπὸ τῶν εὐπραγούντων ὑπερφρονούμενος).[4] – Der Sinn ist: Der ist nicht zu tadeln, der im Glück über die hinwegsieht, die sich um ihn ja auch nicht kümmern würden, wenn es ihm schlecht ginge.

Dies Beispiel ist etwas schwierig, und seine Diskussion ist gar nicht einfach. Zwar: nimmt man hinzu, was Alkibiades selbstverständlich hinzudenkt (sc. ich bin in diesem Fall und deshalb nicht zu tadeln, daß ich viele behandele, als ob sie gar nicht da wären): so ist das Enthymem deutlich. Aber was ist der Obersatz dieses Enthymems für sich allein? (Der Satz also: Der ist nicht zu tadeln, der im Glück über die hinwegsieht, die sich um ihn ja auch nicht bemühen würden, wenn es ihm schlecht ging)? Die Frage ist sinnvoll. Denn es ist keine Sentenz, sondern ein Satz, der eine *Begründung* in sich enthält: Wer im Glück über andere hinwegsieht, handelt nicht schlecht, nicht ungerecht, *denn* im Unglück kümmert sich auch niemand um ihn. Aristoteles streift nur eben dieses Problem an einem anderen, aber ähnlichen berühmten Satz eines unbekannten Dichters (auf den ich später in einem ganz anderen Zusammenhang seines Inhalts wegen zurückkommen möchte): θνατὰ χρὴ τὸν θνατόν, οὐκ ἀθάνατα τὸν θνατὸν φρονεῖν: «Auf Sterbliches sinne der Sterbliche, nicht auf Unsterbliches» (II 21. 1394b 24 f.). Hier ist auch eine *Begründung* im Satze selber mitenthalten. Denn der Sinn ist ja: Es ist

[3] *[Quint. 10,1,68.]*

[4] *[Thuk. 6,16.]*

nicht gut, daß Menschen auf Unsterbliches sinnen, *denn* sie sind sterblich. Ich sagte schon, diese Form sei sehr schwer zu behandeln. Sie spüren es selbst. Aristoteles sagt nur kurz: solche Sätze seien ἐνθυμηματικαί (sc. γνῶμαι), aber nicht Teil eines Enthymems (94b 18f.). Vielleicht heißt dieses: sie seien zu einem Enthymem *ergänzbar.* In welchem Sinn ergänzbar zeigte ich vorhin schon. Vielleicht heißt es auch, wie manche übersetzen: sie seien einem Enthymem ähnlich. – Auf jeden Fall sind solche Sätze wegen der in ihnen mitenthaltenen Begründung keine reinen Sentenzen.

4.) Alkibiades sagt: «Überhaupt muß nach meinem Bedünken ein Staat, der nicht stille zu sitzen gewohnt ist, sogleich in Verfall geraten, sobald er sich der Untätigkeit ergibt; und ein Volk fährt nie sicherer, als wenn es in seinen Maßregeln so wenig als möglich von den eingeführten Gesetzen und Gewohnheiten abweicht, sollten solche auch nicht die besten sein.»[5]

In Schlußform gebracht, sieht das Enthymem etwa so aus:

(i) Ein Volk fährt sicher, wenn es in seinen Maßregeln möglichst wenig von seinen Gewohnheiten abweicht.

(ii) Wenn Athen gegen Syrakus zieht, so bleibt es damit in seiner Gewohnheit des nicht Stillsitzens.

(iii) Also fährt Athen sicher, wenn es den Krieg erklärt.

b) Beispiele für Enthymeme aus Aristoteles' ›Rhetorik‹

Und nun noch einige Enthymeme aus der Zusammenstellung bei Aristoteles. Ich entnehme sie aus dem 23. Kapitel des II. Buches, das – wie Sie erinnern – diejenigen Enthymeme behandelt, die den drei Redegattungen gemeinsam sind.

1.) Ein anscheinend an die Athener gerichtetes Diktum eines unbekannten Zollpächters Diomedon: «War es für euch keine Schande (αἰσχρόν), die Zölle zu verpachten, so ist es auch keine für uns, sie zu pachten» (1397a 25–27). Wenn dieser Satz stimmt, dann stellt er die Athener vor die Wahl, entweder zuzugeben, daß es nicht häßlich ist (nicht αἰσχρόν), Zölle zu pachten, oder einzugestehen, daß sie selber gleichfalls unschön handeln. Je nach dem Zugegebenen wäre der Schlußsatz des Enthymems dann, daß der fragliche Diomedon also nichts Tadelnswertes begangen hat, oder daß auch die Athener im selben Fall sind.

---

[5] *[Thuk. 6,18.]*

Allein was stellt dieser Obersatz selber dar? Ich meine den Satz: ‹Wenn Zölle verpachten keine Schande ist, dann auch nicht das Zölle pachten› – ? Es ist offenbar ein *hypothetischer* Schluß: wenn nicht – dann auch nicht. Aber es ist ein sog. *unmittelbarer* hypothetischer Schluß; also ein Schluß, der nur *eine* Prämisse hat, während die gewöhnlichen mittelbaren Schlüsse zwei Prämissen haben. Denn der Sinn ist ja: wenn Zölle verpachten keine Schande ist, *so folgt*, so ist notwendig auch das Zölle Pachten keine.

2.) «Wenn nicht einmal die Götter alles wissen, um wie viel weniger die Menschen.»[6] Auch dieser Satz ist schon rein für sich ein unmittelbarer Schluß: ‹Der Mensch braucht nicht von sich zu verlangen, alles zu wissen, *denn* nicht einmal die Götter wissen alles.› Ob Aristoteles schon diesen Satz und unmittelbaren Schluß *allein für sich* ein Enthymem nennt, geht aus dem Text nicht mit Sicherheit hervor, und ich lasse es offen. Ich glaube aber, daß hier derselbe Fall vorliegt, wie vorhin bei dem Satz: es ist nicht gut, daß Menschen Unsterblichem nachtrachten, *denn* sie sind sterblich. Aristoteles nannte dies nicht ein ἐνθύμημα sondern eine γνώμη ἐνθυμηματική, eine zu einem Enthymem ergänzbare Sentenz oder eine einem Enthymem ähnliche Sentenz. Der Satz: der Mensch braucht nicht von sich zu verlangen, alles zu wissen – ist eine *Sentenz*. Durch die Hinzufügung der Begründung ‹denn nicht einmal die Götter wissen alles› wird er zu dieser γνώμη ἐνθυμηματική. Er ist nun aber leicht zu einem unzweifelhaften Enthymem zu ergänzen, indem er als Obersatz eines Schlusses genommen wird. Denn: Auch ich bin ein Mensch und folglich kannst du nicht von mir erwarten, daß ich alles weiß. Da ist denn rhetorisch bewiesen, daß ich keinem Tadel unterliege, wenn ich dies oder jenes nicht weiß. Man kann sich gut eine epideiktische Lobrede denken, wo der Redner seinen Helden wegen irgendeines an ihm peinlich zutage getretenen Nichtwissens auf diese Weise entschuldigt.

3.) Iphikrates, der berühmte Söldnerführer Athens aus der ersten Hälfte des 4. Jahrhunderts, dessen Vita durch Cornelius Nepos uns erhalten ist[7], hatte einen Sohn, der, weil er so hochgewachsen war, eingezogen werden sollte, obwohl er noch nicht das gesetzliche Alter erreicht hatte. Der Vater war damit nicht einverstanden und sagte: «wenn die Athener Knaben, weil sie groß sind, für Männer erklären, so werden sie auch durch Volksbeschluß festsetzen können,

[6] 1397b 12 f.: εἰ μηδ᾽ οἱ θεοὶ πάντα ἴσασι, σχολῇ οἵ γε ἄνθρωποι.
[7] *[Cornelius Nepos ed. G. Wirth, Amsterdam 1994, 154–157.]*

daß kleine Männer Knaben sind» (1399a 35–b 1). Iphikrates will den Athenern beweisen, daß ihr Verhalten recht unsinnig und lächerlich ist (ich möchte mich mal so ausdrücken und *nicht* sagen: ‹er will beweisen, daß es ‹ungerecht› oder ‹unnatürlich› ist›). Nun spürt er (was wir selber ja nachspüren können), daß diese Lächerlichkeit der Sache an ihr selbst noch nicht genügend in die Augen springt. Und dasselbe mit anderen Worten gesagt: er spürt, daß der *Satz* ‹es ist lächerlich, Knaben, weil sie groß sind, für Männer zu erklären› für sich allein noch nicht genügend evident, noch nicht genügend πιθανόν ist, und daher einer *Begründung*, eines Beweises bedarf. Er macht das nun witzig, geistreich und schlagfertig só, daß er sich einen Satz einfallen läßt, der 1. sich anscheinend oder tatsächlich auf etwas *analytisch Gleiches* bezieht und der 2. unmittelbar einleuchtender und mehr πιθανόν ist, nämlich den Satz ‹es ist lächerlich, Männer, die klein sind, durch Volksbeschluß zu Knaben zu erklären›. Wir werden zugeben, daß dieser Satz in der Tat ganz unmittelbar frappiert und einleuchtender ist, als der erste. Und damit hat Iphikrates dann sein Enthymem fertig; nämlich in Form gebracht so:

(i) Männer, weil sie klein sind, zu Knaben zu erklären ist unsinnig.
(ii) Nun ist aber Knaben, weil sie groß sind, zu Männern zu machen, analogisch genau dasselbe.
(iii) *Also* ist es lächerlich, solches zu tun.

4.) Endlich ein letztes Aristotelisches Beispiel, ein Diktum, das Aristoteles der Sappho zuschreibt: «Sterben ist ein Übel, so haben die Götter geurteilt, denn sonst stürben sie selbst.»[8] Da sind soz. zwei Enthymeme in eines zusammengezogen. 1. das Enthymem, das beweist, daß das Sterben ein Übel ist. Dies wird bewiesen dadurch, daß die Götter so geurteilt haben, und das Urteil der Götter trifft immer ins Schwarze. 2. das Enthymem, das beweist, *daß* die Götter so geurteilt haben. Das beweist der Satz ‹sonst stürben sie selbst›. In Schlußform gebracht (die dem Enthymem natürlich seine rhetorische Wirkung rauben würde, denn diese beruht ja gerade *mit* auf seiner Kürze) wäre es also etwa dies:

(i) Es gibt kein Gut (kein ἀγαθόν), in dessen Besitz die Götter nicht wären, in dessen Besitz die Götter sich nicht gesetzt hätten.
(ii) Die Götter sind nicht im Besitz des Sterbens.
(iii) Also ist das Sterben kein Gut.

---

[8] ὅτι τὸ ἀποθνήσκειν κακόν· οἱ θεοὶ γὰρ οὕτω κεκρίκασιν· ἀπέθνησκον γὰρ ἄν (1398b 28 f.).

§ 11. *Vorbemerkungen zum Unterschied von wissenschaftlichem und rhetorischem Beweis. Zur Aristotelischen Definition des Schlusses*

Und nun: wie diskutiert Aristoteles dieses rhetorische Beweisen? Es ist die simple Frage nach dem *Unterschied* zwischen dem wissenschaftlichen Beweis (der ἀπόδειξις) und dem rhetorischen Beweis, dem Enthymem. Ich nenne diese Frage natürlich nur ironisch *simpel.* Denn den Unterschied der Dinge auf einen Begriff zu bringen ist nach meinem Dafürhalten eine recht passende Formel für das zentrale Anliegen der Philosophie. Aber auch davon ganz abgesehen (und ich werde davon radikal absehen) ist es nicht schwer, sich klarzumachen, daß diese auch *inhaltlich* recht simpel, recht wenig bedeutsam scheinende Frage nach dem Unterschied zwischen ἀπόδειξις und Enthymem in Wahrheit sehr in die Tiefe geht, sehr bedeutsam ist. Denn zuletzt ist es doch die Frage nach dem Unterschied des Wissenschaft hervorbringenden Denkens und des auf das Handeln bezogenen Denkens, zwischen theoretischer und praktischer Vernunft, zwischen einem denkenden Verhalten, dem theoretischen, das mindestens nicht *unmittelbar* dem Leben entspringt und das mindestens nicht unmittelbar dem Leben dient, und andererseits einem denkenden Verhalten, für welches jenes irgendwie doch zutrifft.

Aristoteles charakterisiert nun das Enthymem im wesentlichen dahin, daß es ein Schluß ist, der – im Unterschied zu dem Beweis der Wissenschaft – aus nicht notwendigen, sondern nur *wahrscheinlichen* Prämissen geführt wird. Das Enthymem ist also, wie ich schon sagte, durchaus ein Schluß (συλλογισμός); es wird in ihm durchaus auf etwas geschlossen und damit dieses Etwas *begründet.* Man kann auch sagen: es wird dadurch etwas *bewiesen.* Aber ein Beweis im Sinne der Wissenschaft (der ἐπιστήμη) ist es nicht; es ist keine ἀπόδειξις. Deutsch können wir sagen: es ist kein Beweisen und kein Beweis im strengen Sinn wissenschaftlichen Beweisens. Jeder wissenschaftliche Beweis, jede ἀπόδειξις ist ein Syllogismus; aber nicht jeder echte Syllogismus ist ein Beweis im Sinne der ἐπιστήμη. Jedes wissenschaftliche Beweisen (ἀποδεικνύναι, demonstrare) ist ein *Schließen* (συλλογίζεσθαι, concludere). Aber nicht ist jedes Schließen ein Beweisen. Jedoch – lassen Sie mich des Sprachgebrauchs wegen es noch einmal wiederholen – wir können es hier für unseren Gebrauch auch ein ‹Beweisen› nennen, wenn dabei das Bewußtsein herrscht, daß es nicht immer ein Beweisen im Sinne der ἐπιστήμη, also daß es nicht immer ein streng wissenschaftliches Beweisen ist. Das Enthymem nun ist, wie gesagt, durchaus ein *Schluß*, ein echter bündiger Schluß (wenn es nicht ein Scheinenthymem ist; die kennt Aristoteles auch); aber ist keine ἀπόδειξις, kein Beweis im Sinne der ἐπιστήμη. Und zwar ist das, was den wissenschaftlichen Beweis ausmacht, dies, daß die Prämissen Notwendiges sind (ἀναγκαῖα, necessaria – was das ist, wird alsbald zu erörtern sein), während die Prämissen des Enthymems nicht ein solches Notwendiges sind. Der wissenschaftliche Schluß schließt aus Notwendigem (ἐξ ἀναγκαίων). Das Enthymem schließt aus Wahrscheinlichem (ἐξ εἰκότων: auch darüber werden wir ausführlich zu sprechen haben). Es liegt aber in der Natur des Schließens begründet (das will ich nicht beweisen, aber es ist leicht zu sehen), daß die Qualität dessen, was man erschließt, abhängt von der Qualität dessen, woraus man es erschließt. Das woraus man ein anderes erschließt, sind die Prämissen, die Vordersätze; sie heißen bei Aristoteles *προτάσεις*. Wenn nun diese προτάσεις etwas Notwendiges sind, so ist das Erschlossene ein solches Notwendiges. Und wenn die Vordersätze zu dem Wahrscheinlichen gehören, zu den εἰκότα, so kann das, was aus ihnen erschlossen wird, auch selbst nur ein Wahrscheinliches sein. Die ἐπιστήμη erschließt also oder folgert Notwendiges aus Notwendigem; und darin liegt nach Aristoteles das Wesen der strengen Wissenschaft – und das Wesen des eigentlichen *Beweises*, der eigentlichen ἀπόδειξις. Das Enthymem hingegen schließt aus Wahrscheinlichem (ἐξ εἰκότων) auf Wahrscheinliches. So wie es nur von Wahrscheinlichem ausgeht, kommt es auch nur zu Wahrscheinlichem. Es begründet etwas – und wenn man will – *beweist* es etwas (im weiteren Verstand von Beweisen). Aber es kann immer nur etwas *als ein* Wahrscheinliches begründen oder erweisen.

Es ist nun notwendig, daß wir uns klarmachen, in welchem Sinn und inwiefern die Prämissen der eigentlichen ἀπόδειξις *etwas Notwendiges* sind. Und ebenso sehr, ja noch viel mehr, was dieses sog. Wahrscheinliche (τὸ εἰκός) ist. Das Schließen als solches, die Regeln und Figuren des Schließens können wir so gut wie ganz aus unserer Betrachtung hier fortlassen. In dieser letzten Rücksicht werde ich jetzt eben nur die beiden Aristotelischen Werke zitieren, die diese Materie behandeln und die Definition des Schlusses besprechen. Die beiden Werke sind 1.) Die erste Analytik, Ἀναλύτικα πρότερα, Analytica priora in zwei Büchern 2.) Die zweite Analytik, Ἀναλύτικα ὕστερα, Analytica posteriora ebenfalls in zwei Büchern. Beide Schriften sind Teile des ›Organons‹. Über den Titel ἀναλύτικα brauche ich hier nichts Näheres zu sagen. Es werden in den Büchern eben der Schluß und der Beweis analysiert. Es sind die beiden Werke (und vor allem die Erste Analytik), die Aristoteles zum Begründer der Logik gemacht haben.

Der *Gegenstand* der *Ersten* Analytik ist nun der *Schluß*. Was ist ein Schluß? Was gehört dazu? Kurz: Regeln des Schließens. Gegenstand der II. Analytik ist die Lehre vom Beweis, von der Apodeixis, also von dem Schluß in dem engeren Sinn des Schlusses der Wissenschaft. Die Zweite Analytik enthält daher die Aristotelische Lehre von dem Wesen der Wissenschaft, der strengen ἐπιστήμη. Es ist klar, daß die II. Analytik die I. sinngemäß voraussetzt: denn jede Apodeixis ist ja ein Schluß. Der Schluß ist soz. das Allgemeinere. Gewisse Anzeichen sprechen allerdings dafür, daß die Grundzüge der Aristotelischen Lehre vom Beweis früher konzipiert sind als die allgemeine Lehre vom Schluß. Soviel über die beiden wirklich grundlegenden Werke.

Ich gebe jetzt, bevor wir zur Erörterung des Notwendigen und des Wahrscheinlichen übergehen, noch schnell die Aristotelische Definition des Schlusses, die man sich zweckmäßig merkt. Aristoteles definiert den Schluß gleich zu Beginn der Ersten Analytik. Ferner definiert er ihn noch einmal in der schon wiederholt von mir erwähnten Topik, die im Organon auf die Zweite Analytik folgt. Beide Definitionen stimmen in allem Wesentlichen überein. Ich gebe daher nur die Definition aus dem ersten Kapitel des I. Buches der Ersten Analytik. Sie lautet:

«Der Schluß ist eine Rede (λόγος), in der, wenn etwas gesetzt ist, ein anderes als das Gesetzte notwendig dadurch sich vorfindet (ergibt), daß jenes ist.»[9]

Ein Beispiel einer solchen Rede: ‹Jeder Mensch ist sterblich; Caius ist ein Mensch; Caius ist also sterblich.› In diesem Logos ist etwas *gesetzt:* nämlich daß jeder Mensch sterblich ist und daß Caius ein Mensch ist. Und diese Rede ist nun so beschaffen, daß, wenn dieses gesetzt ist, etwas anderes als dieses Gesetzte sich notwendig ergibt. Dieses andere ist: daß Caius sterblich ist. Es findet sich notwendig vor, es ergibt sich notwendig (ἐξ ἀναγκαίων συμβαίνει) und zwar

---

[9] Anal. pr. I 1. 24b 18–20: συλλογισμὸς δέ ἐστι λόγος ἐν ᾧ τεθέντων τινῶν ἕτερόν τι τῶν κειμένων ἐξ ἀνάγκης συμβαίνει τῷ ταῦτα εἶναι.

ist der Grund dieses Sichvorfindens das zuvor Gesetzte. Dadurch daß dieses Gesetzte ist (τῷ ταῦτα εἶναι), dadurch also daß jeder Mensch sterblich und Caius ein Mensch ist, ist notwendig auch das andere, daß Caius sterblich ist. Wir *entdecken*, daß das Erste nicht sein kann, es sei denn auch das Zweite. Und da wir das Erste gesetzt haben, ist die Setzung auch des Zweiten notwendig. Das Zweite findet sich vor (συμβαίνει), wie zufällig und wie etwas, an das beim Ersten gar nicht gedacht war. Aber im Hinblick auf das Erste erkennen wir wohl, daß es notwendig eintritt, wenn es bei dem Ersten bleiben soll, wenn dieses erste Gesetzte *liegen bleiben* soll. Daher redet Aristoteles von diesem ersten Gesetzten zunächst als den τεθέντα – und dann als den κείμενα, d.h. den soz. durch das Gesetztsein nunmehr zugrunde Liegenden.

Die Prämissen oder προτάσεις sind das erste Gesetzte: also 1. Jeder Mensch ist sterblich, 2. Caius ist ein Mensch. Das, was sich daraus mit Notwendigkeit ergibt, nämlich daß Caius sterblich ist, heißt der Schluß-Satz, die Conclusio oder bei Aristoteles τὸ συμπέρασμα. Das Wort kommt von συμπεραίνειν, dessen Bedeutung einfach ‹vollenden›, ‹zu Ende bringen› ist. τὸ συμπέρασμα ist also die Vollendung, Beendigung. Unser Ausdruck *Schluß* meint dasselbe wie συμπέρασμα. Das Beispiel kann ferner zeigen, daß in jedem solchen Schluß drei Termini auftreten, die wir in unseren Logikbüchern meist Begriffe nennen. Im Griechischen des Aristoteles heißen sie die ὅροι. Jeder normale Schluß besteht mithin aus zwei Prämissen, drei Termini und einem Schlußsatz, einem συμπέρασμα.

Soweit über den Schluß im allgemeinen. Ob die Aristotelische Definition des Schlusses sehr glücklich ist, lassen wir ganz dahingestellt. Ich glaube es nicht. Aber es ist sehr schwer, den Schluß zu definieren. Wir müssen bedenken, daß Aristoteles den Schluß recht eigentlich erst entdeckt und als erster ihn zu definieren versucht hat.

Und nun zum wissenschaftlichen Beweis, zur ἀπόδειξις, und zum Enthymem, also zu jenem Notwendigen und Wahrscheinlichen.

§12. *Wissenschaftlicher Beweis und Notwendigkeit*

Zunächst das *ἀναγκαῖον*. – In welchem Sinn sind also die Prämissen der Apodeixis etwas Notwendiges? Was heißt überhaupt hier ‹ein Notwendiges›? Ich gebe einige beliebige Beispiele eines solchen Notwendigen, wie es Aristoteles im Sinne hat: 1.) Der Mensch ist sterblich. 2.) Der Mensch ist nahrungsbedürftig. 3.) Die $\sqrt{2}$ ist weder eine ganze Zahl noch ein Bruch. 4.) Die Beredsamkeit ist nützlich. 5.) Der Eros ist ein Gott und etwas Göttliches.

Wenn dies Beispiele eines Notwendigen im fraglichen Sinne sind (und sie sind es), so muß also es irgendwie notwendig sein, daß der Mensch sterblich oder nahrungsbedürftig u. s. f. ist. Und wieso trifft das zu?

Ehe ich das beantworte, wird es sehr nützlich sein, ein Mißverständnis auszuschalten, das infolge einer Doppeldeutigkeit des Notwendigseins naheliegt. Es handelt sich nämlich bei der hier fraglichen Notwendigkeit *nicht* um jene Notwendigkeit, die den Schluß-Satz eines bündigen Schlusses begleitet und die auch für den Schlußsatz eines Enthymems zutrifft. Aristoteles sagte sehr richtig in seiner Definition des Schlusses, er sei eine Rede, in der, wenn etwas gesetzt ist, ein anderes als das Gesetzte *notwendig* sich ergibt (ἐξ ἀνάγκης συμβαίνει). Der Schlußsatz ergibt sich *notwendig* oder mit *Notwendigkeit.* Häufig führt man ja auch daher diesen Schlußsatz mit den Worten ein ‹also gilt *notwendig* das und das›. *Díese Notwendigkeit* nun des Sichergebens eines Schlußsatzes aus den Prämissen oder diese Notwendigkeit der Gültigkeit eines bündig erschlossenen Schlußsatzes gilt unterschiedslos für die Schlußsätze sowohl des wissenschaftlichen Beweises als auch des Enthymems. Und sie ist hier *nicht gemeint.* Die Notwendigkeit des Schlußsatzes (also jenes ἐξ ἀνάγκης συμβαίνειν – oder necessario sequi) besagt folgendes: wer die Prämissen vertritt oder setzt, *muß* auch den Schlußsatz vertreten oder setzen, sonst verfällt er dem Widerspruch. Die Setzung auch des Schlußsatzes ist notwendig in *dém* Sinn, daß sie allein die *Not* des andernfalls drohenden Widerspruches wendet. (Denn wer z. B. setzt, daß jeder Mensch sterblich ist und daß Caius ein Mensch ist – und wer dann *zugleich nicht* setzen wollte, daß auch Caius sterblich ist, der würde zu gleicher Zeit setzen: 1. daß alle Menschen sterblich sind und 2. daß *nicht* alle Menschen sterblich sind. Und das ist ein Widerspruch, das ist widersprechend. Das Prinzip des sog. Widerspruchs, d. h. das Prinzip daß das sich Widersprechende *nicht ist,* ist daher das oberste Prinzip *alles* Schließens, gleichgültig ob dieses Schließen ein wissenschaftliches oder rhetorisches Schließen ist.) Jeder Schlußsatz gilt notwendig, *weil,* wenn er nicht gelten würde, das sich Widersprechende zu Bestand käme. Und ich wiederhole: diese Notwendigkeit der Geltung eines jeden richtig gefolgerten Schlußsatzes ist hier nicht *gemeint.*

Welcher andere Sinn ist nun also gemeint, wenn z. B. notwendig sein soll, daß der Mensch sterblich oder nahrungsbedürftig oder daß die Beredsamkeit nützlich und gut ist? Gemeint ist, daß solche Prädikate dem Gegenstand der Aussage zukommen, *weil* er ist, was er ist. Sie kommen ihm *als solchem* zu. Der Mensch z. B. (so läuft der Gedanke) ist sterblich oder nahrungsbedürftig, weil er Mensch ist (also ist, was er ist). Es ist in seinem Wesen als Mensch begründet, daß er dies ist. Es ist ein Ausfluß seines Wesens. Oder die Beredsamkeit ist nützlich, weil – nach Aristoteles (ich habe das ja ziemlich ausführlich erörtert) – sie selber und die Natur des Alls so sind, wie sie sind. Man muß hier freilich etwas mehr Worte machen wie bei dem Beispiel der Sterblichkeit des Menschen. Aber das liegt nur daran, daß der Begriff der Nützlichkeit eine Relation darstellt, die das, dem sie zu Hilfe kommen kann, einschließt. – Die Quadratwurzel aus 2 ist weder eine ganze Zahl noch ein Bruch, weil sie eben die $\sqrt{2}$ ist. Dies zeigt der Beweis, der ja bekanntlich so geführt wird, daß auf das, *was sie ist,* zurückgegangen wird. Sie ist nämlich die Zahl, die mit sich multipliziert 2 ergibt. Und weil sie dies ist, ist sie weder eine ganze Zahl noch ein Bruch. Am Gegensatz wird alles dies deutlicher. Z. B. wenn einer sagt ‹Karl hat Hunger›. Karl ist dann ja irgendwie nahrungsbedürftig; und so vergleichen Sie das mit ‹der Mensch ist nahrungsbedürftig›. Oder wenn einer sagt ‹meine Beredsamkeit hat mir schon viel genutzt› im Vergleich zu ‹die Beredsamkeit ist rein als solche nützlich; gehört gleichsam im Kosmos des Seienden zu dem Nützlichen und Guten›. Oder wenn einer sagt ‹die Zahl 2 ist meine Glückszahl› im Vergleich zu dem Beispiel mit der $\sqrt{2}$. ‹Hunger zu haben› kommt Karl nicht deshalb zu, *weil* er Karl ist. Es liegt nicht im Wesen Karls, daß er jetzt gerade Hunger hat. Und ‹seine Glückszahl zu sein› kommt der Zahl 2 nicht deshalb zu, weil sie die Zahl 2 ist, weil es in ihrem Wesen läge, die Zahl zu sein, die X zu seiner Glückszahl gemacht hat, so wie es allerdings der Wurzel aus 2 zukommt *die* Zahl (oder vielleicht auch *eine* der Zahlen) zu sein, die weder eine ganze Zahl noch ein Bruch ist. Ein anderes Beispiel: ‹die Zahl 2 kommt in der Abhandlung von X 296mal vor.› Auch dies ist nichts, was gilt, weil die Zahl 2 *ist, was sie ist.* So wie allerdings es *der* Zahl, weil sie ist, was sie ist, weil sie *die Zahl* ist, zukommt, gerade oder ungerade zu sein (ἄρτιος, gerade – περισσός oder περιττός (ungerade), par et impar). Oder wie es der Linie (der γραμμή) *als* Linie oder insofern sie Linie ist (ᾗ γραμμή) zukommt, *gerade* oder rund zu sein (εὐθεῖα – περιφερής).

Diese Beispiele müssen uns hier genügen, um das Gemeinte wenigstens *sichtbar* zu machen. Und dieses bloße Sichtbarsein kann uns in unserem Zusammenhang genügen, denn an sich handelt es sich hier um sehr tiefsinnige und ausgesprochen philosophische Probleme. Aristoteles behandelt sie (abgesehen von der ›Metaphysik‹) vor allem in der Zweiten Analytik (wie nicht anders zu erwarten) und dort gleich im 1. Buch und in den ersten Kapiteln, vor allem Kap. 4ff.

Daß z. B. *der Mensch* nahrungsbedürftig ist, ist nun also ein solches ἀναγκαῖον, ein solches Notwendiges. Und der Sinn dieser Notwendigkeit ist jetzt nicht zu verfehlen: da der Mensch nahrungsbedürftig ist, *weil* er *Mensch* ist – oder *insofern* er Mensch ist (ᾗ ἄνθρωπος), so kann er *nicht nicht*nahrungsbedürftig sein, es sei denn, er höre auf, zu sein, was er ist. Da er aber nun Mensch *ist*, so *kann es sich nicht anders verhalten* als so, daß er nahrungsbedürftig ist. Bei Karl, der Hunger hat, ist es anders: er braucht nicht aufzuhören, Karl zu sein, um keinen Hunger mehr zu haben. Und meine Beredsamkeit, die mir schon so viel genutzt hat, braucht nicht aufzuhören, meine Beredsamkeit zu sein, um mir auch einmal gründlichst zu schaden. Daß also Karl Hunger hat und daß meine Beredsamkeit mir großen Nutzen bringt, ist also etwas, das *sich auch anders verhalten kann*. Und Gott sei Dank kann es sich auch anders verhalten, denn sonst käme Karl nie zu einem anständigen Gefühl der Sättigung. Aber auch leider Gottes kann es sich auch anders verhalten, denn sonst könnte einer z. B. wenigstens dessen sicher sein, daß ihm seine Beredsamkeit immer nutzen wird.

Das *eine* nun ist also etwas, was sich nicht anders verhalten kann (es ist ein μὴ ἐνδεχόμενον ἄλλως ἔχειν, aliquid quod non potest aliter se habere). Das *andere* ist etwas, was sich auch anders verhalten kann (es ist ein ἐνδεχόμενον ἄλλως ἔχειν).

Und damit liegt die Notwendigkeit des einen und die Nichtnotwendigkeit des anderen auf der Hand: denn, wenn es *nicht* möglich ist, daß etwas sich anders verhält, dann verhält es sich *notwendig so.* So definiert denn auch Aristoteles das necessarium in Metaphysik Δ 5. Er sagt: «Ferner sagen wir, das, was sich nicht anders verhalten kann, verhalte sich notwendig so. Und nach diesem Notwendigen heißt auch alles übrige Notwendige so» (1015a 33–36). Aristoteles behauptet da also, daß diese Bedeutung von Notwendigkeit die ursprüngliche ist, auf die alle anderen Bedeutungen von Notwendigkeit zurückgehen. Ob das stimmt, wollen wir hier nicht untersuchen. Denn auch, wenn es richtig sein sollte, daß alle anderen Bedeutungen der Notwendigkeit (z. B. also auch jene zuvor entwickelte Notwendigkeit der Geltung des Schlußsatzes) auf diese zurückgehen, so sind sie doch voneinander zu unterscheiden. Und darauf kommt es hier allein an.

Es ist wichtig, die beiden Notwendigkeiten, die wir hier kennengelernt und unterschieden haben, auch immer wirklich auseinanderzuhalten. Terminologisch können Sie sie folgendermaßen auseinanderhalten:

1.) die Notwendigkeit des συμπέρασμα, des Schlußsatzes: sie ist das *ἐξ ἀνάγκης συμβαίνειν*.

2.) die Notwendigkeit des *Soseins*, so sich Verhaltens: sie ist das *ἐξ ἀνάγκης ὑπάρχειν*. Die Notwendigkeit des *Zukommens*, des inesse. So kommt der Zahl notwendig zu, gerade oder ungerade zu sein. Gerade- oder Ungeradezusein ist ein notwendiges Prädikat der Zahl als Zahl oder der Zahl ᾗ Zahl oder ᾗ τοιοῦτος.[10]

Ich will die Gelegenheit nicht vorbeigehen lassen, um Sie darauf hinzuweisen, daß Sie von hier aus wenigstens einen *sprachlichen* Zugang haben zu der Aristotelischen Metaphysik. Denn Aristoteles definiert sie als diejenige ἐπιστήμη, welche betrachtet das *ὂν ᾗ ὄν*, das Seiende insofern es das Seiende ist. Es kommt ihm also darauf an, solche Dinge zu entdecken, die dem Seienden so zukommen, wie z. B. der Zahl das Gerade- oder Ungeradesein oder wie der Beredsamkeit das Nützlichsein, die also dem Seienden *notwendig* zukommen. Die Sätze der Metaphysik müssen also ein solches *Notwendiges* sein.

Und diese Notwendigkeit und dieses Notwendige hat Aristoteles im Blick, wenn er das wissenschaftliche und rhetorische Schließen dahin unterscheidet, daß *jenes* Notwendiges aus Notwendigem, *dieses* nur Wahrscheinliches aus nur Wahrscheinlichem (εἰκότα ἐξ εἰκότων) erschließt.

§13. *Fortsetzung. Über einige mit dem Begriff der Notwendigkeit zusammenhängende Begriffe*

Aber bevor wir nun zur Erörterung des εἰκός, des verisimile übergehen, verweile ich noch ein paar Augenblicke bei diesem *Notwendigen*. Denn es hängen damit einige andere wichtige Aristotelische Begriffe wesentlich zusammen. Und da ich Sie ja in das Studium des

[10] *[Zu den hier unterschiedenen Notwendigkeitsbegriffen vgl. man die Analyse und Diskussion bei G. Patzig, Die aristotelische Syllogistik, Göttingen ³1969, Kap. 2: «Was versteht Aristoteles unter ‹logischer Notwendigkeit›?»]*

Aristoteles einführen will und die fraglichen Begriffe *außerdem* in der weiteren Erörterung des Inhalts der Rhetorik sowieso auftreten, so ist es zweckmäßig, sie gleich hier kurz einzuführen. Denn wir sind jetzt im Zusammenhang darin.

Und zwar 1.) Man entgeht der Mehrdeutigkeit des Sprechens nicht, wenn man einen Ausdruck durch einen anderen ersetzt. Wir entgehen der Doppeldeutigkeit des Notwendigseins also auch nicht, wenn wir statt ‹das Notwendige› ‹das was sich nicht anders verhalten kann› sagen. Darauf möchte ich nachdrücklichst aufmerksam machen. In bezug auf einen gültigen Schlußsatz mag man bemerken: ‹es könne bei Vermeidung eines Widerspruchs nicht anders sein, nicht anders sich verhalten als eben so wie der Schlußsatz sagt›. Das ist dann das ἐξ ἀνάγκης συμβαίνειν. In *diesem* Sinn ist also auch der gültige Schlußsatz eines rhetorischen Schließens ein ‹sich nicht anders verhalten Könnendes›. So wichtig es daher ist, jene beiden Notwendigkeiten zu unterscheiden, so wichtig ist es diesen parallelen Doppelsinn des Ausdrucks ‹es kann sich nicht anders verhalten› zu durchschauen.

2.) Das Gegenteil des Notwendigen ist das Zufällige. Das was sich auch anders verhalten kann ist also ein Zufälliges, etwas was sich so trifft. Daß Karl jetzt Hunger hat, ist etwas, was sich auch anders verhalten kann und daher ein Zufälliges. Man versteht den *Sinn* dieser Zufälligkeit und die Berechtigung so zu sprechen *aus dem Gegensatz*. Aber an diesen Gegensatz ist auch daher der Sinn gebunden. Ich meine damit folgendes: wenn Aristoteles sagt ‹daß der Mensch nahrungsbedürftig ist, ist ein Notwendiges, daß dagegen Karl Hunger hat, ist ein *Zufälliges*›, – wenn also Aristoteles so spricht, so muß man daraus nicht den Schluß ziehen, daß Aristoteles nicht wüßte, daß es *seine Gründe und Ursachen* hat, aus denen heraus Karl jetzt Hunger und zwar *notwendig* Hunger hat. Aber diese letzte von Aristoteles nicht geleugnete Notwendigkeit dessen, daß Karl jetzt Hunger hat, ist etwas *ganz anderes* als die Notwendigkeiten, die uns bisher beschäftigt haben. Man muß auch da wieder sich vor Verwechselungen hüten.

3.) Wir sahen: z. B. der Nahrung zu bedürfen kommt dem Menschen zu, insofern er Mensch ist (ᾗ ἄνθρωπος, quatenus homo). Eben dieses nun kann Aristoteles verständlicherweise só ausdrücken, daß es ihm ‹sich selber nach zukommt› oder daß es ihm ‹durch sich selber zukommt› oder ‹auf sich selber hin zukommt›. Es ist das *καθ' αὑτὸ ὑπάρχειν* oder *per se inesse*. Es kommt dem Menschen ‹sich selber nach› *oder besser ‹ihm selber nach›* zu, der Nahrung bedürftig zu sein: *heißt:* es gründet in seinem Wesen; es ist so *durch* das, was er ist, *durch* sein Wesen; und dieses Wesen ist nichts anderes als er selbst; denn *der* Mensch *ist* sein Wesen. Insofern ist das Wesen *Ursache* (αἰτία) der Nahrungsbedürftigkeit; und für Aristoteles ist so das Wesen eine der Formen des Ursacheseins. Ich glaube: das genügt zum Verständnis des etwas schwierigen Ausdrucks καθ' αὑτὸ ὑπάρχειν. Ich will abschließend noch einen kurzen Satz aus dem vierten Kapitel des I. Buches der Zweiten Analytik dazu zitieren. Aristoteles sagt: «Das *‹ihm selber nach›* und das *‹insofern es ein solches ist›* ist dasselbe; z. B. ‹ihr selber nach› kommt der Linie der Punkt zu und das Geradesein; denn es kommt ihr auch zu ‹insofern sie eine Linie ist›.»[11]

Hierzu abschließend können wir also feststellen: kommt einem Dinge etwas ‹ihm selber nach› zu, so ist das etwas, was sich nicht anders verhalten kann, so ist das mithin ein Notwendiges.

4.) Wenn die Prämissen eines Schlusses solches Notwendige sind, so ist auch der Schlußsatz ein solches Notwendige. Man erschließt (ich sagte es früher schon) Notwendiges ἐξ ἀναγκαίων, z. B. jeder Mensch bedarf der Nahrung.

Caius ist ein Mensch. (Dies ist ein ἀναγκαῖον; denn das Mensch-sein ist das Wesen des Caius. Insofern er Caius ist, ist er ein Mensch.) *Mithin ist Caius sterblich.* Dieser Schlußsatz ist jetzt *zugleich* ein in jenem zuvor unterschiedenen Doppelsinn *Notwendiges.* Es ist 1. ein notwendig gültiger Schlußsatz. Und 2. ist gezeigt, daß es ein Notwendiges, ein sich nicht anders verhalten Könnendes, in dem anderen Sinn ist: nämlich daß es aus dem Wesen des Caius *als* eines Menschen fließt, sterblich zu sein. Bei den Schlußsätzen von Enthymemen wird dieses Doppelte nicht zutreffen. Es werden zwar, wenn richtig geschlossen ist, notwendig gültige Schlußsätze sein. Aber ihrem Inhalt nach werden sie kein Notwendiges sein.

5.) Was heißt *Wissen*? Wir *wissen* z. B. daß *der* Mensch nahrungsbedürftig ist – oder daß *die Zahl* entweder gerade oder ungrade ist. Es scheint jedoch, daß wir z. B. auch *wissen*, daß Karl Hunger hat. Aristoteles erklärt (Anal. post. I 2. 71b 9–12): «Wir glauben nur

---

[11] 73b 28–30: τὸ καθ' αὑτὸ δὲ καὶ ᾗ αὐτὸ ταὐτόν, οἷον καθ' αὑτὴν τῇ γραμμῇ ὑπάρχει στιγμὴ καὶ τὸ εὐθύ· καὶ γὰρ ᾗ γραμμή. Lat.: At τὸ Per se, et τὸ qua ipsum idem est, eadem sunt. Ut per se lineae inest punctum et rectum; nam et, quatenus linea est [inest illi punctum et rectum].

dann etwas schlechthin zu wissen (ἐπίστασθαι ἁπλῶς) … wenn wir glauben, sowohl die Ursache zu erkennen, durch die etwas ist … als auch daß es sich nicht anders verhalten kann.» – Das Wissen, daß der Mensch nahrungsbedürftig ist, ist also für Aristoteles ein solches *schlechthin* Wissen (ἁπλῶς ἐπίστασθαι); denn wir glauben ja zu wissen 1. daß das Menschsein die Ursache (αἰτία, causa) der Nahrungsbedürftigkeit ist und daß 2. es eben deshalb nicht anders sein kann. – Hingegen das Wissen, daß Karl Hunger hat, läßt Aristoteles, wenn überhaupt für ein Wissen, dann auf jeden Fall nicht für ein solches schlechthin-Wissen gelten. Eigentliches *Wissen*, Wissen im Sinne der *ἐπιστήμη* der Wissenschaft geht immer auf solches Notwendige. Der Gegenstand des Wissens schlechthin ist das Notwendige. Und umgekehrt: solches Notwendige kann nicht anders gewußt werden als in einem solchen schlechthin-Wissen.

Das schlechthin Gewußte ist *immer wahr*, ist unmöglich unwahr oder falsch. Auf diese Bestimmung weise ich besonders hin (weniger gerade der Rhetorik wegen als überhaupt und des Aristoteles im ganzen wegen). Aristoteles führt dies aus – einmal in der Zweiten Analytik (vor allem Buch I c. 33). Dann auch in der Nikomachischen Ethik im dritten Kapitel des VI. Buches. An dieser letzten Stelle (1139b 15 ff.) zählt er die Wissenschaft (neben anderem, was ich hier übergehe) zu denjenigen Gütern, vermöge derer die Seele (ἡ ψυχή) immer Wahres zutage fördert (ἀληθεύει). Und ganz wie in der Zweiten Analytik entwickelt er dann: daß der Gegenstand des Wissens-der-Wissenschaft (Gegenstand des Wissens = τὸ ἐπιστητόν) ein Notwendiges ist. Also, fährt er fort, ist der Gegenstand dieses Wissens ein Ewiges, ἀΐδιον. Alles aber was schlechthin notwendig ist, ist ewig; das Ewige aber ist ungeworden und unvergänglich.[12] Dieses ‹Ewige› darf man nicht irgendwie feierlich oder erbaulich hören. Daß der Mensch nahrungsbedürftig ist oder daß die $\sqrt{2}$ weder eine ganze Zahl noch ein Bruch ist oder daß die Beredsamkeit nützlich ist: das alles sind solche ἀΐδια. Es ist darin kein Entstehen oder Vergehen: wie das im Gegensatz zutrifft für Karls Hungrigsein. Denn dieses Hungrigsein Karls ist ein Entstandenes und deshalb auch ein Vergängliches.

Daß das schlechthin Gewußte immer wahr ist und daß mithin die ἐπιστήμη, die Wissenschaft, immer nur Wahres zutage fördert,

---

[12] ἐξ ἀνάγκης ἄρα ἐστὶν τὸ ἐπιστητόν. ἀΐδιον ἄρα· τὰ γὰρ ἐξ ἀνάγκης ὄντα ἁπλῶς πάντα ἀΐδια, τὰ δ' ἀΐδια ἀγένητα καὶ ἄφθαρτα (1139b 22–24).

heißt natürlich nicht, daß der aristotelische Philosoph unfehlbar ist. Es heißt nur, daß, wer irrt, nicht *schlechthin weiß* oder daß sein Wissen kein ἐπίστασθαι ἁπλῶς ist. *Der Wissende*, der ἐπιστήμων als solcher (ᾗ τοιοῦτος) hat nichts Falsches zum Gegenstand. Es gibt also nicht den Unterschied eines falschen und wahren *Wissens*. Das Wissen ist nichts, was sowohl wahr als auch falsch sein *kann*. Es ist nur, wenn und insofern es wahr ist; und in diesem Sinn ist es immer wahr. Daß es ‹immer› wahr ist, darf also nicht dém analog aufgefaßt werden, daß man von einem Menschen versichern mag, er lüge nie sondern sage ‹immer› die Wahrheit. Denn ein Mensch ist nichts was nur wäre, insofern von ihm Wahrheit ausgeht.

Auch dieses wird nun wieder deutlicher durch seinen Gegensatz. Der Gegensatz zur ἐπιστήμη, zur Wissenschaft und zu dem schlechthin-Wissen (dem ἐπίστασθαι) ist die Meinung und das Meinen (die δόξα und das δοξάζειν, opinio et opinari). Aristoteles bestimmt als den eigentümlichen Gegenstand des *Meinens* und der δόξα *das, was auch anders sein kann* (also das uns schon bekannte ἐνδεχόμενον ἄλλως ἔχειν). Daß Karl jetzt Hunger hat, ist ein solches auch anders sein Könnende – und zwar (wie ich schon früher andeutete) *nicht* so, als ob es nicht seine Gründe hätte, daß Karl jetzt Hunger hat und als ob er auch keinen Hunger haben könnte, solange diese Gründe oder Ursachen wirken – *sondern so:* daß das Irgendwann-Hungerhaben-eines-Wesens *als solches etwas ist*, was sein aber auch nicht sein kann. Das Hungerhaben ist so ein Beispiel neben endlos vielen anderen möglichen für einen totalen Gegenstandsbereich, der eine gewisse Geartetheit besitzt, eine gewisse φύσις, Natur. Und zwar ist seine Natur charakterisierbar als ἀβέβαιος (Anal. post. I 33. 89a 4f.) – als inconstans – als unfest und unbeständig. Und dieser Natur des Gegenstands entspricht die Natur des ihm zugeordneten Wissens nämlich des Meinens und der δόξα. Auch die δόξα, die Meinung ist charakterisiert durch ihre Unbeständigkeit. Nämlich so, wie diese Gegenstände sein aber auch nicht sein können, so kann die δόξα *wahr* aber auch *falsch* sein. Bei der Meinung gibt es also den Unterschied, der gegenüber der ἐπιστήμη (wie wir vorhin sahen) nicht statthat: Es gibt nämlich eine wahre und eine falsche Meinung (eine ἀληθὴς δόξα und eine δόξα ψευδής). Und die *falsche* Meinung ist nicht minder *Meinung* als die wahre Meinung. Während die falsche Wissenschaft keine *Wissenschaft* ist, und es deshalb keine falsche Wissenschaft gibt. Es scheint eine ähnliche Gedankenführung als wenn Sie sagen ‹das Lebewesen lebt *immer;* denn wenn es tot ist, ist es kein Lebewesen mehr. Dagegen ist ein gesundes oder krankes Lebewesen noch immer ein Lebewesen.› Überlegen Sie mal, ob dieser sehr viel treffende Vergleich *ganz* stimmt. Es ist ein interessanter Punkt, auf den ich hier nicht eingehen kann. Denn es ist erregend zu hören, daß die Seele insofern sie Wissenschaft treibt, immer Wahres zutage fördert (ἀληθεύει).

Und auch darauf darf ich mich hier der knappen Zeit halber nicht einlassen: ob diese Lehre von der Doxa und ihrem Verhältnis zur ἐπιστήμη wahrhaft überzeugend ist. Ich muß gestehen, daß ich das nicht glaube, obwohl die Tiefe der Aristotelischen Intention sehr spürbar ist. Es ist, wenn ich mich nicht täusche, durchaus zur Evidenz zu bringen, daß der Gegenstand des eigentlichen Wissens (des ἐπίστασθαι) das Notwendige im entwickelten Sinne ist. Ferner scheint mir auch die Charakterisierung von solchem Seienden wie das Hunger-Haben als ein Zufälliges, als ein-auch-anders-sein-Könnendes und daher als ein wesenhaft Unbeständiges einleuchtend und tief gegriffen. Aber daß solches Seiende *eben deshalb* immer nur *gemeint* und nicht irgendwie echt *gewußt* werden kann, verstehe ich – offen gestanden – nicht. Mir scheint, daß auch solchem Seienden gegenüber der Unterschied greifbar ist zwischen einem ‹es nur meinen› und einem ‹es wissen›. Können wir denn z. B. nicht *wissen* (wirklich *wissen*) daß wir Hunger haben oder daß Koriskos musikalisch ist (das ist auch so ein Beispiel). Müssen wir solches immer nur *meinen*?? Ich glaube nicht. Freilich ist das dann ein andersartiges Wissen als das Wissen von Ewigem, aber doch ein *Wissen*. Vielleicht kein ἐπίστασθαι, aber doch z. B. ein εἰδέναι. – Jedoch ich erörtere dies nicht weiter, sondern breche ab. Es ist für unseren weiteren Gang wünschenswert, daß wir dieses Problem wenigstens berührt und ausgesprochen haben. Es ist jedoch dafür nicht notwendig, daß wir es in Breite erörtern oder gar einer Auflösung zuführen.

Wir wissen jetzt auf jeden Fall in einem ersten groben Umriß, was bei Aristoteles eine Apodeixis, ein echter wissenschaftlicher Beweis ist. Es ist ein Schluß aus Notwendigem und Ewigem auf Notwendiges und Ewiges. Und es ist damit zugleich ein Schluß aus Wahrem auf Wahres. Wer Ewiges berührt (θιγγάνει) und ausspricht, kann gleichsam dem gar nicht entfliehen, *Wahres* auszusprechen. Denn wenn er Ewiges ausspricht und wenn also solches Ewige in seinem Gesprochenen gleichsam enthalten ist, so ist dieses Enthaltene etwas, was nicht auch anders sein kann. Und wenn das, was wir aussprechen, nicht auch anders sein kann, so ist das Ausgesprochene *notwendig* *w a h r.* Noch einmal: ich erörtere nicht diesen merkwürdigsten Aristotelischen Schluß, aber ich weise eindringlich auf ihn hin. Das so tief Merkwürdige daran ist ja doch dies: daß hier die Wahrheit als vom Sein bedingt ausgesprochen wird, und nicht das Sein von der Wahrheit. Und das geht gegen das übliche Meinen. Denn gemeinhin denkt man doch só: Wir wissen, daß etwas *ist*, wenn wir wissen, daß der *Satz*, daß solches ist, *w a h r ist*. Hier aber hören wir *in gewisser Weise* das Gegenteil: daß nämlich Sätze, in denen ein Ewiges und notwendig Seiendes ausgesprochen wird, notwendig wahr sind; daß also solches Seiende unsere Sätze, mit denen wir es gleichsam berühren, zu wahren Sätzen macht. Ganz so wie dem parallel jenes unbeständig Seiende, jenes zufällig Seiende, unsere Sätze, die sich auf es beziehen, zu nur zufällig wahren Sätzen *macht*, nämlich zu Sätzen, die wahr aber auch falsch sein können.

§14. *Enthymem und Wahrscheinlichkeit*

Doch nun zum Enthymem, d. h. also zu dem Schluß aus Wahrscheinlichem auf Wahrscheinliches. Das Wahrscheinliche heißt hier τὸ εἰκός, τὰ εἰκότα, verisimile.

Grundfrage ist: was ist und heißt hier dieses εἰκός? Das ist zunächst eine philologische Frage. Aber die dürfen wir hier nicht ganz umgehen. Es kommt darauf an, daß wir in den natürlichen Sprachgebrauch hineinhören.

Wenn Aristoteles das rhetorische Schließen in das Gebiet des εἰκός weist, so folgt er damit nicht nur dem Plato, sondern auch den *Rhetoren selber.* Wir wissen das u. a. sehr gut aus Platos Dialog Phaidros, der ja in gewisser Weise die Rhetorik zum Thema hat. Im Phaidros sagt z. B. Plato ironisch (267 A), Teisias und Gorgias hätten erkannt, daß in der Beredsamkeit die εἰκότα dem Wahren vorzuziehen und mehr zu ehren seien (πρὸ τῶν ἀληθῶν τὰ εἰκότα ... τιμητέα μᾶλλον). Und er faßt die Lehre dieser sophistischen Rhetorik folgendermaßen zusammen (ich gebe die Stelle hier und da gekürzt in der Übersetzung Apelts): «Jene (sc. diese Sophisten) behaupten, man brauche mit der Beredsamkeit nicht so vornehm zu tun und sie nicht mit Umständlichkeit weither abzuleiten. Denn ... es sei ganz überflüssig, etwas zu wissen um die Wahrheit ..., damit man ein tüchtiger Redner sein könne. Komme es doch bei den Gerichten niemand auf die Wahrheit an sondern auf die Glaublichkeit (τοῦ πιθανοῦ). Dieses aber sei die Wahrscheinlichkeit (τὸ εἰκός). Und auf dieses εἰκός müsse darum achten, wer kunstmäßig reden wolle. Oft dürfe man ja nicht einmal sagen, was wirklich getan worden ist, wenn die Tat nicht der Wahrscheinlichkeit entspreche (ἐὰν μὴ εἰκότως ᾖ πεπραγμένα), sondern dafür das Wahrscheinliche in der Anklage und der Verteidigung. Und unter allen Umständen sei eben das εἰκός, das Wahrscheinliche, zum Richtpunkt zu nehmen für den Redner, der der Wahrheit oft den Abschied geben müsse. Wenn es so die ganze Rede hindurch gehalten werde, so sei damit die gesamte Forderung der Kunst der Rede (der Rhetorik) erfüllt» (272 D–273 A).

Plato-Sokrates gibt dann ein hübsches Beispiel aus der Rhetorik des Teisias, mit welchem dieser seine Behauptungen veranschaulichen und belegen wollte. Wir werden es später noch kennenlernen, denn Aristoteles geht im zweiten Buch seiner Rhetorik auch darauf ein. – Weiter läßt sich dann Plato von Phaidros als die Ansicht des Teisias bestätigen, daß das εἰκός das der Menge (dem großen Haufen) Einleuchtende ist (τὸ τῷ πλήθει δοκοῦν, 273 AB).

Und von dort nimmt Plato dann am Schluße des Phaidros den Ausgang zu einer Art von Widerlegung. Sie beginnt so, daß dieses Wahrscheinliche der Menge offenbar deshalb so einleuchte, weil es dem Wahren ähnlich ist.[13] Daß aber der, der die Wahrheit besitze am besten sich auch darauf verstehe, das dem Wahren Ähnliche aufzuspüren. So daß zuletzt dann doch der Philosoph sich auch als derjenige herausstellt, der das Überzeugung-Weckende (das πιθανόν, welches hier ja dem εἰκός gleichgesetzt wird) am besten zu entdekken vermag.

Wo steht in diesem Gefechte Aristoteles? Natürlich in der Tiefe auf Platos Seite. Er ist zugleich jedoch unbefangen, sachlich, wie seine Art ist. Wenn er dem Enthymem dieses εἰκός zum Ausgangs- und Endpunkt seiner schließenden Bewegung gibt, so ist das keine unmittelbare Stellungnahme und keine unmittelbare Wertung. Das εἰκός ist ihm zunächst nur eben ein Stück Wirklichkeit, dessen Wesen und Ort er fixiert. Aber um seine Fixierungen zu verstehen, müssen wir etwas auf das Griechische eingehen.

εἰκός ist das Partizip von ἔοικα, das Präsensbedeutung hat. Das Lexikon gibt für ἔοικα an: ‹ich bin ähnlich›, ‹ich gleiche›, ‹ich scheine›. Für τὸ εἰκός werden folgende Bedeutungen angegeben: ‹das Ähnliche›, ‹das Gleichende›, ‹das Wahrscheinliche, Natürliche, Bil-

[13] ὡς ἄρα τοῦτο τὸ εἰκὸς τοῖς πολλοῖς δι᾽ ὁμοιότητα τοῦ ἀληθοῦς τυγχάνει ἐγγιγνόμενον (273 D).

lige, Schickliche›; für εἰκός ἐστι: ‹es ist natürlich, wahrscheinlich›, ‹es läßt sich erwarten›, ‹es ist billig, schicklich›.

Damit kommt man natürlich nicht weit. Man muß zu einzelnen Wendungen gehen. Ich nehme eine gute Stelle aus Platos Phaidros; aber nicht eine von jenen, wo Plato über das εἰκός philosophiert, sondern wo er im Sprechen ganz naiv das Wort εἰκός gebraucht. Sokrates beginnt dort seine bekannte erste Scherzrede folgendermaßen (Apelt[14] – 237 B7 ff.): «Mein Sohn, bei allen Fragen gibt es nur einen Anfang für die richtige Überlegung. Man muß den Gegenstand der Überlegung kennen … Die Menge der Menschen merkt es nicht, daß sie das Wesen der einzelnen Dinge nicht kennen. Wie wenn sie es kennten, verständigen sie sich nicht erst am Anfang der Untersuchung und im Verlauf haben sie das zu büßen, wie es natürlich ist: weder mit sich selbst noch untereinander bleiben sie in Einklang.» Der uns daran interessierende Gedanke lautet zusammengezogen folgendermaßen: die Menschen pflegen ja nicht *vor* der Untersuchung ihren Gegenstand zu *definieren* und so ist es ganz natürlich, daß sie im Verlauf derselben mit sich und untereinander zu Meinungsverschiedenheiten kommen. – Griechisch: ὡς οὖν εἰδότες οὐ διομολογοῦνται ἐν ἀρχῇ τῆς σκέψεως, προελθόντες δὲ τὸ εἰκὸς ἀποδιδόασιν· οὔτε γὰρ ἑαυτοῖς οὔτε ἀλλήλοις ὁμολογοῦσιν (237 C). – *Dieses:* so ist es *ganz natürlich,* daß Meinungsverschiedenheiten entstehen, so kommt es *natürlich* zu solchen, so kommt es *selbstverständlich* dazu, so kommt es, wie *nicht anders zu erwarten* dazu. Dieses ‹natürlich›, ‹selbstverständlich›, ‹nicht anders zu Erwartende›: εἰκός. Plato-Sokrates sagt *nicht:* so kommt es *notwendig* zu Meinungsverschiedenheiten. Das würde zu weit gehen und einen Schluß voraussetzen. Die Prämisse dieses Schlusses könnte nur etwa folgendermaßen lauten: jeder, der am Anfang einer Untersuchung das Definieren unterläßt, gerät im Verlauf derselben in Widerspruch. Das stimmt nun nicht. Es stimmt so wenig wie wenn man z. B. setzte: jeder, der anderen eine Grube gräbt, fällt selbst hinein. Oder: jede unbesonnene Handlung rächt sich (wenn einer z. B. so unbesonnen ist, bei Ebbe weit ins Meer hinauszuschwimmen). Wie gesagt: das stimmt alles nicht; solche Sätze sind kein Notwendiges. Es sind keine ἀΐδια. Denn es gibt ja auch so etwas wie ‹Glück haben›. Auch der, der nicht definiert, kann ja mal Glück haben und seinen Logos gut zu

[14] *[Otto Apelt (Hrsg.), Platons Dialog Phaidros, übers. von C. Ritter, Leipzig ²1922, 44.]*

Ende bringen. Aber es ist mehr oder minder *unwahrscheinlich*. Und das Gegenteil ist mehr oder weniger *wahrscheinlich:* nämlich εἰκός.

Was bei solchen Dingen herauskommt, *gleicht sich* meist, ist *sich meist ähnlich*. In diesem Sinne des Sich-selber-Gleichen sagt einer z. B. ärgerlich: «*Es ist doch immer das gleiche:* wie oft habe ich dies schon verboten; immer wieder tun sie es und immer wieder passieren dann diese Unglücke.» Mit diesem ‹es ist doch immer das gleiche› bewegen wir uns in der Sphäre des *εἰκός*. Besser merkt man dies bei leichter Umwendung. Denn jener Ärgerliche könnte im selben Sinne ärgerlich ausrufen: «*natürlich;* wieder einmal diese Dummheit»: ‹natürlich› = εἰκότως. Natürlich übertreibt dieser Ärgerliche (hier gebrauche ich selber ganz naiv, wie Sie bemerken, das εἰκός). Denn es ist eben nicht *immer* das gleiche oder dasselbe, aber allerdings ist es meistenteils dasselbe. Wer z. B. ohne Fachkenntnisse an Blindgängern herumhantiert, verunglückt nicht immer aber oft, vielleicht meistens. Und es ist nicht *notwendig*, daß er dabei verunglückt, aber mehr oder minder *wahrscheinlich* (also εἰκός). Die Gnome (die Sentenz) hat eine innere Beziehung zum εἰκός. Ich sagte vorhin: natürlich übertreibt dieser Ärgerliche; ‹selbstverständlich› übertreibt er. Da steckt die Gnome drin: ‹im Ärger übertreibt so leicht der Mensch› (wenn Sie mir diesen selbstverfaßten Iambus mal erlauben wollen). Diese Gnome ist nicht tief aber doch sehr wahr und unter Umständen *treffend;* wie denn Sentenzen überhaupt sehr selten tief, aber oft in der Situation des Dialogs außerordentlich *treffend* sind, worauf ihre Verwendung im dramatischen Dialog zurückgeht. Die Gnome ist deshalb *wahr*, weil es heißt ‹übertreibt *so leicht* der Mensch›; und sie wäre falsch und überhaupt keine Gnome, wenn man sagte ‹im Ärger übertreibt der Mensch *immer*›. Aber wenn man unbestimmt einfach sagte ‹im Ärger übertreibt der Mensch›, so ist das eine echte Gnome, denn das ‹so leicht› oder das ‹meist› ergänzt man schon.

Es liegt in der *Natur* des Menschen, daß er im Ärger leicht übertreibt; und so kommt es, wenn einer tatsächlich im Ärger übertreibt, zur Wendung ‹*natürlich* übertreibt er›. Nur daß diese ‹*Natur*› weitherziger konzipiert ist als jene, derzufolge wir z. B. sagen ‹es liege in der Natur des Menschen nahrungsbedürftig zu sein›. Es kann hier Ausnahmen geben. Manche Menschen haben vielleicht schlechterdings *keine* Neigung, irgendwann zu übertreiben. Und manche, die sie wohl haben, übertreiben doch im gegebenen Fall nicht. Es mutet uns daher zwar natürlich an, wenn einer im Ärger übertreibt, aber daß es geschah war aller Natürlichkeit ungeachtet nur wahrscheinlich, nicht notwendig.

Im Deutschen sagen wir etwa auch an dieser Stelle: «*im allgemeinen* übertreiben die Menschen im Ärger»; ‹im allgemeinen› – ‹im großen und ganzen› u. dgl. – Es liegt auf der Hand, daß man diese Wendung wohl unterscheiden muß von jener wissenschaftlichen Feststellung, daß z.B. *allgemein gilt,* daß der Mensch nahrungsbedürftig ist. Was ‹*im allgemeinen*› so ist, duldet Ausnahmen. Z.B. im allgemeinen ist Karl nachmittags zuhause, heute nun gerade nicht. Aber es ist *wahrscheinlich,* ihn nachmittags anzutreffen. Man kann geradezu sagen, daß solches ‹im-allgemeinen-Zutreffende› εἰκότα sind. Εἰκότα in diesem Sinn waren nun auch einige der Enthymem-Beispiele, die ich gab: Im allgemeinen z.B. ist es nicht gut, sich an Fernerliegendes heranzumachen und darüber das Nächste zu vergessen. Es ist aber *nur* wahrscheinlich, εἰκός, nicht notwendig, daß der der es tut, zu Schaden kommt. – Oder, das *Alkibiades-Beispiel:* im allgemeinen fährt ein Volk sicher, wenn es in seinen Maßregeln möglichst wenig vom Gewohnten abweicht. Daß es dann sicher fährt ist ein *εἰκός*, ein Wahrscheinliches, und ein solches im-allgemeinen-Zutreffendes, Seiendes. – Warum es nicht möglich ist, *alle früheren Beispiele* für Enthymeme hier beizuziehen, wird sich später noch aufklären.

Das Wahrscheinliche (τὰ εἰκότα) ist so u.a. geradezu identisch mit dem *Meistenteils sich so Verhaltenden* (ὡς ἐπὶ τὸ πολὺ ὄν/γιγνόμενον). Denn um ein anderes Beispiel heranzuziehen: wenn es in Göttingen *im allgemeinen* im Juli warm und trocken ist, so ist es eben *meistenteils so* (plerumque). Und das Meistenteils-so-oder-so-Seiende ist das Wahrscheinliche. Lehrreich für das εἰκός sind zwei berühmte Verse des Agathon (›Symposion‹, Plato), die Aristoteles im II. Buch (24. 1402a 10f.) zitiert:

τάχ' ἄν τις εἰκὸς αὐτὸ τοῦτ' εἶναι λέγοι,
βροτοῖσι πολλὰ τυγχάνειν οὐκ εἰκότα.
«Man mag wohl sagen, wahrscheinlich sei gerade dies/ daß Menschen vieles Unwahrscheinliche geschieht.»

Es ist zwar wahrscheinlich, daß das Wahrscheinliche geschieht. Aber es geschieht nicht *nur* das Wahrscheinliche. Es ist durchaus *natürlich,* daß auch dás geschieht, was nicht wahrscheinlich ist. Ja es geschieht auch das Unwahrscheinliche (wenn wir hier noch zwischen dem Nicht-Wahrscheinlichen und dem *Un*wahrscheinlichen unterscheiden wollen. Aristoteles macht hier diese Unterscheidung nicht), denn mancher hat ja, wie man ganz richtig sagt, ein unwahrscheinliches Glück oder Unglück. Es erwächst hieraus, wie Aristoteles bemerkt, ein Schein-Enthymem (φαινόμενον ἐνθύμημα, d. h. hier ein Enthymem oder allgemein ein Syllogismus, der ein bündiger Schluß zu sein *scheint* aber es nicht *ist*. Man nennt solche nur *scheinbar* korrekten Schlüsse Trugschlüsse, παραλογισμοί. Aristoteles hat in der letzten Schrift des Organons, Περὶ σοφιστικῶν ἐλέγχων, Über die Sophistischen Widerlegungen, solche Paralogismen ausführlich erörtert). Das Scheinenthymem skizziert Aristoteles folgendermaßen: Das εἰκός (das Wahrscheinliche) ist nichts ausnahmslos Allgemeines (οὐ καθόλου). Mithin geschieht auch etwas gegen die Wahrscheinlichkeit (γίγνεται γὰρ τὸ παρὰ τὸ εἰκός), so daß auch solches Unwahrscheinliche wahrscheinlich ist (ὥστε εἰκὸς καὶ τὸ παρὰ τὸ εἰκός). Wenn aber dieses stimmt, so ist das Nichtwahrscheinliche das Wahrscheinliche (εἰ δὲ τοῦτο, ἔσται τὸ μὴ εἰκὸς εἰκός) (1402a 9–13). – Sehen Sie zu, ob Sie herausbekommen, wo das Trügerische dieses Trugschlusses steckt.

Im gegenwärtigen Zusammenhang ist vielleicht auch der Ort, jenes Platonische Beispiel aus der Rhetorik des Teisias und Korax (460 – Syrakus – nach dem Sturze Hierons. Lehrer des Gorgias) kurz heranzuziehen und mit hinzuzunehmen, was Aristoteles selber noch darüber berichtet. Es handelt sich bei dieser frühen τέχνη hauptsächlich um das *γένος δικανικόν*. Und in dieser Rücksicht ist wichtig, dessen eingedenk zu sein, daß der *Richter*, wie Aristoteles sagt, nicht lediglich auf Grund von Notwendigem sondern auch von Wahrscheinlichem entscheiden muß. Denn er ist verpflichtet «nach bestem Wissen zu urteilen».[15] Das Beispiel, das Plato zuerst im ›Phaidros‹ aus Teisias vorführt, dreht sich im wesentlichen darum, daß einer einen anderen zu Unrecht verprügelt und deshalb vor Gericht kommt. Zeugen sind nicht vorhanden und so muß nach Wahrscheinlichkeit entschieden werden, wer wen verprügelt und mißhandelt hat. Einer der beiden soll körperlich ausnehmend kräftig, der andere sichtlich körperlich schwach sein. Es wird nun nach Aristoteles in dem Redelehrbuch dargetan, daß ein Wahrscheinlichkeitsbeweis also ein Enthymem leicht zu führen ist dafür, daß der Schwache *nicht* den Starken verprügelt hat. Es ist eben sehr unwahrscheinlich, daß er das

[15] II 25. 1402b 32–34: οὐ γὰρ ἐκ τῶν ἀναγκαίων δεῖ αὐτὸν (*sc.* τὸν κρίτην) μόνον κρίνειν, ἀλλὰ καὶ ἐκ τῶν εἰκότων· τοῦτο γάρ ἐστι τὸ γνώμῃ τῇ ἀρίστῃ κρίνειν.

getan hat (οὐ γὰρ εἰκός). Aber der sophistische Witz will nun auch das Kunststück fertigbringen, den Wahrscheinlichkeitsbeweis dafür zu führen, daß auch der *Starke* es *nicht* getan hat. Und zwar so, daß man ausführt: «Es ist nicht wahrscheinlich, weil er doch zweifelsohne vorausgesehen hat, daß es wahrscheinlich *scheinen* werde» (οὐ γὰρ εἰκός, ὅτι εἰκὸς ἔμελλε δόξειν, 1402a 20). (Es ist unwahrscheinlich, daß einer eine Tat begeht, in bezug auf die er sich im voraus sagen muß, daß er ihrer verdächtig scheinen wird.) Läßt man beide Enthymeme in gleichem Maße gültig und bündig sein, so ist die Situation peinlich: man kann dann anscheinend zu gleicher Zeit für jeden von beiden begründen, daß die Wahrscheinlichkeit besteht, daß er der Täter war und daß er nicht der Täter war. – Aristoteles weist darauf hin, daß dies ein Beispiel sei für jenes berühmte Sophistenkunststück: für das τὸν ἥττω λόγον κρείττω ποιεῖν (den schwächeren Logos zum stärkeren zu machen, a 23 f.). Der *schwächere Logos* ist hier ja der des körperlich Starken; denn in eben dem einfachen Sinn, in dem es wahrscheinlich ist, daß der Schwache *nicht* die Mißhandlung ausgeübt hat, ist es auch wahrscheinlich, daß der Starke sie ausgeübt hat. Und auf die angegebene Weise wird diese soz. von Natur schwächere Position zur scheinbar stärkeren gemacht.

Auch hier muß ich Ihnen überlassen, das eigentlich Sophistische hieran zu entdecken und damit zu zeigen, ob eines dieser Enthymeme nur ein Scheinenthymem, ein Paralogismus ist. Oder ob es sich noch irgendwie anders verhält. Aristoteles gibt nur ganz knappe Hinweise, die einer sehr ausführlichen Interpretation bedürften.

In der Aristotelischen Bestimmung der Dichtkunst ist das εἰκός ein wesentlicher Bestandteil. (Περὶ ποιητικῆς 9. 1451a 36 ff.): «Es ist nicht das ἔργον, die Aufgabe des Dichters, wiederzugeben, was geschehen ist (τὰ γενόμενα λέγειν) sondern solches was hätte geschehen können (ἀλλ᾽ οἷα ἂν γένοιτο), und das Mögliche gemäß dem Wahrscheinlichen oder Notwendigen (καὶ τὰ δυνατὰ κατὰ τὸ εἰκὸς ἢ τὸ ἀναγκαῖον).» Das Mögliche κατὰ τὸ ἀναγκαῖον ist das Nicht-Unmögliche. Das Mögliche κατὰ τὸ εἰκός ist das *Nicht-Unwahrscheinliche:* nämlich dasjenige Unwahrscheinliche, wo wir z. B. sagen würden ‹wie u n n a t ü r l i c h, einen solchen Mann in solcher Lage so sprechen zu lassen›. Die Kategorie des sog. *Natürlichen in der Kunst* fällt (griechisch gesprochen) zusammen mit der Kategorie des *εἰκός*. Dieses Natürliche ist (ich wies schon darauf hin) ein gewisses Allgemeines, ein καθόλου: nämlich z. B., wie Aristoteles diese Allgemeinheit expliziert: daß einem solchen solches zu sagen oder zu tun zukommt gemäß dem Wahrscheinlichen oder Notwendigen.[16] Diese Allgemeinheit des εἰκός hat Bezüge zu dem was wir ‹Typus› und ‹typisch› nennen. So stellt Aristoteles im Vergleich der Dichtkunst mit der ἱστορία, der Geschichtskunde, fest, daß die Dichtkunst mehr auf das Allgemeine, die Geschichtskunde dagegen auf das Einzelne geht.[17] Ebendeshalb erklärt er, wie ich im Vorbeigehen erwähnen möchte, die Dichtkunst sei φιλοσοφώτερον καὶ σπουδαιότερον als die Geschichtskunde: philosophischer und eigentlicher (kernhafter), auf das Eigentliche und Letzte zielend. Wesenhaft antik. Platonisch. Unchristlich bis ins Mark. Und im Grunde auch gegen die moderne Naturwissenschaft gerichtet.

In welchen Aristotelischen Seinsbereich gehört das εἰκός? Sie erinnern an die Scheidung zwischen a) dem, was nicht anders sein kann (τὸ μὴ ἐνδεχόμενον ἄλλως ἔχειν), dem Notwendigen und b) dem Zufälligen, dem ἐνδεχόμενον ἄλλως ἔχειν. Es ist klar, daß das εἰκός zu diesem auch-anders-Sein-Könnenden gehört. Das εἰκός gehört aber, wie wir vorhin schon erkannten, zu dem *Meistenteils-so-Seienden* (τὰ ὡς ἐπὶ τὸ πολὺ συμβαίνοντα). Das auch-anders-Sein-Könnende ist ein großer Bereich, der zerfällt in das Meistenteils so Seiende, das *Wahrscheinliche einerseits,* und dasjenige, was auch nicht *m e i s t e n t e i l s* so ist, wie es ist; was also weder notwendig noch wahrscheinlich ist.

Im 2. Kapitel des I. Buches der Rhetorik (1357a 34 ff.) definiert Aristoteles nun dieses Wahrscheinliche umständlich folgendermaßen: «Das εἰκός ist ein meistenteils Erfolgendes (ὡς ἐπὶ τὸ πολὺ γινόμενον); aber nicht schlechthin (οὐχ ἁπλῶς δέ), wie einige definieren, sondern nur dasjenige meistenteils Erfolgende, das im Bereich des auch-anders-Sein-Könnenden sich zu dem, in bezug auf welches es wahrscheinlich ist, so verhält wie das Allgemeine zum Besonderen (ἀλλὰ τὸ περὶ τὰ ἐνδεχόμενα ἄλλως ἔχειν, *οὕτως ἔχον πρὸς ἐκεῖνο* πρὸς ὃ εἰκός, ὡς τὸ καθόλου πρὸς τὸ κατὰ μέρος)». Dieses letzte besagt, wenn ich mich nicht sehr täusche, daß das εἰκός eine Art Allgemeines ist, eben jenes *im-allgemeinen-Seiende* – und daß sich dieses im-allgemeinen-Seiende zu den ihm entsprechenden Fällen wie ein Allgemeines zu dem Besonderen verhält. Das im-all-

---

[16] τῷ ποίῳ τὰ ποῖα ἄττα συμβαίνει λέγειν ἢ πράττειν κατὰ τὸ εἰκὸς ἢ τὸ ἀναγκαῖον (1451b 8 f.).

[17] ἡ μὲν γὰρ ποίησις μᾶλλον τὰ καθόλου, ἡ δ' ἱστορία τὰ καθ' ἕκαστον λέγει (1451b 6 f.).

gemeinen-im-Ärger-Übertreiben-des-Menschen ist ein solches Allgemeines; und Karl der jetzt tatsächlich dementsprechend im Ärger übertreibt, ist ein solches κατὰ μέρος. [Der Definition nach zu urteilen, gibt es noch anderes meistenteils-Erfolgendes. Ja, das *schlechthin* (ἁπλῶς) meistenteils Erfolgende ist nicht das εἰκός. – Ein Satz, den ich nicht interpretieren kann: ich verstehe ihn nicht ganz. Aber das Verständnis der Definition ist trotzdem gesichert. K^n]

Ich denke, daß uns mit dem heute Durchlaufenen der Aristotelische Gedanke des rhetorischen Schließens als eines εἰκότα ἐξ εἰκότων (Wahrscheinliches aus Wahrscheinlichem) Erschließens einigermaßen deutlich werden kann. Betrachten wir noch einmal eines der früher gegebenen Beispiele (bei *allen* früheren Beispielen läßt es sich nicht zeigen, wie wir noch sehen werden). Das Enthymem des Alkibiades: «Überhaupt muß nach meinem Bedünken ein Staat, der nicht stille zu sitzen gewohnt ist, sogleich in Verfall geraten, sobald er sich der Untätigkeit ergibt, und ein Volk fährt nie sicherer, als wenn es in seinen Maßregeln so wenig als möglich von den eingeführten Gesetzen und Gewohnheiten abweicht, sollten solche auch nicht die besten sein.» Daß ein Volk nie sicherer fährt als wenn es möglichst wenig von seinen Gesetzen und Gewohnheiten abweicht, ist ein εἰκός. Es hat etwas Einleuchtendes und mag *im allgemeinen* schon stimmen. Auch mag man diesen Satz, der hier bei Alkibiades ohne Begründung als Prämisse eingeführt wird, von manchen Seiten noch einleuchtender machen können. Auf jeden Fall ist es kein ἀΐδιον und ἀναγκαῖον. Wäre es ein solches, so müßte z. B. jede *Revolution* verderblich sein, denn eine Revolution ist ja wohl u. a. dies, daß von den bisherigen abweichende Gesetze und Gewohnheiten eingeführt werden. Es ist also nur etwas, was *im allgemeinen* wohl richtig sein mag, wogegen gar nicht streitet, daß es in einem besonderen Fall verhängnisvoll falsch sein kann. Im *allgemeinen* mag es eine *vernünftige* Maxime darstellen, wogegen nicht streitet, daß ihre Befolgung im besonderen Fall höchste Unvernunft sein mag. Aus den Prämissen des Enthymems folgt also selbstverständlich auch nur Wahrscheinliches. Wenn die Prämissen stimmen, so folgt nicht, daß der von Alkibiades vorgeschlagene Entschluß der Stadt nutzen wird, wohl aber folgt notwendig, daß er *wahrscheinlich* nutzen wird, d. h. daß zu erwarten ist, daß er der Stadt nutzen wird.

Es schließen sich hier unmittelbar zwei Fragen an: 1. woher stammen die Obersätze zu Enthymemen? Selbstverständlich aus der Erfahrung (ἐμπειρία). Aber so zugleich dann, daß Geist, Witz, Blick dazu gehört, sie zu konzipieren. Und wir erinnern uns, daß dies ja eigentlich den Redner ausmacht; er soll die Fähigkeit haben, Gründe beizuschaffen bzw. an seinem Gegenstand zu entdecken. Natürlich charakterisiert es den einzelnen, welche *Art* von Gründen, von Obersätzen er bevorzugt. So ist die Prämisse des Alkibiades geistreich und verrät viel Reflexion. Die Prämissen des Nikias sind ziemlich matt und gleichen Gemeinplätzen[18]. In der Tat liegen solche Prämissen der Natur der Sache nach auf die Sentenz zu. Und Sentenzen sind ja, wie ich schon bemerkte, ohne weiteres zu einem Enthymem auszugestalten.

Ich bleibe daher im gegenwärtigen Zusammenhang der Frage nach dem Woher solcher rhetorischer Prämissen, wenn ich im Vorbeigehen die Aristotelische Definition der γνώμη mitteile (II 21. 1394a 21 ff.): «Ein Sinnspruch, eine γνώμη, ist eine Aussage (ἀπόφανσις), nicht jedoch über ein Einzelnes (περὶ τῶν καθ' ἕκαστον) wie z. B. was Iphikrates für ein Mann ist, sondern eine allgemeine (καθόλου). Aber auch nicht eine allgemeine Aussage über jegliches, z. B. nicht eine solche wie daß das Grade (τὸ εὐθύ) dem Krummen (τῷ καμπύλῳ) entgegengesetzt ist, sondern über die Gegenstände des menschlichen Handelns und über das, was dem Handelnden zu wählen oder zu meiden ist (ἀλλὰ περὶ ὅσων αἱ πράξεις εἰσί, καὶ αἱρετὰ ἢ φευκτά ἐστι πρὸς τὸ πράττειν). *S o d a ß*, da die Enthymeme ungefähr *der Schluß* über Derartiges sind, die Schlußsätze der Enthymeme und die Prämissen, wenn man die Form des Schlusses fortläßt, Sentenzen sind (τά τε συμπεράσματα τῶν ἐνθυμημάτων καὶ αἱ ἀρχαὶ ἀφαιρεθέντος τοῦ συλλογισμοῦ γνῶμαί εἰσιν)».

Über das in-Sinnsprüchen-Reden (das γνωμολογεῖν) überhaupt (abgesehen also vom Enthymem) macht Aristoteles die treffendsten Bemerkungen. Ich lese nur eine vor, weil sie mit unserer Frage nach der Herkunft der Prämissen des Enthymems noch in etwa zusammenhängt: «In Sinnsprüchen zu reden paßt für ältere Leute bei Gelegenheit solcher Dinge, in denen einer Erfahrung besitzt (περὶ δὲ τούτων ὧν ἔμπειρός τις ἐστίν). Ist einer noch nicht so alt, so steht ihm das γνωμολογεῖν nicht gut sowenig wie das μυθολογεῖν; und wenn er gar über die Dinge, um die es sich handelt, keine Erfahrung hat, so verrät das Albernheit und Mangel an Bildung (ἠλίθιον καὶ ἀπαίδευτον). Das läßt sich genügend an dem Umstand erkennen, daß unkultivierte Menschen vorzugsweise fruchtbar an Sinnsprü-

[18] [δημοσιεύω: *[τὰ]* δεδημοσιευμένα. K[n]]

chen sind (μάλιστα γνωμοτύποι) und sie gern anbringen (καὶ ῥαδίως ἀποφαίνονται» (1395a 2–8).

Und nun die 2. *Frage:* kann das mit sich und mit anderen Zurategehen (das συμβουλεύειν) überhaupt seinem Wesen nach zu einem *besseren* Wissen als diesem Wahrscheinlichen kommen?

In einer gewissen Weise ist das gar nicht möglich. Es liegt im Wesen solchen Überlegens, daß sein Gegenstand (das πρακτόν, das zu Tuende) in den Bereich des ἐνδεχόμενον ἄλλως ἔχειν fällt. Wenn z. B. die Kriegserklärung an Syrakus zur Beratung steht, so ist das Ergebnis der Beratung (mag es die Kriegserklärung an Syrakus oder der Entschluß zum Friedenhalten sein) auf jeden Fall ein sich-anders-Verhalten-Könnendes. In keinem Falle ist es ein Ewiges, Notwendiges, Unentstandenes und Unvergängliches. Das ist ja selbstverständlich. Mithin gibt es keine ἐπιστήμη des πρακτόν, keine *Wissenschaft* von dem zu Tuenden – und zwar in dem selbstverständlichen Sinne, daß keine Überlegung wird zeigen können, daß z. B. die Kriegserklärung an Syrakus Athen *notwendig* schaden oder nützen wird. Der Mensch, der solche Erwägungen gut anzustellen vermag, heißt bei Aristoteles φρόνιμος, prudens, klug. Dieses bei Plato so vieldeutige, geheimnisvolle Wort (φρόνησις, φρόνιμος) wird von Aristoteles scharf abgegrenzt und auf den Gebrauch, den wir hier vor uns haben, eingeschränkt. Die Klugheit ist die ἀρετή (die Tugend, rechte, gesunde Verfassung) der διάνοια πρακτική, der praktischen Vernunft. Aber die Klugheit ist daher nicht Wissenschaft und bringt keine Wissenschaft hervor (Nikom. Ethik VI c. 5 und passim); vielmehr ist sie die Tugend der *δόξα*, einer gewissen δόξα, denn das Element der praktischen Vernunft ist nicht das Wissen (ἐπίστασθαι) sondern das Meinen, das δοξάζειν, das seinerseits ja wesenhaft zugeordnet ist dem Bereich des Sich-anders-verhalten-Könnenden. In dieser Rücksicht ist es also gar nicht möglich, daß bei solchen Beratungen andere Schlüsse als diese rhetorischen aus Wahrscheinlichem auf Wahrscheinliches auftreten. Der Einspruch Platos im ›Phaidros‹ gegen das εἰκός der Rhetorik, über den ich berichtete, ist damit nicht getroffen; denn Plato bezog sich auf die Rede vor Gericht und auf den sophistischen Rat, vor Gericht lieber das Wahrscheinliche zu behaupten als das Wahre aber Unwahrscheinliche. Während meine im Anschluß an Aristoteles vorgetragenen Bemerkungen die beratende Staatsrede im Auge hatten. Es ist aber mit Rücksicht auf Plato gleichwohl nützlich, sich deutlich zu machen, daß das εἰκός nicht unter allen Umständen und in jeder Hinsicht etwas Schlechtes ist.

Hiermit bin ich nun, was das Enthymem und das εἰκός betrifft, zu einem ersten, *aber nur vorläufigen Abschluß gekommen.* Wir müssen diese Verhältnisse noch von einigen anderen Seiten her erörtern.

§ 15. Nachtrag zu Schlüssen aus Topen

Zunächst: es ist außerordentlich nützlich, sich von Anfang an bei der Lektüre der Aristotelischen Rhetorik bewußt zu halten, daß die in ihr vorgetragene Enthymemtheorie *nicht einheitlich* ist. Vielmehr lassen sich deutlich zwei verschiedene Theorien unterscheiden, die aus verschiedenen Fassungen stammen und die in der heute uns vorliegenden Rhetorik unversöhnt nebeneinanderstehen. Andere Schriften des Aristoteles beschäftigen sich *ausführlich* nicht mehr mit dem Enthymem, so daß wir auch nicht die Möglichkeit haben, aus solchen anderen Schriften die Fassung der Rhetorik zu korrigieren. Ich kann alle Einzelheiten dieses Problems übergehen und darf dafür noch einmal auf das Buch von Solmsen verweisen.[19] Aber die Tatsache, daß bei Aristoteles eine einheitliche Theorie fehlt, muß sich natürlich in meiner Darstellung irgendwie auswirken, und sie hat es só getan, daß ich nunmehr das bisher Gesagte noch in wesentlicher Rücksicht ergänzen muß. Ich gehe dabei nicht darauf aus, die beiden Aristotelischen Theorien zu einer einheitlichen zusammenzufassen.

Der wichtigste Nachtrag betrifft die Schlüsse aus den sog. τόποι (Topen). Die Behandlung derselben wird notwendig machen, einen Blick auf die Aristotelische Topik zu werfen. Ich hoffe, daß ich diese Betrachtungen in etwa anderthalb Stunden zu Ende führen kann.

Ich gab früher vier Aristotelische Beispiele für Enthymeme und vier eigene aus Thukydides. Die Aristotelischen Beispiele waren sämtlich solche für die fraglichen Schlüsse aus *Topen.* Machen wir uns das zunächst vor jedem Definitionsversuch des Begriffs τόπος etwas anschaulich.

Wir hatten das Enthymem ‹wenn nicht einmal die Götter alles wissen, um wieviel weniger die Menschen›. – Und nun hören Sie folgendes, was gleichfalls Aristoteles anführt: «wer sich sogar an seinem Vater vergreift, vergreift sich gewiß auch an seinen Nebenmenschen» (II 23. 1397b 15 f.). Beide Enthymeme haben bei aller inhaltlichen Verschiedenheit etwas spürbar Gemeinsames: einen formal

[19] *[s. oben S. 42, Anm. 29.]*

ähnlichen Begründungsrhythmus. Im ersten Enthymem: ‹wenn sogar díe, um wieviel *weniger* die.› – Im zweiten Enthymem: ‹wer sogar seinen Vater, um *wieviel mehr* Nebenmenschen.› – Auf dieses letzte Gemeinsame ist zu achten: denn das *ist* der τόπος, ist *eín* solcher τόπος, Ort. Aristoteles bezeichnet die verschiedenen Orte mit einem kurzen Merkausdruck – und so nennt er den Topos hier einfach den des μᾶλλον καὶ ἧττον (des Mehr und Weniger). *Genauer* ist der Gedanke oder der Ausdruck *der:* daß ein solcher Ort der Ort ist *aller* der Schlüsse aus dem Mehr und Weniger, d.h. aller der Schlüsse, deren Prämissen sich eines solchen Mehr und Weniger bedienen. (Griechisch: [τόπος τῶν δεικτικῶν] ἐκ τοῦ μᾶλλον καὶ ἧττον, 1397b 12, – oder z.B. ἐκ τῶν ἐναντίων, 97a 7.) Was Aristoteles mit dem Ausdruck τόπος meint, scheint deutlich und verständlich zu sein. Der Ort ist ein *Ort*, ein Raum, in dem gewisse Schlüsse darin sind. Ähnlich wie der Kreis der Ort ist aller der Punkte, die einer gewissen Bedingung genügen. Und auch diese Schlüsse (diese Enthymeme) genügen einer gewissen Bedingung: nämlich der, daß ihre begründenden Obersätze zu einem gewissen Typus gehören, für welche Typen Aristoteles kurze Merkworte geschaffen hat, z.B. eben der des ‹Mehr und Weniger›. Diese Schlüsse sind Schlüsse *ἐκ* τοῦ μᾶλλον καὶ ἧττον, d.h. Schlüsse aus Prämissen dieses Typs. Eine andere Frage ist: wie man τόπος übersetzen soll. Aber warum soll man nicht einfach ‹Ort› sagen? Man darf eben nur nicht vergessen, daß zu ergänzen ist ‹Ort der Schlüsse aus Prämissen dieses oder jenes Typus›. Vielfach übersetzt man τόπος mit ‹Gesichtspunkt›. Dies ist jedoch sicher falsch. Der Ort von Schlüssen ist kein Gesichtspunkt. Freilich redet Aristoteles auch nicht immer in der gleichen Weise vom Topos.

Zunächst will ich noch wenigstens *ein* Beispiel eines anderen Topos geben: 1.) «Mäßig sein ist gut, denn unmäßig sein ist schädlich.»[20] 2.) aus der Messenischen Rede des Rhetors Alkidamas (eines Gorgias-Schülers): «Wenn der Krieg die Ursache unsrer gegenwärtigen Leiden ist, so muß man denselben mittelst des Friedens abhelfen» (97a 11f.). *Auch hier ist ein Gemeinsames:* Mäßig und unmäßig sind *Gegenteile* (ἐναντία). Ebenso: Krieg und Frieden. Und die Prädikate ‹gut und schädlich› sowie ‹Ursache von Leiden und Ursache ihres Aufhörens› sind auch Gegenteile. Den Gegenteilen kommen *gegenteilige* Prädikate zu (mäßig sein – gut; unmäßig sein – schlecht.

[20] ὅτι τὸ σωφρονεῖν ἀγαθόν· τὸ γὰρ ἀκολασταίνειν βλαβερόν (1397a 10f.).

Oder Krieg: Ursache von Leiden. Friede: Ursache, daß Leiden aufhören). – Es ist verständlich, daß Aristoteles hier nun wieder von einem Ort spricht, offenbar einem anderen als der von vorhin, und ihn kurz den ‹τόπος ἐκ τῶν ἐναντίων› nennt. Und ich wiederhole: es ist der Ort aller der Schlüsse, deren Prämissen von diesem soeben skizzierten Typus sind. – Für die rhetorischen Orte müssen diese Beispiele genügen. Alle vier Aristotelischen Beispiele, die ich früher für Enthymeme gab, sind zugleich Beispiele für vier verschiedene Topen.

a) Theoretische Erörterung der topischen Prämisse

Woher haben nun die Topen-Enthymeme ihre begründende Kraft? Das Zutrauen in den Schlußsatz hängt ab von dem Zutrauen in die Prämissen. Und welchen Wert haben hier die *Prämissen*? Sehen wir uns *ein* Beispiel genau an; dieses eine muß uns dann alle übrigen vertreten. Nehmen wir zu diesem Zweck noch einmal das Enthymem: ‹wenn nicht einmal die Götter alles wissen, um wieviel weniger die Menschen.› Aristoteles entwickelt die Prämissen dieses Schlusses folgendermaßen: «wenn etwas dem *nicht* zukommt, dem es in höherem Maße zukommen möchte, so auch nicht dem, dem es in geringerem Maße zukommen möchte.»[21] Ich drücke dies noch einmal umständlicher aber für unseren Zweck deutlicher aus: wenn etwas demjenigen nicht zukommt, dem es doch eigentlich (wie man meinen sollte) zukommen müßte, so kommt es notwendig (oder vielleicht auch nur wahrscheinlich) auch *dem* nicht zu, dem es eigentlich weniger gebührt als jenem. Hat man den Ablauf der formalen Figur erst einmal weg, so fallen uns beliebig viele Enthymeme daraus ein: wenn in diesem Lande nicht einmal die Reichsten sich in Seide kleiden, um wieviel weniger die Armen.

(Im Vorbeigehen möchte ich bemerken, daß diese psychologische Tatsache des Einem-Einfallens – sobald die Figur innerlich geläufig geworden ist – die *praktische* Bedeutung der Aristotelischen Topen sinnfällig macht. Wir dürfen keinen Augenblick vergessen, was in meinem Kolleg hier aus den bekannten Gründen notwendig zurücktritt: daß die Rhetorik sowohl wie die später kurz zu betrachtende Dialektik in *erster* Linie Handbücher für den *praktischen* Zweck der Ausbildung von Rednern und Disputierenden darstellen.

[21] εἰ ᾧ μᾶλλον ἂν ὑπάρχοι μὴ ὑπάρχει, δῆλον ὅτι οὐδ᾽ ᾧ ἧττον (1397b 13–15).

Jede Erörterung des Aristotelischen Topos, die diese seine praktische Bedeutung vernachlässigt, verfehlt auch sein Wesen. Und wenn einem einmal aufgegangen ist in innerer Erfahrung, wie so ein Topos, wenn man ihn erst innerlich einmal weg hat, Enthymeme einfallen läßt, so ist die praktische Wirksamkeit der Sache evident. Die Topen haben außerdem zweifelsohne (wie schon hier leicht zu sehen ist) sogar eine mnemotechnische Bedeutung. Über diesen letzten Punkt finden Sie in dem Buche von *Solmsen*[22] sehr annehmbare und auf jeden Fall interessante Vermutungen über die Herkunft des Wortes τόπος in diesem Aristotelischen Zusammenhang. – Jedoch dies war eine Abschweifung. Kehren wir zurück zur theoretischen Erörterung der topischen Prämisse:)

Aus der Tatsache, daß in dem phantasierten Lande die reichen Leute keine Seide tragen, folgt nicht *notwendig*, daß es auch die Unbegüterten nicht tun. Wohl aber ist das Zweite wahrscheinlich: es würde einem aufmerksamen Reisenden doch sicher *auffallen*, wenn zwar die Unbemittelten aber nicht die Wohlhabenden in Seide gingen. Und das Unwahrscheinliche fällt auf. – Aber daß auch die Menschen nicht allwissend sind, wenn die Götter es nicht sind: ist dies auch bloß wahrscheinlich oder notwendig? Es scheint, wenn ich recht sehe, eher notwendig als wahrscheinlich zu sein. Und wie steht es in dieser Rücksicht mit: ‹wer sich sogar an seinem Vater vergreift, vergreift sich gewiß auch an seinen Mitmenschen›? – Alle diese Prämissen sind in sich selber schon volle Schlüsse, aber unmittelbare Schlüsse (wie ich schon damals bei diesen Beispielen erwähnte[23]): es sind also Schlüsse, die nur eine Prämisse haben. Und außerdem sind es *hypothetische* Schlüsse: *wenn* einer so ist, daß er sich an seinem Vater vergreift, *so folgt*, daß er so ist, daß er sich auch an seinen anderen Mitmenschen vergreift. Aber wie gesagt: folgt das *notwendig*? Oder folgt es nur wahrscheinlich, ist es nur wahrscheinlich, daß es folgt; und dies wieder heißt hier: *scheint* es bloß zu folgen? Da aber doch es zum *Wesen* des erschließenden *Folgens* gehört, daß der Schlußsatz *notwendig* folgt, *notwendig* sich ergibt aus den Prämissen, so ist das auch gar kein eigentliches *Folgen*, was kein *notwendiges* Folgen ist; und mithin ist das was hier in Frage steht dies: ob hier überhaupt ein *echter Schluß* vorliegt oder ob nur ein

[22] *[s. oben S. 42, Anm. 29.]*
[23] *[Vgl. o. S. 76.]*

Schluß vorzuliegen *scheint* und also etwas vorliegt, was vielleicht in Wahrheit *gar kein gültiger Schluß* ist.

Nun wir werden alle wohl das Gefühl haben, das Aristoteles diesen Formen gegenüber hat: nämlich, daß sie doch – mehr oder minder freilich – vertrauenswürdig scheinen. Es scheint doch irgendwie treffend und einleuchtend zu sein, daß z. B. das Nicht-alles-Wissen keine Schande ist für den Menschen, *wenn doch* die Götter selbst nicht allwissend sind. Oder daß: Mäßigsein gut ist, *weil* das Unmäßigsein schädlich ist. Und sehr wichtig bei der Entscheidung dieser Frage ist noch folgendes zu sehen: es stehen sich einander gegenüber jeweils eine ganz abstrakte Formulierung des Ortes und *die konkreten Formulierungen* der in ihn fallenden Schlüsse: hier z. B. 1.) jenes aristotelische Abstrakte: ‹wenn etwas dem *nicht* zukommt, dem es in höherem Maße zukommen dürfte, so auch nicht dem, dem es in geringerem Maße …› – und 2.) die einzelnen Enthymeme dieses Ortes, die ich als Beispiel gab und die wiederum vielleicht wesentliche Unterschiede voneinander aufweisen. Gelten nun die einzelnen Enthymeme, *weil* diese abstrakte Topos-Formel gilt? Oder ist diese auch in dieser Rücksicht nur eine mnemotechnische Zusammenfassung, so daß diese einzelnen Enthymeme aus sich selber heraus gültig sind. Eine Frage übrigens, die Aristoteles gar nicht aufwirft.

Aber ich wiederhole: etwas Einleuchtendes haben diese Enthymeme, obgleich ebenso auf der Hand liegt, daß wir keine evidenten wissenschaftlichen Schlüsse vor uns haben. Sie sind *Überzeugung-Weckend*, πιθανοί. Sie *scheinen* bündig zu sein und wahr. Es scheint aber kein Mittel zu geben (bitte beachten Sie dies besonders) endgültig und evident und wissenschaftlich zu erhärten, *daß* sie wahr sind und *daß* sie bündig sind, daß sie also nicht bloß wahr zu sein scheinen. Wir kommen hier *also wesentlich nicht aus* dem Bereich des *Meinens*, der *Doxa* heraus. Und um nun auch den wichtigen Ausdruck und Terminus des Aristoteles für solche Prämissen und Sätze zu nennen: es sind *ἔνδοξα*. Ἔνδοξος (probabilis) ist das Gegenteil von παράδοξος. Und so wie ‹paradox› das heißt, was unserer oder jemandes *Meinung* und *Vormeinung entgegen* und zuwider ist, so ist ἔνδοξος das, was unserer oder jemandes Meinung gemäß ist. Was unserer Meinung und Vormeinung gemäß ist, erscheint uns glaubhaft, *wahrscheinlich*. ἔνδοξος bedeutet ferner: ‹in Ansehen stehen›, ‹geehrt sein›, ‹berühmt sein›. Und ein *Satz*, der ἔνδοξος genannt wird, bedeutet wiederum auch von dieser Seite her einen bei uns oder anderen in *Ansehen stehenden*, also wieder glaubhaften, wahrscheinlichen Satz. Dem Aristotelischen Gebrauch des Wortes ἔνδοξος liegt dabei im allgemeinen jene Nuance fern, gemäß der man leicht die angeblich falschen Vormeinungen und Vorurteile anderer von der eigenen angeblich besseren Einsicht abscheidet. Ein λόγος ἔνδοξος ist für Aristoteles also kein zwar sehr berühmter und bei vielen in Ansehen stehender aber soz. schon deshalb vermutlich falscher Satz. Sondern es ist ein im allgemeinen auch dem Aristoteles selbst glaubhafter Satz. Die ἔνδοξα sind also so etwas Ähnliches wie die εἰκότα. In der Tat finden Sie beide Ausdrücke manchmal mit ‹wahrscheinlich› übersetzt. Und diese Ähnlichkeit beider, ja Identität, scheint Bestätigung finden zu können durch Aristoteles selbst, der (in Erste Analytik II 27. 70a 3f.) sagt: τὸ μὲν εἰκός ἐστι πρότασις ἔνδοξος: das εἰκός ist ein glaubhafter Satz. Doch hier ist größte Vorsicht geboten, sonst verwirrt man sich heillos. Aristoteles ist nicht Urheber dieser Verwirrung, aber er steuert ihr auch nicht ⟨entgegen⟩. Ich gebe den entscheidenden Unterschied ganz kurz an: 1. Eine πρότασις ἔνδοξος, d.h. ein glaubhafter Satz ist ein Satz, der wahr zu sein *scheint;* der Inhalt dieses Satzes kann ein ganz beliebiger sein (z.B. alle die Enthymeme, die wir heute besprachen). 2. Das εἰκός der letzten Stunde ist das Wahrscheinliche im Sinne des Üblichen, Natürlichen des im-allgemeinen-Zutreffenden. Und zwischen beiden besteht nun 3. folgender einsichtige Zusammenhang: daß die Sätze, die ein solches im-allgemeinen-Zutreffendes aussprechen glaubhaft anmuten oder ἔνδοξοι sind. Daher sind z.B. alle Sentenzen ἔνδοξοι, glaubhaft; sie klingen wahr und scheinen wahr zu sein. Und deshalb muten auch *sólche* Sätze wahr an, wie Aristoteles sie an der soeben zitierten Analytik-Stelle als Beispiele beibringt: nämlich daß die Neider hassen oder daß die, die geliebt werden, auch lieben (φιλεῖν τοὺς ἐρωμένους). Denn *im allgemeinen* ist das ja so – und dies ist eben das εἰκός im früher behandelten Sinn. Und Sätze, die solches aussprechen, scheinen *wahr* zu sein, sind also *ἔνδοξοι.* Und Schlüsse, die aus solchen Sätzen als Prämissen gezogen werden, sind beides Schlüsse ἐξ εἰκότων oder ἐξ ἐνδόξων. *Und kurz:* Nicht jeder Satz, der ἔνδοξος ist, hat Wahrscheinliches im Sinne jenes früheren εἰκός *zum Inhalt.* Wohl aber ist umgekehrt jeder Satz, der solches εἰκός zum Inhalt hat, ἔνδοξος. So ist z.B. das Enthymem ‹wer sich sogar an seinem Vater vergreift, vergreift sich gewiß auch an seinen Mitmenschen› glaubhaft, ἔνδοξος; es hat so etwas Wahres an sich. Aber der *Inhalt* des Enthymems ist kein *εἰκός* im Sinne des im-allgemeinen-Seienden. Und dieses letzte gilt für die *meisten* Topen-Enthymeme der Rhetorik.

Und so fragen wir noch einmal abschließend: woher haben diese Topen-Enthymeme ihre begründende Kraft? Welchen Wahrheitswert haben sie in sich selbst? Und hier bleibt nun für Aristoteles im Unterschied zu den echt apodeiktischen Schlüssen die *letzte* Antwort: sie sind glaubhaft – sie sind ἔνδοξοι – sie *scheinen* also wahr zu sein. Aber unsere menschliche und denkerische Situation ist die, daß wir kein Mittel haben, zu zeigen, daß sie nicht nur wahr zu sein *scheinen*, sondern auch *wahr sind*. Ebendeshalb sind sie nicht wirkliche *ἀρχαί* (Anfänge), nicht wirkliche *πρῶτα* (Erste): Anfänge und Erste sind die in sich wahrhaft evidenten obersten Sätze der echten Wissenschaften; aber bei solchen εἰκότα und ἔνδοξα handelt es sich zwar sowohl für die Rhetorik als auch in anderer Weise für die Dialektik um nicht weiter zurückführbare oberste Gründe ihres Schließens und Beweisens. Aber da diese obersten Gründe hier wesentlich nur εἰκότα und ἔνδοξα (nur wahrscheinlich und glaubhaft, aber nicht evident wahr) sind, nennt Aristoteles sie niemals ἀρχαί und πρῶτα, obwohl sie auf dem Felde der Rhetorik und Dialektik ähnlich fungieren wie diese ἀρχαί und πρῶτα auf dem Felde der echten Wissenschaften. Dies letzte ist nur eine Bemerkung zum Sprachgebrauch des Aristoteles. Aber sie ist wichtig. Ein wirklicher *Anfang* (ἀρχή) und wirkliches πρῶτον (Erstes) ist nach Aristoteles weder in der Rhetorik noch in der Dialektik zu finden.

b) Die Aristotelische Definition des Topos und der Endoxa

Bevor ich nun zu einer kurzen Darstellung der Aristotelischen Topik übergehe, gebe ich noch 1.) die Aristotelische Definition des τόπος und 2.) die Aristotelische Definition der ἔνδοξα.

Definitionen des τόπος. Merkwürdigerweise nur in der Rhetorik, nicht in der Topik. Ich sehe darin *mit* einen Beweis für den praktischen Ursprung und Zweck der Topen.

a) Im 2. Kapitel des I. Buches der *Rhetorik* sagt Aristoteles mit einer sehr griechischen und mehr noch aristotelischen aber hier wehe tuenden Knappheit: die Topen sind «die in gemeinsamer Weise über rechtliche, naturhafte, politische und überhaupt über viele andere artmäßig voneinander verschiedene Gegenstände, z. B. der Topos des Mehr und Weniger» (οὗτοι δ' εἰσὶν οἱ κοινῇ περὶ δικαίων καὶ φυσικῶν καὶ περὶ πολιτικῶν καὶ περὶ πολλῶν διαφερόντων εἴδει, οἷον ὁ τοῦ μᾶλλον καὶ ἧττον τόπος, 1358a 12–14). – Ja *was* sind sie? οἱ κοινῇ περὶ … Hier ergänzt man dann in der Übersetzung; so sagt z. B. Adolf Stahr «die allgemein anwendbaren Gesichtspunkte über … ». Allein das entspricht gewiß nicht der Sache. Ich würde vorziehen, hier ‹Schlüsse› zu ergänzen; aber auch dieses trifft nicht wirklich. Muß überhaupt etwas ergänzt werden?

b) Rhetorik II 22. 1396b 22: στοιχεῖον δὲ λέγω καὶ τόπον ἐνθυμήματος τὸ αὐτό: «Element des Enthymems und Topos bedeutet mir dasselbe.» – Allein auch das ist nicht entscheidend, weil der Ausdruck στοιχεῖον (Element) mehrdeutig ist.

c) Anschaulich sehr klar, aber begrifflich unentschieden heißt es Rhet. II 26. 1403a 18 f.: ἔστι γὰρ στοιχεῖον καὶ τόπος, εἰς ὃ πολλὰ ἐνθυμήματα ἐμπίπτει: «Element und Topos ist ja das, worunter viele Enthymeme fallen.»

Aber damit genug. Ich möchte das Problem der Übersetzung und *Definition* des Topos in dieser Unentschiedenheit lassen. [Hinweis auf *Solmsen.* K[n]]

Was dagegen *philosophisch sehr wichtig* ist, ist daß die zu einem und demselben Ort gehörenden Schlüsse ganz verschiedenen Gegenstandsbereichen angehören können. Der Topos (z. B. der des Mehr und Minder) ist, wie wir sahen, durch eine gewisse *formale Grundform* charakterisiert. So z. B. der τόπος des Mehr und Minder durch jenes ‹wenn etwas dem nicht zukommt, dem es in höherem Maße zukommen dürfte, so auch nicht dem, dem es in geringerem Maße …›. Und diese formale Grundform erweist sich als *nicht* gebunden an bestimmte Gegenstandsbereiche; vielmehr kann sie sich mit allem möglichen Inhalt füllen. Enthymeme über rechtliche Gegenstände, über politische, physikalische, ethische u. s. f. können zu diesem *Topos* gehören. Es ist das für Aristoteles zugleich ein sicheres Zeichen dafür, daß wir damit *nicht* auf dem Boden der ἐπιστήμη, der Wissenschaft sind. Denn die Wissenschaft ist (wenn wir von der *Metaphysik* absehen) für Aristoteles dadurch gekennzeichnet, daß sie in verschiedene Gegenstandsgattungen zerfällt, deren oberste Prinzipien (jene ἀρχαί und πρῶτα) dem jeweiligen Gegenstandsgebiet *eigentümlich* sind. Es sind die *ἴδια.* Diese ἴδια, dieses eigentümlich-Besondere, sind diejenigen Sätze, die nur in je einer besonderen Einzelwissenschaft ihren Ort haben und sinnvoll sind. Es gibt, wie Aristoteles dies in Rhetorik I 2. 1358a 18 ff. erläutert, z. B. physikalische Sätze, aus denen sich keine Enthymeme über ethische Gegenstände gewinnen lassen und ebenso umgekehrt ethische Sätze, die nicht zu Enthymemen und Schlüssen über *naturhafte* Gegenstände führen. Das scheint uns ja auch ganz selbstverständlich zu sein. Allein wenn dies auch selbstverständlich sein mag, so ist es um so merkwürdiger, daß in den rhetorischen und dialektischen Topen Formen vorliegen, die gegenüber dem Unterschied der Gegenstandsgattungen *invariant* sind. [Die Möglichkeit, *alles* zu wissen. Einheit des Geistes. K^n]

Und nun noch die Definition des *Glaubhaften*, der *ἔνδοξα*. Sie steht im ersten Kapitel des I. Buches der *Topik*. Es ist für die Aristoteles-Lektüre *wichtig*, diese Definition gut zu kennen, weil es ein von Aristoteles viel gebrauchter Begriff ist. Im selben Absatz definiert Aristoteles zugleich auch, was er unter jenen *πρῶτα* versteht. Es heißt: «Wahr und Erstes ist solches, das nicht erst durch anderes sondern durch sich selbst glaubhaft ist. In den Anfängen (Prinzipien) der Wissenschaften nämlich darf nicht nach dem ‹wodurch› gefragt werden, vielmehr muß jeder solche Anfang selbst sich selbst nach überzeugend sein. Wahr-Scheinendes aber (ἔνδοξα) ist das, was einen Schein für sich hat und zwar für alle oder die meisten oder die Weisen und von diesen wieder für alle oder die meisten oder die bekanntesten und angesehensten.»[24]

Das ἔνδοξον ist also nichts wirklich an sich selbst Evidentes, Einleuchtendes. Es ist vielmehr solches, was man für richtig und wahr halten möchte, was auf uns bloß den Eindruck eines Wahren und Richtigen macht, ohne daß wir imstande wären, dies weiter und von anderswoher zu begründen. Da es aber nur einen Schein für sich hat, nur einen solchen Eindruck macht, so kommt hier auch *wesentlich* der Mensch ins Spiel, auf den es einen solchen Eindruck macht. Es kommt irgendwie *Autorität* in Sicht und zwar hier eben wesentlich. Einem Narren aber (so bemerkt Aristoteles in der Rhetorik I 2. 1356b 32 ff.) ist auch manches einleuchtend, ohne daß wir deshalb solches spezifisch *ihm als Narren* wahr Scheinende für schlechthin *ἔνδοξος* (glaubhaft) im hier fraglichen Sinn halten. Dazu gehört vielmehr, daß *díe*, denen es wahr zu sein scheint, entweder alle oder doch die meisten oder die σοφοί (die docti) und weiter entweder alle σοφοί oder die meisten oder die angesehensten sind.

Diese *hier* beim ἔνδοξον *wesentliche* Rücksicht auf die,

---

[24] Top. I 1. 100a 30–b 23: Ἔστι δὲ ἀληθῆ μὲν καὶ πρῶτα τὰ μὴ δι᾽ ἑτέρων ἀλλὰ δι᾽ αὑτῶν ἔχοντα τὴν πίστιν· οὐ δεῖ γὰρ ἐν ταῖς ἐπιστημονικαῖς ἀρχαῖς ἐπιζητεῖσθαι τὸ διὰ τί, ἀλλ᾽ ἑκάστην τῶν ἀρχῶν αὐτὴν καθ᾽ ἑαυτὴν εἶναι πιστήν. Ἔνδοξα δὲ τὰ δοκοῦντα πᾶσιν ἢ τοῖς πλείστοις ἢ τοῖς σοφοῖς, καὶ τούτοις ἢ πᾶσιν ἢ τοῖς πλείστοις ἢ τοῖς μάλιστα γνωρίμοις καὶ ἐνδόξοις.

auf welche ein solcher Satz *als* ein wahrer glaubhafter Satz *wirkt*, entfällt bei den echten Prinzipien der Wissenschaft, die von dem Bewußtsein begleitet sind, daß wir ein *Wissen* von ihnen besitzen nicht ein δοξάζειν, ein Meinen.

Es ist dies ein für das Verständnis des Aristoteles aber auch überhaupt für das Philosophieren entscheidender Punkt. Die Auffassung und *Bewertung* dieses ἔνδοξον ist grundwichtig. Ein Beweis dessen, ist folgendes, das ich hier zunächst nur im Vorbeigehen streife (ich hoffe, später noch darauf zurückkommen zu können). Die ganze Aristotelische Ethik hängt an dem Satze, daß dasjenige, wonach alles hinstrebt, *gut ist*, d. h. daß das Gute (τὸ ἀγαθόν) dadurch definierbar ist, daß es das ist, wonach ein jedes Wesen hinstrebt (ἐφίεται – sich verlangend auf es zu bewegt). *Und dieser Satz* ist keine ἀρχή und kein πρῶτον wie es z. B. die obersten Prinzipien der Mathematik sind, sondern ein *ἔνδοξον*. Und in bezug auf diesen Satz sagt Aristoteles in der Nikomachischen Ethik (X 2. 1172b 35 ff.): Diejenigen, die diesen Satz bestreiten, mögen sich hüten, daß sie damit nicht nichts sagen (μὴ οὐδὲν λέγωσιν [dem Nichts-sagen verfallen. K^{n}]). «Was nämlich allen *scheint*, ist, behaupte ich (ὃ γὰρ πᾶσι δοκεῖ, τοῦτ' εἶναί φαμεν). Und wer diese Überzeugung antastet, wird schwerlich Glaubwürdigeres vorbringen (ὁ δ' ἀναιρῶν ταύτην τὴν πίστιν οὐ πάνυ πιστότερα ἐρεῖ).»

Soviel zunächst über das ἔνδοξον. Ich schiebe jetzt ein möglichst gedrängtes Referat über die Aristotelische *Topik* ein.

Drittes Kapitel
Grundzüge der Aristotelischen Topik

§ 16. Einführende Vorbemerkung

Ich sagte von Anfang an, daß die Interpretation der Rhetorik notwendig macht, auf diese Topik einzugehen. Sie werden sich erinnern an das, was ich bei Beginn des Kollegs über die Aristotelische Definition der Rhetorik bemerkte. Wir müssen zunächst noch einmal zu diesem Anfang zurückgehen, um aus ihm diejenigen Momente herauszuholen, die ich bisher teils mit Absicht in den Hintergrund treten ließ, teils in einer Weise behandelte, die ein Eingehen auf die Topik noch nicht erforderlich machte.

Die Rhetorik war nun, so definierte Aristoteles, δύναμις, Fähigkeit (und zwar das Vermögen, in jeglichem das Überzeugung Wekkende zu gewahren). Das besagte negativ: sie war keine ἐπιστήμη und keine τέχνη (nicht Wissenschaft wie z. B. die Mathematik – und nicht praktische Wissenschaft, Kunst, wie z. B. die Heilkunst). Solche Wissenschaften und Künste sind einem in sich abgegrenzten Sachgebiet zugeordnet, was für die Beredsamkeit nicht zutrifft. Und eben deshalb nannte Aristoteles sie nun *ein Seitenstück* zur *Dialektik* und sagte: beide (Beredsamkeit und Dialektik) «erstrecken sich auf solches, was ein Gemeinsames ist und was zu erkennen in irgendeiner Weise Sache aller und nicht einer abgegrenzten Wissenschaft ist. Deshalb auch sind alle Menschen in irgendeiner Weise beider teilhaft» (I 1. 1354a 1–4).

Ich habe Ihnen nun früher zu entwickeln versucht, inwiefern es verstanden werden kann, daß sich die Beredsamkeit auf *alles* erstreckt, nämlich auf alles, was im Zuge des natürlichen Lebens des *Handelns* als ein Wissen oder Meinen oder Fragen entspringt; auf alles was praktische Vernunft im weitesten Sinne angeht; wir können sagen auf *alles* – nur eben nicht auf eigentliche Wissenschaft, auf theoretisches *Sach*wissen, wozu dann auch dasjenige Wissen gehört, das in den einzelnen *praktischen* Wissenschaften (Heilkunst, Baukunst u. s. f.) zugrunde liegt. Auf die Dialektik und Topik brauchten wir dabei nicht Bezug zu nehmen. Und dies ist nun nachzuholen und damit das früher Gesagte teils zu ergänzen, teils in diese neue Beleuchtung zu rücken.

§ 17. *Zur Aristotelischen Dialektik*

a) Die Aristotelische ›Topik‹

Nun also die ›Topik‹ (τὰ τοπικά, Topica). *Acht Bücher.* Gilt allgemein und mit Recht als frühe Schrift (der Akademiezeit angehörig. Früher und gleichzeitig mit der Rhetorik. Im Ὄργανον. Eng verwandt mit Περὶ σοφιστικῶν ἐλέγχων). Der *Titel* könnte schon von Aristoteles selber stammen. Er besagt: das die Topen, die Örter, Betreffende. Lateinisch bei Cicero gleichfalls ›Topica‹ (Schrift von Cicero erhalten. Geht selbstverständlich auf Aristoteles zurück). – Wenn τόποι lateinisch mit *loci communes* wiedergegeben wird, so heißt das nicht oder doch sehr mißverständlich nur ‹Gemeinplätze›. Es sind keine δεδημοσιευμένα. Vielmehr ist hier communes die Übersetzung von jenem Aristotelischen *κοινῇ* (ich gab die Aristotelische Definition[1]), derzufolge dieses Örter *gemeinsam* für alle möglichen Probleme (physikalische, ethische, politische u. s. f.) dienlich sind. Es steckt in diesen ‹*communes*› also die Erinnerung darin an jenes περὶ ἕκαστον (‹über jegliches›) in der Aristotelischen Definition der Rhetorik, das auch in der Definition der Topik, wie wir sehen werden, wiederkehrt.

Das Vermögen oder die Methode oder die Kunst, sich der in der Topik gesammelten Orte zu bedienen heißt bei Aristoteles nun die *Dialektik* (ἡ διαλεκτική). Die Aristotelische Topik ist also eigentlich eine Abhandlung über diese *Dialektik*.

Die Topik könnte daher ebensogut – ja in gewisser Hinsicht noch besser – den Titel ›Dialektik‹ führen – so wie parallel es ›Rhetorik‹ heißt. Es scheint verhältnismäßig unwesentliche Gründe zu haben, daß sich der Titel ›Topik‹ durchgesetzt hat und daß überhaupt das Wort ‹Dialektik› auch in diesen acht Büchern verhältnismäßig selten vorkommt.

Was ich schon wiederholt zur rechten Lektüre der Aristotelischen *Rhetorik* bemerkte, gilt entsprechend gleichsehr für die Lektüre dieser Topik. Diese ist nämlich nicht so sehr eine theoretische Abhandlung *über* die Dialektik, sondern eine Anleitung zu ihrer praktischen *Beherrschung*. Jeder Mensch ist schon von Natur wie Redner so auch Dialektiker; und die Topik will dazu verhelfen, diese natürliche Fähigkeit zu entwickeln und zu kräftigen. Wenn ein Mensch von heute zum ersten Mal unbefangen und auch von geistesgeschichtlichen Kenntnissen nicht allzu beschwert die Aristotelische

[1] *[Vgl. o. S. 108 f.]*

Topik anzulesen versucht, so wird er sie bald zuklappen. Eine verschollene Lebensform tritt ihm da entgegen, und nicht nur eben eine verschollene sondern eine überwundene. Wir haben heute – und im Grunde seit dem Aufkommen der modernen Wissenschaft in der Renaissance – kein Interesse mehr an der Ausbildung von Dialektikern. Beim Überdenken dieser Sachlage eröffnen sich kulturhistorisch und kulturpolitisch interessante Durchblicke. – Jedoch unser Absehen ist ja hier ein ganz anderes! Und zunächst: was *heißt* Dialektik? Was versteht Aristoteles darunter?

b) Die Aristotelische Dialektik in Abhebung von der Platonischen Dialektik

Der Ausdruck *Dialektik* ist ja schon in der Antike alles andere als eindeutig. Ich muß hier selbstverständlich ganz davon absehen, eine Skizze der Bedeutungsgeschichte dieses Ausdrucks zu geben. Nur darauf möchte ich nachdrücklich hinweisen, daß Aristoteles das Wort in einem wesentlich anderen Sinne als Plato gebraucht. Natürlich besteht eine innere Beziehung auch zwischen der Aristotelischen und der Platonischen Verwendung des Worts; aber oberflächlich gesehen (und wir müssen hier an der Oberfläche bleiben) handelt es sich da doch eben um zwei recht verschiedene Bedeutungen. Sinn und Absicht der Dialektik *Platos* kann am schnellsten und besten vielleicht seinem Dialog Sophistes entnommen werden. Die Dialektik ist für Plato die höchste philosophische Wissenschaft. Sie ist das innerste und eigentliche Zentrum der Wissenschaft und d. h. der Philosophie. Gegenstand dieser Dialektik sind die obersten Ideen an sich und ihre κοινωνία, ihre Verflechtungen: das Seiende, Stillstand und Bewegung, Identität und Verschiedenheit und so fort. Kurz: die Platonische Dialektik ist Wissenschaft und ist – über alle Verschiedenheit in der Anlage und Ausführung hinweg – eben das, was Aristoteles selber πρώτη φιλοσοφία, Erste Philosophie nennt und was die Editoren des Aristoteles später dann *Metaphysik* nannten. διαλέγειν bedeutet ursprünglich ‹auseinanderlesen›, ‹sondern›. Und die Platonische *Dialektik* ist ja ein die Ideen und Geschlechter des Seienden Auseinanderlesen und Sondern; ein sie Unterscheiden, worin zugleich liegt, daß es ein sie-Verbinden ist: ein Zusammennehmen des Verwandten und Trennen des nicht-Verwandten. Auch mag die Tatsache, daß dieses Platonische Verfahren der Begriffsbestimmung sich ursprünglich als ein Sokratisches Gespräch, als ein Dialog und also als ein διαλέγεσθαι vollzog (d. h. als ein etwas mit jemandem durchsprechen), wesentlich *mit* dazu geführt haben, daß Plato diesem seinem höchsten Anliegen den Namen ‹Dialektik› gegeben hat. Ja vielleicht hat seine Namenswahl noch tiefere Wurzeln, denn der Platonische Dialog sondert nicht nur die Ideen; in ihm sondern und unterscheiden sich auch die Menschen. Denn die Dialektik ist (wie Plato im Sophistes sagt, 253 C) die Wissenschaft der freien Männer (ἡ τῶν ἐλευθέρων ἐπιστήμη), nicht der den Zwecken des Alltags versklavten Sophisten.

Doch wie dem nun auch gewesen sein mag: Aristoteles nimmt auf jeden Fall in bezug auf dieses Wort eine für ihn sehr bezeichnende Wendung. Zunächst entfällt nämlich das spezifisch Platonische Band zwischen Wissenschaft und Dialog. Die ἐπιστήμη als ein Folgen ewiger Wahrheiten aus einsichtigen ewigen ἀρχαί (Prinzipien) ist in keinem Sinn ein strittige Materien mit sich oder anderen Durchsprechen (διαλέγεσθαι). Aber gerade indem dadurch die Dialektik in ihrer Würde und Bedeutung anscheinend gemindert wird, entdeckt sich für sie ein neues Feld von Aufgaben, die zwar sehr viel weniger erhaben und tief aber dafür ihr spezifisch eigentümlich sind. Es entsteht oder es wird durch Aristoteles entdeckt die Kunst der wissenschaftlichen Erörterung strittiger Materien, die Kunst der wissenschaftlichen *Disputation*. Das für Aristoteles sehr bezeichnende dieser Wendung liegt darin, daß er den Ausdruck ‹Dialektik› bescheiden wörtlich nimmt und dadurch ihm einen zwar eingeschränkten aber eigentümlich treffenden Sinn abgewinnt. ‹Dialektik› heißt wörtlich die Kunst des etwas mit anderen Durchsprechens; dabei ist freilich terminologisch mitverstanden, daß das Durchsprochene *wissenschaftliche* Gegenstände sind. Für diese Aristotelische Dialektik als eine solche Kunst der Erörterung strittiger wissenschaftlicher Fragen haben wir keinen eigenen deutschen Ausdruck; und zwar deshalb nicht, weil im deutschen wissenschaftlichen Sprachgebrauch sich dafür das lateinische Wort ‹*disputatio*› eingebürgert hat. *Quintilian* übersetzt Dialektik mit ‹disputatrix›[2]. Disputabilis bedeutet ‹etwas, worüber sich mancherlei (für und gegen) beibringen läßt›. Die Aristotelische Dialektik ist ganz einfach die Kunst des *Disputierens* (nur eben mit der Zusatzbedeutung, daß der Gegenstand der Disputation ein wissenschaftlicher Satz ist, ein θεώρημα [Top. I 11. 104b 1 ff.], ein Theorem). Das deutsche Wort ‹erörtern› trifft einen Teil, aber nur

---

2 *[Quint. 12,2,13.]*

eben einen Teil des Sachverhalts. Es fehlt dem *Erörtern* die Spitze eines Meinungskampfes, die in ‹Disput› und ‹disputieren› wesentlich mitenthalten ist. Das Disputieren oder διαλέγεσθαι vollzieht sich mit verteilten Rollen als ein κατασκευάζειν oder ἀνασκευάζειν, d. h. als ein eine Behauptung begründen oder sie durch Widerlegung aufheben. Einer *vertritt* einen λόγος (eine Behauptung), er verteidigt ihn (ist Defendent) und der andere versucht das Theorem ἀνασκευάζειν oder ἀναιρεῖν, d. h. es umzustoßen; er opponiert (ist der Opponent).[3] Das geht in Frage und Antwort vor sich. Insofern ist es ein Argumentieren *ex concessis*, d. h. aus dem heraus, was der Antwortende zugegeben hat. Es ist ein richtiges Fechten. Man muß den Gegner ausholen und zwar so, daß er durch das, was er selbst in seinen Antworten konzediert hat, dahin gebracht wird, wo man ihn hinhaben will. Der Logos, den man behauptet, ist die θέσις, die *These*. Dieser kultur- und wissenschaftsgeschichtlich so berühmte Ausdruck (denken Sie z. B. an Luthers Thesen, die er am Portal der Wittenberger Schloßkirche anschlug – aber auch an Doktorthesen) stammt aus dieser Sphäre der Aristotelischen Dialektik und Topik. Vor noch nicht allzulanger Zeit war eine rechte anständige Doktorpromotion notwendig verbunden mit einer Disputatio in der der doctorandus seine Theses gegen einen eigenst dazu bestellten Opponenten verteidigte.

Es ist, ich sagte es schon, eine ganz verschollene Form des wissenschaftlichen Lebens, die einem hier entgegentritt. Sie hat in der Aristotelischen Dialektik und Topik ihre Wurzeln. Das Mittelalter hat sie zu barocker Üppigkeit entwickelt. Und so verschollen dieses heute alles ist, so ist es doch für den, der mit Abstand ihm nachsinnt, kulturgeschichtlich, geistesgeschichtlich und kulturpolitisch ein äußerst interessanter Gegenstand, der seine Tiefen hat. Denn Thesen aufzustellen ist ein sehr menschliches Geschäft. Überall auch, wo geformtes geistiges Leben sich tradiert, haben sich typische Formen

---

[3] *[Es ist nicht so (wie Königs Formulierungen es nahelegen zu scheinen), daß der Opponent eine Behauptung durch Widerlegung aufhebt* (ἀνασκευάζει) *und der Defendent sie begründet* (κατασκευάζει). *Vielmehr sind beide Handlungen des* ἀνασκεύζειν *und* κατασκεύζειν *zwei Weisen des Widerlegens, die allein der Opponent vollzieht. Behauptet der Defendent einen positiven Satz (‹A ist B›), dann widerlegt der Opponent diesen Satz so, daß er – griechisch gedacht – die Verbindung zwischen Subjekt und Prädikat aufhebt* (ἀνασκεύζει), *also: ‹A ist nicht B›. Bestreitet aber der Defendent einen positiven Satz (vertritt er also: ‹A ist nicht B›), dann widerlegt der Opponent diesen Satz, indem er die Verbindung zwischen Subjekt und Prädikat etabliert* (κατασκευάζει): *‹A ist B›.]*

des Begründens, des Verteidigens, des Widerlegens entwickelt. Jede Apologetik im weitesten Sinn legt dafür Zeugnis ab. *Typische* Formen des Argumentierens entstehen. Halten Sie mal, um das zu spüren, irgendein indisches Schriftwerk wissenschaftlich-philosophischer Art neben ein chinesisches oder griechisches. Selbstverständlich ist in die Aristotelische Dialektik viel Platonisches Gut übergegangen. Die lebendige Erfahrung des Disputierens in der Akademie steckt darin.

c) Zur Aristotelischen Definition der Dialektik

Die *Aristotelische Definition der Dialektik:* sie ist eine Methode, über jedes aufgestellte Problem (περὶ παντὸς τοῦ προτεθέντος προβλήματος) aus wahrscheinlichen Sätzen Schlüsse bilden zu können (ἐξ ἐνδόξων συλλογίζεσθαι, I 1. 100a 18ff.). – *Was* diese ἔνδοξα (glaubhaft, wahrscheinlich im Sinne von ‹wahr zu sein scheinen›) sind, haben wir früher gehört.[4] Ich erinnere auch noch einmal daran, daß Sätze, die ein εἰκός (ein im-allgemeinen-Seiendes) aussprechen, wahrscheinlich im Sinne von ἔνδοξος sind, nämlich glaubhaft sind. Es ist wahrscheinlich, daß X, der neidisch ist, auch haßt, denn daß Neider hassen, ist zwar kein ἀναγκαῖον wohl aber ein εἰκός. Aber umgekehrt: nicht jeder Satz, der glaubhaft und wahrscheinlich wahr ist, ist ein Satz, der εἰκότα zum Inhalt hat. Auch dafür gab ich schon Beispiele, z. B. den Satz, daß das Gute dás ist, wonach ein jedes Wesen strebt. Hier ist der Inhalt *kein* εἰκός, kein *im-allgemeinen*-Seiendes. Wir werden viele Beispiele für solche ἔνδοξα in der Aristotelischen Topik treffen, in der das *εἰκός* ganz zurücktritt. Es ist eine große Schwierigkeit für das Verständnis sowohl der Aristotelischen Rhetorik als auch der Topik, daß Aristoteles diesen *Unterschied* von *εἰκός* und *ἔνδοξος* nicht ausdrücklich herausarbeitet. Er spricht *überhaupt* nicht darüber; was ich Ihnen hier entwickele, ist interpretatorische Zutat von mir. Was die Sache teils noch weiter erschwert, teils allerdings auch das Schweigen des Aristoteles über diesen Unterschied in etwa erklärlich macht, ist dies, daß der Ausdruck *εἰκός* immer auch bedeuten kann *‹wahrscheinlich wahr›*, so daß es immer auch möglich ist, den Ausdruck ‹ἔνδοξος› durch den Ausdruck ‹εἰκός› zu ersetzen.

---

[4] *[Vgl. o. S. 110f.]*

Auf diese Weise kommt es zu dem zunächst sehr verwirrenden Doppelten, daß

1.) Aristoteles den rhetorischen Schluß, also das Enthymem, definiert, wie wir hörten, als einen Schluß *ἐξ εἰκότων* und daß

2.) er den *dialektischen Schluß* definiert als einen Schluß *ἐξ ἐνδόξων*.

Im letzten Grunde besteht überhaupt kein Unterschied zwischen rhetorischen und dialektischen Schlüssen. Beide erschließen nur *Wahrscheinliches*, nicht Notwendiges. Ein gewisser Unterschied beider tritt jedoch dadurch ein, daß der rhetorische Schluß, das Enthymem also, *häufig* aus solchem schließt, was *εἰκότα* sind im Sinne dessen, was im allgemeinen so ist. (Z. B. im allgemeinen fährt ein Staat am sichersten, wenn er von seinen Gewohnheiten nicht abweicht.) Während der dialektische Schluß aus *solchen* εἰκότα *nicht* schließt, denn Gegenstand der Disputation sind theoretische Sätze und nicht Ratschläge für das praktische Handeln. Aber ἔνδοξοι, glaubhaft, müssen beide *Prämissen* sein. Und beide müssen auch εἰκότες sein im Sinne von *wahrscheinlich wahr.*

So will also nun Aristoteles in seiner Topik Anweisungen geben, wie man ein guter Dialektiker werden kann. Und ein guter Dialektiker ist man, wenn man über *jedes* vorgelegte Problem wissenschaftlicher Natur aus Sätzen, die wahr zu sein scheinen (ἐξ ἐνδόξων) Schlüsse bilden kann. Der Dialektiker muß also sich auf das Bilden dialektischer Schlüsse verstehen. Und dialektische Schlüsse sind eben Schlüsse aus solchen plausiblen, scheinbaren Sätzen.

d) Zum dialektischen Problem (πρόβλημα διαλεκτικόν)

Gegenstand eines solchen διαλέγεσθαι, einer solchen Disputation, ist nun aber sinnvoll niemals ein apodiktisch erwiesener wissenschaftlicher Satz. Mathematische Lehrsätze z. B. sind nicht Gegenstände einer Disputation. Aber auch nicht jeder beliebige glaubhafte Satz ist Gegenstand einer solchen. Wir hörten z. B. schon, daß es, wie Aristoteles meint, *allen* so zu sein scheint, daß das Gute das ist, wonach jedes Wesen verlangt. Dies ist nun zwar nur eine *δόξα;* es ist kein ἐπίστασθαι, *kein Wissen;* aber da es allen so scheint, da es eine allgemeine Meinung ist, da ein Konsensus darüber besteht, so ist es dem διαλέγεσθαι entzogen. Ein sinnvolles *dialektisches Problem* (πρόβλημα διαλεκτικόν) ist also immer nur solches, worüber (wie Aristoteles definiert) die Menge und die Weisen entweder keine bestimmte Meinung haben (ἢ οὐδετέρως δοξάζουσιν) oder worüber die Meinungen der Weisen und der Menge auseinandergehen – oder auch worüber die Weisen selber oder die Menge selber unter sich uneins sind (I 11. 104b 3–5). So ist z. B. ‹ob die Lust (die ἡδονή) begehrenswert ist (αἱρετόν) oder nicht› ein dialektisches Problem und zwar ein Problem, dessen Entscheidung nützlich ist für das Wählen oder Fliehen (πρὸς τὸ ἑλέσθαι ἢ φυγεῖν, b 6 f.). Andere dialektische Probleme sind só, daß ihre Lösung nur für das Wissen nützlich ist (πρὸς τὸ εἰδέναι μόνον, b 7 f.), z. B. ob der Kosmos ewig ist oder nicht (πότερον ὁ κόσμος ἀΐδιος ἢ οὔ, b 8). – Dieses ‹ob oder nicht›, πότερον – ἢ οὔ (utrum – necne) ist die charakteristische Form eines *Problems.*

Nun gibt es endlos viele Probleme; aber man soll nicht über jedes beliebige Problem disputieren. Zweifelhafte Dinge, zu deren Entscheidung wir des λόγος (der Vernunft oder des Begründens) bedürfen, sind ein sinnvoller Gegenstand eines διαλέγεσθαι. Aber es gibt auch zweifelhafte Dinge, zu deren Entscheidung man nicht Vernunft sondern Schläge (κόλασις) oder gesunde Sinne (αἴσθησις) nötig hat und nicht Vernunft. Z. B. ob man die Götter ehren und die Eltern lieben soll (πότερον δεῖ τοὺς θεοὺς τιμᾶν καὶ τοὺς γονέας ἀγαπᾶν) – oder ob der Schnee weiß ist (105a 3–7).

Dagegen macht es keinen Unterschied, welchem Sachgebiet die Probleme angehören. Es gibt *ethische* (ἠθικά) dialektische Probleme, physikalische (φυσικά) und logische (λογικά) (14. 105b 19 ff.). Übrigens eine bemerkenswerte Einteilung, die Aristoteles hier – wie er sagt – nur im Umriß (ὡς τύπῳ περιλαβεῖν) gelten läßt. Als Beispiel eines ethischen Problems wird angeführt: ob den Eltern mehr als den Gesetzen (τοῖς νόμοις) zu gehorchen sei im Falle, daß die Gebote beider nicht übereinstimmen. Die vorige Frage nach der Ewigkeit des Kosmos liefert ihm ein Beispiel für ein πρόβλημα φυσικόν. Endlich ein logisches (λογικόν) Problem: πότερον τῶν ἐναντίων ἡ αὐτὴ ἐπιστήμη ἢ οὔ: ob sich auf Gegenteiliges notwendig dieselbe Wissenschaft bezieht oder nicht. Gegenteile im strengen Aristotelischen Sinn des ἐναντίον sind z. B. Gesundheit und Krankheit – oder das Gute und das Schlechte (ἀγαθόν – κακόν). Und das Problem ist also z. B. dies, ob es wesentlich Sache *derselben* ἐπιστήμη ist, zu wissen was gesund und was krank, was gut und was schlecht ist, oder nicht. – Es ist übrigens nicht leicht auseinanderzulegen, inwiefern Aristoteles dies ein *logisches* Problem nennt. Der eigentliche Sinn des Ausdrucks ‹λογικός› ist bei Aristoteles nicht in Strenge bestimmbar, so merkwürdig das zu sein scheint in bezug auf den anerkannten Schöpfer der *Logik*. Ich kann darauf nicht eingehen. Fest steht aber nur dies: daß das Wort ‹λογικός› bei Aristoteles selber auf jeden Fall nicht eigentlich dás bezeichnet, was wir im allgemeinen heute unter ‹logisch› verstehen. Der Terminus ‹*Logik*› (λογικὴ τέχνη: Kunst der Logik) ist ein später nacharistotelischer Ausdruck. Und wenn wir heute Aristoteles den Schöpfer der *Logik* nennen, so bezeichnen wir diese seine Schöpfung mit einem Terminus, den er selber dafür nicht gebraucht hat und nicht kannte. Die wesentlichen logischen Darlegungen im heutigen Sinne des Wortes ‹logisch› stehen in den beiden Aristotelischen ›Analytiken‹. – Über diese terminologischen Verhältnisse muß man Bescheid wissen, wenn man Aristoteles liest.

Daß nun diese und ähnliche Probleme von Aristoteles als Beispiele für *dialektische* Probleme angeführt werden, heißt weiter nichts als daß sie Probleme sind, die geeignet sind, zum Gegenstand eines Disputierens, eines διαλέγεσθαι gemacht zu werden. Und sie sind dazu geeignet aus den angegebenen Gründen: vor allem eben weil keine einhellige Meinung über sie besteht. Auf keinen Fall bedeutet der Terminus ‹dialektisches Problem› bei Aristoteles, daß es sich um Probleme handelt, die *in sich* irgendwie ‹dialektisch› in einem modernen Sinn dieses Wortes sind. Dieser moderne Sinn liegt etwa vor in Kants Sprechen von der Dialektik der reinen Vernunft. Oder z. B. in dem Reden von einer ‹dialektischen Theologie› u. s. f. Was Aristoteles mit dem Worte meint, ist ungleich einfacher und wenn man will ‹weniger tief›. Allein es ist gerade die *klassische* Tiefe des Aristoteles, jedes Ding sein zu lassen, was es ist und es als das herauszustellen, was es ist, das Tiefe tief und als tief, das Oberflächliche oberflächlich und als oberflächlich. Freilich gehört dazu die vielleicht wesentlich griechische und auf jeden Fall wesentlich frühantike Objektivität, jener künstlerische Blick für das Eigenwesen eines jeden Dinges, jene Kraft, die Grenzen eines Gegenstandes zu respektieren, jene naive Hingabefähigkeit an das Besondere als Besonderes. Das Interessante ist weder eine klassische noch eine Aristotelische Kategorie. Jedoch kurz – und um zugleich zum Ausgangspunkt zurückzukehren: die Aristotelische Dialektik ist nichts so ‹Tiefes› und ‹Geistreiches› und ‹Interessantes› wie das, was wir heute unter ‹dialektisch› verstehen. Und im Aristotelischen Verstand ist ein Problem ein dialektisches in dem einfachen Sinn, daß es auf Grund der angegebenen Momente geeignet ist, zum Gegenstand einer disputierenden, das pro et contra heraustreibenden Erörterung gemacht zu werden.

Weil das dialektische Problem bei Aristoteles dieses Einfache ist und bedeutet, besteht auch gar keine Notwendigkeit ein solches dialektisches Problem nun auch dialektisch zu behandeln (wie das für dialektische Probleme im modernen Sinn zutrifft). Denn es dialektisch behandeln heißt im Grunde ja nur dies: es zum Gegenstand einer Disputation zu machen und sein Für und Wider mit Hilfe dialektischer Schlüsse ἐξ ἐνδόξων zu ermitteln. Diese Disputation kann einer am Ende auch für sich allein anstellen. Zum Dialektiker im Aristotelischen Sinn gehört wesensmäßig auch das Können, ἀμφοτέρως zu disputieren, in utramque partem, indem er das Für und dann auch das Wider vertritt.

Vor allem schließt ein solches dialektisches Problem wesensmäßig nicht aus, es auch undialektisch zu behandeln. Die dialektische Behandlung ist das soeben Angegebene: sie ist eine πραγματεία *πρὸς δόξαν* (wie Aristoteles sagt, 105b 31). Ihr steht entgegen das πραγματεύεσθαι πρὸς φιλοσοφίαν κατ᾽ ἀλήθειαν. Die dialektische Bemühung (das διαλεκτικῶς πραγματεύεσθαι) strebt nur zur δόξα, zur Meinung hin. Hat sie erwiesen, daß es wahrscheinlich so ist, so hat sie ihr Ziel erreicht. Ihr Gegensatz ist das sich-Beschäftigen mit dem Problem πρὸς φιλοσοφίαν, d. h. in Richtung auf Philosophie, auf philosophische Einsicht, und damit κατ᾽ ἀλήθειαν, nach dem Maßstabe der Wahrheit. Das Ziel einer solchen πραγματεία (solcher Bemühung, solchen Geschäfts) sind also Sätze, die ein Notwendiges und Ewiges aussprechen: daß also z. B. bewiesen werden kann, daß der Kosmos καθ᾽ αὑτό ewig ist, daß ihm das Ewigsein aus seinem Sein zufließt, daß er als Kosmos gar nicht nicht ewig sein kann. Und Sätze, die ein solches Notwendiges aussprechen, sind auch, wie wir ja früher hörten, notwendig wahr. Insofern ist also die undialektische πραγματεία πρὸς φιλοσοφίαν wesentlich zugleich eine solche κατ᾽ ἀλήθειαν (secundum veritatem). Es ist sehr bemerkenswert für die Aristotelische Sprech- und Denkweise, daß die Herausarbeitung einer δόξα sich *nicht* nach dem Maßstabe der Wahrheit vollziehen soll, obwohl es doch auch für Aristoteles eine *wahre* Meinung gibt. Nach dem Maßstab der Wahrheit vollzieht sich lediglich das Verfahren der ἐπιστήμη.

Wozu dient die Aristotelische Dialektik?

1.) zur Übung, πρὸς γυμνασίαν (I 2. 101a 28 ff.).

2.) ist sie nützlich πρὸς τὰς ἐντεύξεις: wenn wir mit anderen zusammenkommen und Gedanken austauschen (a 30 ff.).

3.) endlich – und dies *ist sehr wichtig* – πρὸς τὰς κατὰ φιλοσοφίαν ἐπιστήμας: für die dem Maßstab der Philosophie genügenden Wissenschaften: für die *eigentlichen Wissenschaften* (a 34).

Wir hörten: jede echte ἐπιστήμη hat ihre ihr eigentümlichen *ἀρχαί* (Anfänge, Prinzipien) und πρῶτα (erste Sätze). Über diese ihr eigentümlichen Anfänge kann die betreffende Wissenschaft *selber* nichts mehr ermitteln und nichts mehr beweisend aussagen. Denn dann müßte sie ja noch *andere erste* Prinzipien besitzen, aus denen heraus ihr die Kraft zuwachsen könnte, dies zu tun. Wohl aber ist das möglich, vermittelst der glaubhaften, wahrscheinlichen Sätze (διὰ τῶν ἐνδόξων, 101b 1 f.). Und hierin sieht denn auch Aristoteles das Eigenste oder das am meisten Eigentümliche der *Dialektik* (ἴδιον ἢ μάλιστα οἰκεῖον τῆς διαλεκτικῆς, b 2 f.). Und Aristoteles fährt fort: «indem sie nämlich ausspürend, ausforschend ist, beherrscht sie den Weg zu den Anfängen aller Wissenschaften» (ἐξεταστικὴ γὰρ οὖσα πρὸς τὰς ἁπασῶν τῶν μεθόδων ἀρχὰς ὁδὸν ἔχει, b 3 f.). *D. h. kurz und am Beispiel gesagt:* Die Frage ‹Ist dies oder jenes das rechte Prinzip dieser oder jener Wissenschaft – oder nicht?› – diese Frage ist 1. ein dialektisches Problem – und 2. ein Problem, das auch *lediglich* dialektisch – also lediglich mit Wahrscheinlichkeitsschlüssen – behandelt werden kann. Die betreffende Wissenschaft selber kann darüber *nichts* mehr sagen, denn die in Frage stehenden Prinzipien sind für sie das schlechthin Erste.

§ 18. Zu den vier sog. ‹Prädikabilien›

Daß die Aristotelische Dialektik über die Grenzen der einzelnen Wissenschaften hinausgeht und (wie wir aus ihrer Definition hörten) *jegliches* vorgelegte Problem (sei es ethischer oder physischer oder logischer Natur) πρὸς δόξαν – auf Meinung hin – zu behandeln vermag, liegt daran, daß jeder Satz (jede πρότασις) der Wissenschaften eine gewisse *allgemeine,* von dem Unterschied der Einzelwissenschaften, nicht berührte Aussagestruktur hat. Jeder Satz nämlich beliebigen Inhalts sagt etwas von etwas aus und zwar so, daß das Ausgesagte entweder ein Akzidenz oder ein Genus oder eine Definition oder ein Proprium sein soll. Dem kann keine Aussage entfliehen, ob sie sich dessen bewußt ist oder nicht. Das Wesen der vier Stücke ist ganz unabhängig von dem besonderen Inhalt: d. h. z. B. ethische Definitionen und Definitionen aus dem Gebiet der Physik sind *als* Definitionen nicht verschieden. Und entsprechend für alle vier Stükke. Es ist daher möglich über das, was Gattung, Akzidenz, Definition und Proprium ist, Einsichten zu besitzen, die von den besonderen Wissenschaften unabhängig sind. Und es ist nun weiter möglich, *allgemeine*, wahrscheinliche Örter oder Topen zu entwickeln, aus denen heraus Schlüsse möglich werden darauf, ob im gegebenen Fall irgendein Ausgesagtes, das *als* eines dieser vier Stücke verstanden werden will, (das also entweder die Definition oder die Gattung oder das Proprium oder ein Akzidenz des Subjekts der Aussage sein will) auch für ein solches gelten kann. Inwiefern damit nun disputiert werden kann, wird von selber einleuchten, wenn wir zu den Beispielen für die Topen kommen.

Ich werde nun zunächst noch ganz kurz angeben, was Aristoteles unter jenen vier Stücken versteht und sodann an einigen Beispielen das Wesen der dialektischen Topen deutlich machen. Und damit wird dann das, was uns hier an der Topik interessiert, in der Hauptsache besprochen sein.

1.) Die Definition – ὅρος (oder ὁρισμός): sie ist der λόγος ὁ τὸ τί ἦν εἶναι σημαίνων, I 5. 101b 39: die Rede, die das τί ἦν εἶναι anzeigt, die das *Wesen* anzeigt.

Nehmen wir z. B. an, die Definition von Mensch sei *ζῷον πεζὸν δίπουν:* auf Füßen gehendes zweibeiniges Lebewesen – so ist dieses das *τί ἦν εἶναι*, das Wesen, eines Menschen. Über den *Ausdruck* (τὸ τί ἦν εἶναι) brauchen wir hier nicht nachzudenken. Es ist ein Aristotelischer *Terminus* (‹das was war sein›).[5] Man mag ihn mit ‹das Wesen› übersetzen; aber dann muß man sich klar sein, daß man dann auch das Wort *‹Wesen› terminologisch* gebraucht. Am besten ist es, sich für Aristoteles zu merken, daß das τί ἦν εἶναι dasjenige ist, was in einer Definition von dem Definiendum ausgesagt wird. Auf die Frage τί ἐστι … (was ist dieses oder jenes?) sagt man vielerlei. Z. B.: Was ist der Mensch? Er ist ein Lebewesen, ein ζῷον. Da gibt man also die Gattung an. Aber man definiert dann nicht, und eben deswegen ist das Angegebene auch nicht das τί ἦν εἶναι. Kurz: eine Definition (ὅρος – ὁρισμός) ist die Rede, die das τί ἦν εἶναι einer Sache angibt; und umgekehrt: das Aristotelische τὸ τί ἦν εἶναι *meint* dasjenige, was wir in einer Definition von dem Definiendum aussagen.

2.) Das ἴδιον – das Proprium: es fehlt uns auch dafür ein deutscher Kunstausdruck. Man redet eben von dem Proprium. So ist z. B. ‹Grammatik verstehen können› (γραμματικῆς εἶναι δεκτικόν, 102a 20) ein *Proprium* des Menschen, eine Eigentümlichkeit des

[5] Curt Arpe, Das τί ἦν εἶναι bei Aristoteles, Hamburg 1938.

Menschen, ein etwas *ihm allein* Zukommendes, ein ihm Eigenes. Wenn dies ein ἴδιον des Menschen ist, so gilt, daß *jeder* Mensch Grammatik verstehen kann und daß umgekehrt ein Mensch ist, wer Grammatik verstehen kann. Das einem Ding *Eigene* ist nicht das τί ἦν εἶναι (das Wesen) eines Dinges aber hat doch mit dem Wesen dieses gemeinsam, daß es ausschließlich demjenigen zukommt, dessen Proprium es ist, wie das Entsprechende auch für das τί ἦν εἶναι gilt. Beide: das einem Ding Eigene und das Wesen eines Dinges können in der Aussage mit dem Ding vertauscht werden (ἀντικατηγορεῖσθαι τοῦ πράγματος, 102a 19): Die Aussagen: a) der Mensch ist sterblich b) das Wesen, das Grammatik verstehen kann, ist sterblich c) das zu Fuß gehende zweibeinige Lebewesen ist sterblich: sind einander äquivalent. Das gilt nur für das Proprium und die Definition.

3.) Gattung – γένος, Aristoteles definiert die Gattung folgendermaßen: «Gattung ist das von mehreren und der Art nach Verschiedenen in dem ‹was ist es› Ausgesagte.»[6] So sind z. B. Ochse und Mensch zwei der Art nach verschiedene Dinge, und da Lebewesen von ihnen beiden ausgesagt wird, so ist Lebewesen eine *Gattung*. Erläuterung bedarf nur noch die Wendung, daß das Genus das in dem ‹was ist es› Ausgesagte ist (τὸ ἐν τῷ τί ἐστι κατηγορούμενον). Nun antwortet man auf die Frage ‹was ist der Mensch?› oder ‹was ist der Ochse?› *der Möglichkeit nach* mit ‹er ist ein Lebewesen›, also mit Angabe der Gattung. Und daß die Gattung das in dem ‹was ist es› Ausgesagte ist, heißt zunächst weiter nichts, als daß die Gattung zu dem gehört, was auf die Frage ‹was ist es?› sinnvoll geantwortet werden kann. – Dabei darf man sich nicht verwirren lassen dadurch, daß *auf dieselbe Frage* ja auch mit der Definition, also mit Angabe des Wesens (des τί ἦν εἶναι) geantwortet werden kann.

In dem sprachlich sonderbaren Ausdruck ‹τὸ ἐν τῷ τί ἐστι κατηγορούμενον› liegt weiter dann ein Hinweis auf die *Kategorienlehre* des Aristoteles. Das ‹*was ist es*› ist ein Titel der Aristotelischen Kategorienlehre (so wie das ‹wie beschaffen ist es›, ‹wie groß ist es› weitere Aristotelische Kategorien darstellen). Gattung und Arten gehören nun bei Aristoteles zu der *ersten* Kategorie, der sog. *οὐσία* (die man ja meistens mit ‹Substanz› übersetzt). Und die Kategorie der οὐσία steht in einem natürlichen, leicht verständlichen Bezug zur Frage ‹was ist dies-da?›. Auch Arten und Gattungen heißen bei Ari-

---

[6] Γένος δ' ἐστὶ τὸ κατὰ πλειόνων καὶ διαφερόντων τῷ εἴδει ἐν τῷ τί ἐστι κατηγορούμενον (102a 31 f.).

stoteles *οὐσίαι.* Und der fragliche Passus enthüllt sich als ein typischer Schulausdruck, der nur in dem bekannten Sprachgebrauch der Schule eigentlich verständlich ist. Er besagt, daß die Gattung dasjenige von mehreren und der Art nach Verschiedenen Ausgesagte ist, das in der ersten Kategorie des τί ἐστι oder der Substanz steht. Der Sinn dieser Definition ist klar und folgender: Es gibt eine ganze Reihe von Dingen (von Prädikaten), die von mehreren und der Art nach verschiedenen Aussagesubjekten aussagbar sind. So kann z. B. ‹schwarz› von einem Pferd und auch von einem Menschen sinnvoll ausgesagt werden (denn es gibt ja Rappen und Neger). *Schwarz* ist also so ein Etwas, das von mehreren und der Art nach Verschiedenen aussagbar ist, denn Pferd und Mensch sind 1. zwei Verschiedene und 2. der *Art* nach Verschiedene. Aber ‹schwarz› ist nicht deshalb schon ‹*Gattung*›, denn es ist das in dem ‹wie beschaffen ist dies› Ausgesagte, nicht das in dem ‹was ist dies› Ausgesagte. Anders ausgedrückt: ‹schwarz› ist ein Prädikat, das die Qualität eines Dinges bezeichnet und es ist so das in der Kategorie der Qualität Ausgesagte. Aber z. B. ‹Lebewesen› als Gattung ist ein Prädikat, das die Substanz eines Dinges bezeichnet und es ist also das in der Kategorie der Substanz, der οὐσία, Ausgesagte. Nur daß Aristoteles hier statt ‹in der Kategorie der Substanz› – ‹in dem was ist› sagt, weil man auf die Frage ‹was ist dies?› die Substanz eines Dinges angibt.

Diese Definition des γένος ist sprachlich und gedanklich ein gutes Beispiel für solche Aristotelische Definitionen.

a) *gedanklich:* sie definiert die Gattung durch Angabe der Gattung und der sog. spezifischen Differenz, welches beides zusammen das sog. Wesen (das τί ἦν εἶναι) darstellt. Als Gattung steht in der Definition hier: etwas sein, was von mehreren und der Art nach Verschiedenen ausgesagt wird. Die spezifische Differenz aber ist: ‹das in dem Was ist Ausgesagte›; denn dadurch unterscheiden sich Gattungen spezifisch von allem anderen, welches sonst gleichfalls von mehreren der Art nach Verschiedenen aussagbar ist. Beides zusammengenommen ist das *Wesen*, das τί ἦν εἶναι, der Gattung.

b) *sprachlich:* es ist an einer ganzen Reihe von Stellen eine ausgesprochene Schulsprache: τὸ τί ἦν εἶναι – τὸ ἐν τῷ τί ἐστι κατηγορούμενον. Man darf sich dadurch nicht verwirren lassen, vor allem nichts Tiefsinniges dahinter suchen. Man muß verstehen, daß es sich um *Termini* handelt, die den Hörern bekannt waren; daher keine Definition. Wenn man dies durchschaut, dann ist z. B. diese Definition des γένος hier witzig und elegant.

4.) *Das Akzidenz* – das συμβεβηκός. Aristoteles gibt zwei verschiedene Definitionen, die auf dasselbe abzielen:

a) συμβεβηκός ist «was keines von diesen ist, nicht Definition, noch Proprium noch Gattung, was aber dem Dinge zukommt» (102b 4f.). So ist also z. B. ‹Hunger haben› ein Akzidenz dessen, das Hunger hat. Es kommt ihm dann zu (ὑπάρχει), ist aber weder die Definition noch das Proprium noch die Gattung des Hunger Habenden. Dasselbe gilt z. B. von ‹weiß› (λευκός) – oder von ‹Sitzen› (καθῆσθαι).

b) *zweite Definition* des συμβεβηκός: «es ist das, was einem und demselben, sei es was immer, zukommen und nicht zukommen kann, wie es z. B. einem und demselben zukommen kann, daß es sitzt.»[7]

Aristoteles findet diesen zweiten ὁρισμός, diese zweite Definition des Akzidenz besser als die erste, weil die erste voraussetzt, daß jene drei Stücke schon bekannt sind, während die zweite ohne diese oder eine ähnliche Voraussetzung verständlich ist (102b 10–14).

Die zweite Definition des Akzidenz nimmt unmittelbar Bezug auf jenen uns schon bekannten Seinsbereich des ἐνδεχόμενον ἄλλως ἔχειν, des auch anders Sein-Könnenden.

Aristoteles prätendiert, mit diesen vier Stücken eine Totalität erfaßt zu haben und also erschöpfend zu sein. Dies geht ja auch aus der ersten Definition des Akzidenz hervor, insofern *alles* das συμβεβηκός sein soll, was nicht Definition oder Proprium oder Gattung ist.

In der Definition sind zwei Stücke in eins zusammengefaßt: Gattung und spezifische Differenz (διαφορὰ εἰδοποιός). Es ist auch möglich, die Differenz als ein weiteres besonderes Stück zu zählen, wie das für die Gattung ja schon geschehen ist. Wir erhalten dann fünf *Stücke:* Definition, Gattung, Differenz, Proprium und Akzidenz. Nimmt man Gattung und artbildende Differenz zusammen, so ist das die *Art*. Und die Definition ist, so gut wie sie eine Rede ist, die das Wesen (das τί ἦν εἶναι) bezeichnet, so auch eine Rede, die die *Art* des Definiendums ausspricht. Anstelle der Definition kann man also als fünftes Stück die Art nennen. – Diese fünf Stücke sind die berühmten mittelalterlichen quinque voces. Oder auch die sog. fünf Prädikabilien oder Kategoreme. – Man muß sie sehr genau von den eigentlichen Aristotelischen *Kategorien* (Substanz, Qualität, Quantität, Tun u. Leiden u. s. f.) unterscheiden. Die Aristotelische *Topik* ist

---

[7] … ὃ ἐνδέχεται ὑπάρχειν ὁτῳοῦν ἑνὶ καὶ τῷ αὐτῷ καὶ μὴ ὑπάρχειν, οἷον τὸ καθῆσθαι ἐνδέχεται ὑπάρχειν τινὶ τῷ αὐτῷ καὶ μὴ ὑπάρχειν (102b 6–8).

in gewisser Weise eine Abhandlung über diese fünf bzw. vier Stücke, nur daß diese Abhandlung eben so verfaßt ist, daß sie dem *praktischen* Zweck – der *Ausbildung* des Dialektikers – dienen kann.[8]

§ 19. Beispiele dialektischer Topoi

Und nun gebe ich eine Reihe von Beispielen dialektischer Topen. Ich greife sie ziemlich beliebig heraus: nicht die einfachsten und nicht die schwierigen, dunkeln.

a) Ein τόπος, der die *Gattung* betrifft (IV 2. 121b 24 ff.): Wenn eine Art (ein εἶδος) unter zwei Gattungen steht (δοκεῖ γάρ, ὅταν ἓν εἶδος ὑπὸ δύο γένη ᾖ, τὸ ἕτερον ὑπὸ τοῦ ἑτέρου περιέχεσθαι): Es scheint (= es ist ἔνδοξον, zu meinen) daß, wenn ein und dasselbe εἶδος mit Recht unter zwei verschiedenen Gattungen steht, diese beiden Gattungen ihrerseits in dem Verhältnis des Umfassens und Umfaßtwerdens stehen müssen. Beispiel: das fragliche εἶδος sei die δικαιοσύνη, die Gerechtigkeit. Sie ist eine ἀρετή, eine Tugend; und ἀρετή ist *ihre Gattung*. Nun setze jemand in der Disputation als *These* die Gerechtigkeit sei eine *ἐπιστήμη*, eine Wissenschaft (Tugendwissen – Plato-Sokrates). So ist *gesetzt*, daß die Gerechtigkeit unter den *beiden* Gattungen a) Tugend und b) Wissen steht. Wenn nun aber der ében genannte Ort gilt (und er ist ἔνδοξον; es *scheint* so zu sein): so muß *auch* gelten, daß entweder die Tugend die Gattung der Wissenschaft oder die Wissenschaft Gattung der Tugend ist. Das ist aber nicht der Fall, denn weder ist die Tugend eine Art der Wissenschaft (ein εἶδος der ἐπιστήμη) noch ist die Wissenschaft eine Art der Tugend. Mithin kann die Wissenschaft nicht die Gattung der Gerechtigkeit sein.

Aristoteles diskutiert dieses Beispiel inhaltlich noch weiter – und geht z. B. darauf ein, daß einige doch in der Tat *meinen* (daß es ihnen scheint, δοκεῖ) die Klugheit (die φρόνησις) sei Tugend sowohl als auch Wissenschaft.

---

[8] *[Königs Formulierung (ebenso unten S. 131, 136 u. 198) ist mißverständlich – so als ob die Aristotelischen ‹Stücke› (Definition, Proprium, Gattung, Akzidenz) Prädikabilien seien oder auch nur so heißen könnten. Während Porphyrius' Einteilung (Gattung, Differenz, Art, Proprium, Akzidenz) eine Klassifikation* prädizierbarer *Prädikate (praedicabilia) oder allgemeiner Terme (universalia) darstellt, ist die aristotelische Vierteilung eine Klassifikation* prädizierter *Prädikate (also Sätze). Vgl. hierzu Th. Ebert, Arch. f. Gesch. d. Philos. 67, 1985, 113–138 und den Art. ‹Prädikabilien› im Hist. Wörterbuch d. Philosophie Bd. 7, Basel 1989, 1178–1186 (insb. 1181 f.]*

Für unsere Zwecke genügt aber schon das bisher Gesagte. Wir haben einen Ort (τόπος), in den offenbar viele mögliche Schlüsse fallen, denen gemeinsam ist, daß sie aus dem angegebenen bestimmten *ἔνδοξον* schließen. Es leuchtet unmittelbar ein, daß dieser τόπος gegenüber den Unterschieden der philosophischen Disziplinen (Ethik, Physik, Logik) invariant ist. Das Beispiel stammt aus der Ethik; es könnte auch aus der Physik oder aus dem logisch-ontologischen Bereich stammen. Und ferner: der allgemeine abstrakte Schluß, der diesen Ort charakterisiert (nämlich: wenn ein und dieselbe Art unter zwei Gattungen steht, so sind diese Gattungen notwendig einander subordiniert) ist nur ein ἔνδοξον, keine wirkliche ἀρχή, kein wirkliches *πρῶτον*. Echte Prinzipien gibt es nur innerhalb der gegeneinander bestimmt abgegrenzten Einzelwissenschaften. Wobei wir ausdrücklich offenlassen, wie es in dieser Rücksicht mit der Aristotelischen Metaphysik als Wissenschaft steht.

b) ⟨Ein⟩ anderer Topos: jedes Genus hat mehrere Arten (παντὸς γένους εἴδη πλείω, 123a 30). Behauptet nun jemand, *A* sei Gattung von *a;* und ist gleichzeitig nicht imstande noch mindestens eine zweite Art von *A* aufzuzeigen, so ist der dialektische Schluß gegeben, daß *A* nicht die Gattung von *a* ist. – Unmittelbar sieht man auch hier die *Invarianz* des Topos gegenüber den inhaltlichen Unterschieden der verschiedenen Disziplinen.

Aber wie steht es hier mit dem Glaubhaft-Sein des abstrakt formulierten Topos? Die abstrakte Formulierung ist: Wenn etwas ein Genus ist, so hat es *notwendig* mehrere Arten. *Glaubhaft* ist ja wohl diese δόξα. Mancher wird sogar geneigt sein, sie für mehr als bloß *wahrscheinlich* anzusehen. So als ob es ein Satz einer ἐπιστήμη und nicht der δόξα wäre. Auch läßt sich (wie übrigens bei manchen dieser Topen) fragen, ob sie nicht noch von anderswoher begründbar sind.

c) Ein weiterer Topos, der auch die Gattung betrifft (123a 33 ff.) – auch sehr interessant: jedes Genus wird von der Art in einem eigentlichen Sinn ausgesagt (πᾶν γὰρ τὸ γένος κυρίως κατὰ τῶν εἰδῶν κατηγορεῖται). Das Gegenteil von κυρίως κατηγορεῖν (proprie praedicare) ist μεταφορᾷ λέγειν (metaphorisch aussagen, Metaphern gebrauchen). – *Eigentlich,* κυρίως, gesprochen ist z. B. der Einklang (ἡ συμφωνία) immer ein Einklang von *Tönen* (πᾶσα γὰρ συμφωνία ἐν φθόγγοις). Wer aber nun z. B. sagt, die σωφροσύνη (die Mäßigkeit, Besonnenheit) sei ein Einklang – und zwar só, daß er meint, damit die *Gattung* dieser Tugend ausgesprochen zu haben (was dann weiter ja u. U. sehr folgenreich sein würde für den weiteren Gedankengang, insofern die Gattung in die Definition und in das *Wesen* gehört), irrt a priori, von vornherein, insofern das, was als Gattung ausgesagt werden soll, dem Ort zufolge, ohne den Gebrauch von Metaphern gesagt werden muß.

Vielleicht fühlen Sie wenigstens gerade an diesem Beispiel gut, in welche ganz anderen Dimensionen des Gedankens diese Topoi einbrechen und hineintreiben. Freilich in Dimensionen, deren Wissenschaftscharakter sehr problematisch ist. Aristoteles begnügt sich damit, sie im Reiche der δόξα zu belassen.

d) Ein weiterer Topos, der das ἴδιον, Proprium, betrifft (Top. V 3. 131b 19 ff.): Es ist nicht gut, etwas als ἴδιον eines Dinges auszugeben, dessen Vorhandensein und dessen Gültigkeit *lediglich* dann offenbar ist, wenn es *gesehen* – und allgemein, wenn es wahrgenommen wird (ὃ φανερὸν μή ἐστιν ἄλλως ὑπάρχον ἢ αἰσθήσει). So z. B. wenn einer es als Proprium der Sonne bezeichnen möchte, daß sie der glänzendste Himmelskörper ist, der über die Erde zieht (ἄστρον φερόμενον ὑπὲρ γῆς τὸ λαμπρότατον). Denn wie ist es, ὅταν δύῃ ὁ ἥλιος (wenn die Sonne untergegangen ist)? Die Sonne ist dann offenbar nicht mehr der glänzendste über die Erde ziehende Himmelskörper. Und doch müßte sie auch dann noch das sein, *wenn* diese Angabe das ἴδιον der Sonne wäre. Dieser Fehler kommt nicht daher, daß hier auf Wahrnehmung (auf αἴσθησις) zurückgegriffen wird, sondern, daß auf sie *allein*, lediglich zurückgegriffen wird.

Aristoteles gibt dafür ein – übrigens an sich interessantes Gegenbeispiel (bei dem ich aber rein inhaltlich nicht verweilen kann) – : ein ἴδιον der ἐπιφάνεια, der *Fläche:* sie soll sein ὃ πρῶτον κέχρωσται, was zuerst gefärbt ist, Farbe zeigt und hat, oder erste Trägerin der Farbe; ursprüngliche Trägerin der Farbe; *eigentliche.* Sachlich liegt dahinter die ganz richtige Einsicht, daß zum Wesen der erscheinenden Farbe *Aus*dehnung, also Fläche gehört; wie wir ja auch umgekehrt uns keine Fläche vorstellen können, ohne sie in irgendeiner Farbe vorzustellen. Sachlich ist also das schon ganz richtig. Jedoch es kommt hier lediglich auf das Formale an: hier ist ein ἴδιον angegeben, das gleichfalls auf Wahrnehmung zurückgreift, das aber doch offenbar nicht *lediglich* darauf beruht. Denn in diesem Sinne gefärbt zu sein, gilt für die Fläche notwendig und immer; es ist ein ἐξ ἀνάγκης ὑπάρχον, ein notwendig der Fläche Zugehöriges. Es ist also in der Tat ein gutes Beispiel für ein Proprium; wer dies anführt, hat das ἴδιον der Fläche καλῶς ἀποδέδωκε (aufgestellt, angegeben). – Mit einem solchen Proprium kann im Laufe einer Disputation und überhaupt einer Untersuchung mancherlei schließend zuwege gebracht werden, wenn Sie sich erinnern, daß es zur Definition des Proprium gehört, daß es in der Aussage mit demjenigen, dessen ἴδιον es ist, vertauscht werden kann. Alles was von der Fläche und der Sonne gilt, muß auch von den Propria derselben gelten und *umgekehrt*. Und wenn das Proprium dann nicht korrekt angegeben ist, Sie aber in der Disputation konzedieren, daß das Angegebene das Proprium *ist*, so kann ein geschickter Disputant alles mögliche daraus folgern.

Ich drücke den hier fraglichen τόπος im Anschluß an Aristoteles so aus: es ist nicht richtig, etwas als ἴδιον eines Dinges anzugeben, dessen Vorhandensein und dessen Gültigkeit oder Triftigkeit *lediglich* dann offenbar ist, wenn es wahrgenommen wird.

Aristoteles hat für diesen Ort keinen so kurzen Merkausdruck (wie früher z. B. jenes ἐκ τοῦ μᾶλλον καὶ ἧττον oder ἐκ τῶν ἐναντίων). Das fehlt überhaupt bei den meisten Orten, wie ich nur erwähne, damit es nicht vermißt und für wesentlich gehalten wird. Auf jeden Fall aber ist dies nun wieder ein Ort aller der Schlüsse von inhaltlich beliebiger Art, die auf die Unrichtigkeit eines in der Disputation angegebenen Propriums *von daher* schließen, daß seine Triftigkeit *nur dann* offenbar ist, wenn es wahrgenommen wird.

Wo ist nun hier eigentlich der Bereich der δόξα, des ἔνδοξον, des bloß Plausiblen und Glaubhaften? Schließend widerlegt wird hier die Behauptung jemandes, daß ein für ein als ἴδιον Ausgegebenes ein solches ist. Der Schluß-Satz lautet: *also* ist dies kein ἴδιον. Und *woher* wird geschlossen, woraus? – Ja, doch wohl aus dem *Begriff* des ἴδιον. Aus einer Vergegenwärtigung dessen, was ein ἴδιον *ist*, was es sein soll. Es soll etwas sein, was 1.) in Aussagen an die Stelle dessen treten kann, dessen ἴδιον es ist. Wenn, um ein anderes Aristotelisches Beispiel zu geben, ein ἴδιον des Menschen dies ist daß er das von Natur zahme Lebewesen (τὸ φύσει ἥμερον ζῷον) ist, so soll jede gültige Aussage, deren Aussagesubjekt *der Mensch* ist, *auch gültig bleiben*, wenn statt ‹der Mensch› als Aussagesubjekt ‹das von Natur zahme Lebewesen› eingesetzt wird. – Und 2.) darf das Proprium *nicht* die *Definition* dessen sein, dessen Proprium es ist. – Dies muß in der Definition des Proprium ausdrücklich dazugesagt werden, weil das soeben über 1) Gesagte, nicht nur vom Proprium sondern auch von der Definition gilt. In Aussagen muß auch die Definition als Aussagesubjekt an die Stelle des Definierten treten können. Was in bezug z. B. auf den Menschen gültig ist, muß auch gültig sein in bezug auf das vernünftige Lebewesen, *wenn* ‹vernünftiges Lebewesen› die Definition des Menschen sein soll. Und in der Tat ist ‹das von Natur zahme Lebewesen› nicht die Definition des Menschen. Das müssen Sie hier mal glauben. *Kurz:* aus solchen Erwägungen über das *Wesen des ἴδιον* wird geschlossen; daß z. B. ‹der glänzendste über die Erde ziehende Himmelskörper› *nicht* das ἴδιον der Sonne ist, daß dieses ἴδιον οὐ καλῶς (nicht gut, nicht richtig) aufgestellt ist.

Aber nun fragen wir uns noch einmal: inwiefern wird hier aus nur glaubhaften Sätzen (ἐξ ἐνδόξων) geschlossen? Inwiefern sind die Festsetzungen über das Wesen des ἴδιον – und die über das Wesen der quinque voces, der Prädikabilien *überhaupt nur glaubhaft*? Wir hörten ja die Definition der vier Stücke (des Genus, des ἴδιον, des Prädikats und der Definition selber): inwiefern sind diese nur glaubhaft? Scheinen sie nicht *mehr* als glaubhaft, also schlechthin evident und wahr und ewig und notwendig zu sein? Freilich wird ja nicht *nur* aus diesen Definitionen geschlossen: so sahen wir ja schon in unseren vier Beispielen dieser Topen, daß auch Obersätze auftreten, die zwar in einer inneren Beziehung zu diesen Definitionen stehen, aber doch zugleich auch darüber hinausgehen und mehr enthalten als diese selbst: z. B. daß die echte Gattung etwas eigentlich (κυρίως) und nicht metaphorisch Ausgesagtes sein muß – oder daß eine echte Gattung notwendig mehrere Arten haben muß. Und fast jeder Topos in der Aristotelischen Topik geht nicht rein auf diese Definitionen der vier Stücke zurück, sondern spricht solche zusätzlichen Forderungen aus. Aber immer sind es Zusätze, die, wie ich schon sagte, in einer *inneren* Beziehung zu den Definitionen zu stehen scheinen, d. h. von denen man glauben möchte, daß sie aus diesen streng gefolgert werden können. Und deshalb läßt sich die *Grundfrage* wohl dahin eben zusammenfassen: inwiefern diese Definitionen nur eben glaubhaft, plausibel, disputabilis sind?

Was sagen die Aristoteles-Ausleger dazu? Natürlich kann ich darauf nicht eingehen, wohl aber mitteilen, daß sie weit entfernt von Einstimmigkeit sind und daß mir eine überzeugende wirklich tief und richtig gegriffene Deutung nicht bekannt ist. Was sagt Aristoteles selbst dazu? Er schweigt sich aus. Er berührt diesen Punkt ausdrücklich schlechterdings überhaupt nicht: weder hier noch in anderen Schriften. [Praktische Abzweckung der Topik ein Hauptgrund. K^{n}] Es ist eine sonderbare und vielleicht wieder für Aristoteles sehr bezeichnende Fragesituation, in die er uns da hineinbringt: denn es ist so ganz anders wie es im allgemeinen zu sein pflegt. *Im allgemei-*

nen behaupten die Philosophen mancherlei als evident und sonnenklar und als wissenschaftliche Einsicht, was vielen Lesern nicht so, sondern allenfalls nur ἔνδοξον zu sein scheint. Hier ist es *umgekehrt:* Aristoteles erklärt eine Unzahl von Sätzen aus einem sehr umfassenden Gebiet für nur glaubhaft, obgleich mindestens manche dieser Sätze mehr als glaubhaft, also wahrhaft evidente ἀρχαί zu sein scheinen oder doch mindestens den Gedanken nahelegen, daß sie in einem Felde liegen, das seiner Natur nach einer echt wissenschaftlichen über die Doxa hinausführenden Behandlung fähig wäre. – Damit übrigens keine Verwirrung entsteht, möchte ich im Vorbeigehen an den Unterschied erinnern, der in dieser Rücksicht zwischen den Topen-Enthymemen und den dialektischen Topenschlüssen einerseits und andererseits jenen anderen Enthymemen aus dem im-allgemeinen-Seienden besteht. Denn daß diese letzten aus nur Wahrscheinlichem schließen, liegt ganz auf der Hand. Es ist in der Tat nur wahrscheinlich, nur glaubhaft, daß z. B. Athen gut daran tut, den Krieg an Syrakus zu erklären. Die Frage, die uns hier beschäftigt, bezieht sich also *lediglich* auf die Topenschlüsse und vorzüglich auf die dialektischen Schlüsse der Topik.

Was nun diese Frage selbst betrifft: wir müssen sie als Frage stehenlassen. Für unseren Zweck genügt vollständig, wenn wir sie als Frage verstehen und uns bewußt sind, daß sie auf ein recht umfassendes Problem hinweist, das für Aristoteles selbst sowohl als auch an sich und überhaupt einer Behandlung im hohen Grade würdig wäre.

Was wir uns bisher von der Aristotelischen Topik und Dialektik vergegenwärtigt haben, genügt um uns deutlich zu machen, warum und wieso die Rhetorik nach Aristoteles ein *Seitenstück* der *Dialektik* ist. Und einzig zu diesem Zwecke mußten wir hier ja auf diese Dialektik und Topik etwas eingehen. Aber wenn ich nun versuche, Ihnen diese doch keineswegs unmittelbar einleuchtende sondern eher überraschende Parallele zwischen Rhetorik und Dialektik, die Aristoteles aufstellt und die für seine Anschauung von der Rhetorik grundlegend ist, in etwa nahezubringen, so tue ich das am besten, indem ich mit einigen Winken und Bemerkungen über die Frage nach der Natur jener obersten Sätze in der Dialektik beginne. Nicht so als ob ich *nun dóch,* wenn auch nur kurz, diese Frage behandeln wollte, sondern nur, um von ihr den Übergang zu machen zu dieser Parallelität von Dialektik und Rhetorik. [Ein gutes Beispiel für eine disputatio in utramque partem bei Schopenhauer ›Parerga und Paralipomena‹ II. Band, Kap. 8, § 112. Über das dialektische Problem: ob der Geiz ein Laster ist oder nicht. (Darin auch ein τόπος.) Grenze zwischen Dialektik und Rhetorik kaum zu ziehen. Es ist eine rhetorische Dialektik. ἐπίδειξις. K^{n}]

§ 20. *Zur Parallelität von Rhetorik und Dialektik*

Die obersten Sätze nun, die den Inhalt der Topen der Aristotelischen Topik ausmachen, haben ihren Einheitspunkt darin, daß sie sich sämtlich auf die *Methode* wissenschaftlicher Untersuchungen beziehen. ἡ μέθοδος bedeutet wörtlich und ursprünglich ja: *das Nachgehen, um etwas zu suchen und zu fangen.* – Von dort bekommt es dann auch die mehr eingeschränkte Bedeutung: des wissenschaftlichen einem Gegenstand Nachgehens. μέθοδον ποιεῖσθαι heißt dann: eine Untersuchung anstellen über etwas; einem Gegenstand in wissenschaftlicher Absicht nachforschen. Sie erinnern ja, daß Plato solches Nachspüren und Forschen gern mit einer Jagd auf das Ding vergleicht. Endlich tritt dann schon im Griechischen bei Aristoteles selber auch diejenige Bedeutung auf, die dann dem Fremdwort ‹Methode› bei uns geblieben ist. Es bedeutet nicht mehr das Untersuchen und Nachspüren selber, sondern die *Art*, wie man sie anstellt; die Art, wie man dabei vorgeht; und zwar mit der zusätzlichen Bedeutung: daß Methode das kunstgemäße nach gewissen Regeln und Grundsätzen geordnete Verfahren bei einer solchen Untersuchung ist. In diesem Sinn *ist* ein Vorgehen *methodisch* oder *hat* Methode, wenn es sich nach bestimmten Regeln vollzieht. Solche Regeln und Grundsätze des Vorgehens entwickeln sich ursprünglich (wie gar nicht anders möglich) unbewußt und unwillkürlich beim Nachforschen selber. Mit der Zeit werden sie dann bewußt und können nun selber wieder zum Gegenstand einer Besinnung gemacht werden. Auf dieser Stufe steht nun die Aristotelische Topik. Seit Sokrates hat sich in Griechenland ein gewisses Verfahren, eine gewisse *Methode* in dem wissenschaftlichen Nachforschen herausgebildet. In Plato erstarkt das *Bewußtsein* dieser Methode. Aristoteles endlich ist sie voll gegenwärtig. Er bildet sie bewußt aus. Die Sätze der Topik, die Aristoteles ἔνδοξοι nennt, sind – ich sagte es schon – Sätze über die Methode, über Elemente der Methode. Denn diese griechische Methode bewegt sich ja vornehmlich in den Platonischen *Diäresen,* in dem Aufstellen von Gattungen und Arten, in dem Definieren und Ermitteln von Propria. Vieles von dem, was in der Topik drinsteht, findet heute in den Lehrbüchern der Logik seine Behandlung unter dem Titel ‹Angewandte Logik› oder ‹Methodenlehre›.

Und nun handelt es sich darum, daß Sie folgende Frage und folgenden Gedanken einigermaßen scharf denken: was für Gegenstände sind diese Elemente der Methode und überhaupt irgendeiner *Methode*, also hier z. B. die Gattungen als solche, die Arten als solche, die Proprien, die Definitionen? Sind die Aussagen über solche Gegenstände überhaupt Aussagen über ein echtes *Seiendes*? Über ein Seiendes, das in demselben echten Sinn ein Seiendes wäre, in dem z. B. ein Mensch oder ein Gestirn ein solches echtes Seiendes ist? Handelt es sich da um Gegenstände, die einen von uns denkenden Menschen unabhängigen Seinsbereich darstellen, ein echtes *ὑποκείμενον*, dessen Erforschung wir uns in gleicher Weise zuwenden könnten wie z. B. der Natur oder der Seele oder den Sitten oder anscheinend auch den mathematischen Gebilden? Was nun zu begreifen ist, ist dies, daß Aristoteles, *wenn* er Sätze und Einsichten über diese Gegenstände nur ἔνδοξον, nur wahrscheinlich nennt, damit implizit diese Fragen verneint. Es handelt sich bei allen diesen Dingen nicht um ein echt Seiendes und nicht um einen eigentümlichen Seinsbereich neben den bekannten anderen Seinsbereichen; und deshalb kann es auch keine Wissenschaft von ihm geben. Denn das Wissen, das ἐπίστασθαι, hat zu seiner inneren Voraussetzung ein echtes ἐπιστητόν, ein echtes Wißbares, d. h. für Aristoteles ein echt *Seiendes*. Plato dachte bekanntlich anders: ihm waren Gattungen *als* Gattungen nicht nur *auch* ein echtes Seiendes neben dem anderen Seienden, sondern das allein *eigentlich* (κυρίως) Seiende, eben die Platonischen Ideen; und eben deshalb war die Platonische Dialektik ihrer Absicht nach auch eine echte ἐπιστήμη und die *eigentliche* Wissenschaft. Was mich persönlich betrifft, so scheint mir Aristoteles so entschieden zu haben, wie es menschlicher Besonnenheit gemäß ist. Aber freilich ist diese Entscheidung selber nur wieder der Anfang eines vielfachen Fragens, dem wir hier nicht nachgehen können. Es kann uns genügen, zu fühlen und ansatzweise zu begreifen, daß hinter der Aristotelischen Qualifizierung der dialektischen Topen als bloß Wahrscheinlichem eine sehr schöne Besonnenheit und überdies (mehr indirekt) eine klare Absage an die Platonische Ideenlehre steht.

Daß nun ferner aber die Aristotelischen Topen gegenüber den Unterschieden der philosophischen Disziplinen und Gegenstände (Ethik, Physik, Logik) invariant sind, spiegelt in anderer Weise nur wieder dasselbe; nämlich spiegelt nur wieder dies, daß die *Methode als solche* keinen eigenen Seinsbereich neben den übrigen ist. Freilich liegt dann weiter darin mindestens ansatzweise auch der Gedanke, daß die Methode aller echten Wissenschaften im Grunde dieselbe ist.

Dies sind nun nur, wie ich vorhersagte, Winke und allzu knappe Bemerkungen, über die wir aber in unserem Zusammenhang nicht hinausgehen dürfen. Sie genügen aber nun auch um jetzt, dieses Thema abschließend, die von Aristoteles in den Mittelpunkt gerückte Parallelität von Rhetorik und Dialektik in etwa zu verstehen.

Zu diesem Zweck haben wir uns noch einmal folgende zum Teil schon vorläufig kurz besprochene Bestimmungen über die Verwandtschaft beider zu vergegenwärtigen. Sie stehen sämtlich in den beiden ersten Kapiteln des I. Buches der Rhetorik:

1.) Sowohl Rhetorik (Beredsamkeit) als auch Dialektik (Disputationskunst) sind keine eigentlichen Wissenschaften: denn keine von ihnen hat ein abgegrenztes Gebiet, dessen Wesen sie nachforschten (περὶ οὐδενὸς γὰρ ὡρισμένου οὐδετέρα αὐτῶν ἐστιν ἐπιστήμη, πῶς ἔχει) (1356a 32 f.). Für die Beredsamkeit ist uns das ja längst deutlich geworden; und für sie ist es eigentlich auch selbstverständlich. Daß Aristoteles es immer wieder so betont, erklärt sich aus der geistesgeschichtlichen Lage: aus dem Anspruch der Rhetoren, Wissen zu vermitteln, ja alles zu wissen. Aber auch für die Dialektik, für die es weit weniger selbstverständlich ist, kann es uns jetzt deutlich sein: die Elemente der Methode als solche sind kein eigener Seinsbereich neben den eigentlichen Seinsbereichen und in diesem Sinne kein ὡρισμένον, kein abgegrenztes Gebiet wie jene.

2.) Vielmehr sind sie beide nur je ein gewisses Vermögen, ein gewisses Können, ein gewisses sich darauf Verstehen, Gründe für etwas beizuschaffen (ἀλλὰ δυνάμεις τινὲς τοῦ πορίσαι λόγους, 56 a 33 f.). – Nun: wir sahen es jetzt sowohl für die Rhetorik als auch für die Dialektik, daß es in beiden auf den Blick ankommt für das, was man *beweisen* und begründen will, glaubhafte Prämissen zu *entdekken*. Es sind δυνάμεις, Fähigkeiten, Geschicklichkeiten, solches sich einfallen zu lassen, was 1.) glaubhaft und ἔνδοξος ist und was 2.) als Obersatz dienen kann, um einen vorausgesetzten Satz auf dem Wege eines rhetorischen oder dialektischen Schlusses zu begründen. Irgendein Satz geht voraus und ist vorausgesetzt (in der Rhetorik ein auf das Handeln bezogener Satz; in der Dialektik ein wissenschaftliches Theorem), und die Frage ist dann: wie fange ich es an, ihn zu erhärten? Der Blick für das, was geeignet ist, ihn zu erhärten, macht den Rhetor und den Dialektiker aus. Und dieser Blick und dieses Können ist auch *die Substanz und der Kern* des Rhetors und des Dialektikers. Es ist nicht mehr *dahinter als dieses*. Daß sie δυνάμεις sind, Fähigkeiten, ist also ihre *Wesensbestimmung*. Beide sind nur, um ein anderes griechisches Wort zu gebrauchen, das sehr hierhin paßt, obgleich Aristoteles es hier nicht benutzt – δεινότητες. *Und weiter nichts*. [Über Grund *Hegel*. K^{n}]

3.) Alle Menschen sind in irgendeiner Weise beider teilhaft, denn beide erstrecken sich auf solches, was ein Gemeinsames ist und was zu erkennen in irgendeiner Weise Sache aller und nicht einer abgegrenzten Wissenschaft ist (καὶ οὐδεμιᾶς ἐπιστήμης ἀφωρισμένης) (1354a 1–3). Für die Beredsamkeit haben wir uns dies ja früher schon ausführlich deutlich gemacht. Für die Dialektik gilt es, wie wir jetzt im Anschluß an das früher Entwickelte erkennen können nicht minder. Alle nämlich, so entwickelt dies Aristoteles speziell für die Dialektik, versuchen *bis zu einem gewissen Grade*, einen λόγος (d. h. eine fremde Ansicht, Meinung) zu prüfen, abzuschätzen und die eigene Meinung durchzuhalten (πάντες γὰρ μέχρι τινὸς καὶ ἐξετάζειν καὶ ὑπέχειν λόγον (…) ἐγχειροῦσιν, a 4–6). Dabei ist, wie ich betonte, eine Ansicht, ein glaubhafter Satz, *vorausgesetzt* (sei es eine eigene Ansicht, sei es eine fremde). Der Blick ist dabei nicht *primär auf das Seiende*, auf den Gegenstand dieser Doxa, gerichtet: das wäre die Bewegung der Wissenschaft; sondern auf diese Meinung selbst; welche Voraussetzungen in ihr liegen und was aus ihr folgt; und ob diese Voraussetzungen und Folgen auch ihrerseits ἔνδοξα, wahrscheinlich sind. Und «*bis zu einem gewissen Grade*» (μέχρι τινός) tut das jeder. Es ist eine natürliche Fähigkeit des Menschen, sich auf die Voraussetzungen und Folgen solcher Meinungen zu besinnen und sie mit anderen glaubhaften Meinungen zu konfrontieren. Auch ist dazu keine Wissenschaft vonnöten. Über Meinungen verfügt jeder mehr oder minder. Und über die Elemente der *Methode* verfügt gleichfalls jeder mehr oder minder: denn dieses Methodische (das Aristoteles in seinen vier oder fünf Prädikabilien zusammenfaßt) ist kein Gebiet einer besonderen Wissenschaft neben den eigentlichen Wissenschaften. Es entwickelt sich ursprünglich unwillkürlich; und in seinen Anfängen und bis zu einem *gewissen Grade* besitzt es jeder.

4.) Keine andere τέχνη, keine andere Kunst, erschließt Gegenteiliges (τῶν μὲν οὖν ἄλλων τεχνῶν οὐδεμία τἀναντία συλλογίζεται). Nur Dialektik und Rhetorik tuen dies (ἡ δὲ διαλεκτικὴ καὶ ἡ ῥητορικὴ μόναι τοῦτο ποιοῦσιν); in gleicher Weise nämlich gehen beide auf Gegenteiliges (ὁμοίως γάρ εἰσιν ἀμφότεραι τῶν ἐναντίων) (1355a 33–36). Für die Beredsamkeit ist dies ja leicht zu sehen. Es gibt nichts, was auf diesem Felde nicht aus Glaubhaftem als glaubhaft erschlossen werden könnte. Schwerer scheint mir, es auch für die Dialektik einzusehen; und ich will nur gestehen, daß mir selbst nicht voll deutlich ist, wie Aristoteles diese seine Bestimmung für die Dialektik verstanden hat. Ich will mich daher auch hier nicht näher darauf einlassen.

Auf jeden Fall genügen die durchgeführten Parallelen, um uns nachfühlen zu lassen, daß Aristoteles mindestens nicht ohne Recht, ja tiefen Blick, Rhetorik und Dialektik nebeneinanderstellt. Es sind zwar auch wieder zwei ganz verschiedene Dinge. Und so gibt denn auch Aristoteles für das Verhältnis beider einen Ausdruck, in dem zusammengefaßt beides liegt: das ganz Ähnliche und auch das ganz Verschiedene: er nennt, wie ich schon früher zitierte[9], die Rhetorik das «Gegenstück» der Dialektik: ἡ ῥητορική ἐστιν *ἀντίστροφος* τῇ διαλεκτικῇ (1354a 1); ἀντιστρέφειν bedeutet ‹umkehren›, ‹eine entgegengesetzte Richtung geben›. Wenn wir eine Bewegung von links nach rechts z. B. umkehren in eine von rechts nach links, so ist das ein ἀντιστρέφειν. Der Ausdruck ἀντιστροφή ist aus den Wendungen des Chors z. B. in der Tragödie bekannt. Die ἀντιστροφή des Chors ist die in entgegengesetzter Richtung erfolgende Gegenbewegung, die der vorausgegangenen Tanzbewegung im übrigen vollkommen entspricht. Und von dort bezeichnet man dann ja auch die bei dieser Wendung gesungenen Worte (z. B. auch bei Pindars Chorlyrik) als die *Antistrophe*, die Gegenstrophe. – Es ist ein sehr plastischer Ausdruck, wenn Aristoteles hier von Gegenstück spricht. Es ist zugleich freilich ein Ausdruck, dem, wenn er auf Rhetorik und Dialektik bezogen wird, eine gewisse Vagheit, Unbestimmtheit eignet. Und so finden wir denn auch im 2. Kapitel des I. Buches der Rhetorik noch andere Ausdrücke für ihr gegenseitiges Verhältnis. Die Rhetorik soll eine Art Seitentrieb oder Nebentrieb der Dialektik sein (παραφυές τι, 1356a 25). Ferner ein Abbild oder einfach ein Ähnliches wie die Dialektik (ὁμοίωμα, a 31); ja an eben derselben Stelle nennt Aristoteles sie sogar «eine Art *Teil*» der Dialektik (μόριόν τι). Man spürt

[9] *[Vgl. o. S. 112; König verwendet dort allerdings den Ausdruck ‹Seitenstück› für* ἀντίστροφος.*]*

aus der Verschiedenheit dieser Wendungen, daß sie alle mehr an die eigene Anschauung des Lesers appellieren als begrifflich bestimmen wollen. Aber das Gemeinsame beider ist ja unverlierbar darin fixiert, daß sie nicht Wissenschaft sind, daß sie mithin nicht *unmittelbar* erkennend auf ein Seiendes, auf ein ὑποκείμενον πρᾶγμα bezogen sind; und daß sie also beide ihrem Wesen nach nur Geschicklichkeiten (δυνάμεις, δεινότητες) darstellen.

Damit beschließe ich die Erörterung des Enthymems und überhaupt des logischen Hintergrunds der Aristotelischen Rhetorik. Zwar wird uns dieses erste πιθανόν, das ja nach Aristoteles das wichtigste ist: *das Beweisen,* alsbald noch etwas weiter beschäftigen, wenn wir den ethischen Wurzeln dieser Rhetorik nachgehen. Aber das wird dann in allem Wesentlichen keine formal-logische Betrachtung mehr sein. Denn es soll uns dann, wie ich schon ankündigte, nur mehr der ethische Gehalt der Prämissen der Enthymeme beschäftigen. Auch diese Betrachtung wird dann noch das Beweisen und also das erste πιθανόν, das erste Glaubwürdig-Machende der Rhetorik, zum Gegenstand haben. Aber zugleich vollzieht sich damit eine Drehung der Blickrichtung – und zwar im Verfolg des Wesens der Sache. Denn die Rhetorik ist ja einerseits, wie dies aus ihrer Bestimmung als einer bloßen Fähigkeit, das Überzeugung Weckende zu sichten und anzuwenden, hervorgeht, etwas bloß Formales, also etwas, das keinen ihr eigentümlichen Sachbezug besitzt. Aber andererseits hat dieses Formale ja auch selbstverständlich einen Inhalt. Nur daß die Beredsamkeit als solche für diesen Inhalt nicht aus eigenen Kräften aufkommen kann, sondern ihn von anderswoher, eben aus der Ethik, voraussetzen muß.

Zweiter Abschnitt
Das Ethische in der Aristotelischen Rhetorik

Erstes Kapitel
Zur Aristotelischen Affektenlehre

§21. Über das Ethos des Redners. Vorbemerkung zur Behandlung der Aristotelischen Affektenlehre. Die Definition des Affekts

Die Aristotelische Ethik ist nun ein sehr umfassendes Gebiet, in das ich nur eben einführen kann und das uns auch so schon den Rest des Semesters beschäftigen wird. Und deshalb will ich, bevor wir damit beginnen, in der Weise eines Einschubs kurz berichten über die Aristotelische Behandlung der beiden anderen Überzeugungsmittel. Es waren dies: einmal die aus der Rede hervorleuchtende Sinnesart (das ἦθος) des Redners. Und zweitens die durch die Rede bewirkte Stimmung des Zuhörers und Richters, die auf sein Urteil (κρίσις) einfließt. Hierhin fallen die Wallungen, die Affekte oder πάθη des Richters.[1] Beide πιθανά finden ihre Behandlung in den ersten siebzehn Kapiteln des II. Buches der Rhetorik.

Über das ἦθος des Redners, das – wie Sie erinnern werden – für die Rhetorik nur insoweit in Betrachtung kommt, als es aus der Rede selber hervorleuchtet, handelt Aristoteles nur ganz kurz in dem ersten Kapitel des II. Buches. Alle übrigen Kapitel sind den πάθη des Hörers und Richters gewidmet.[2]

---

[1] *[Es ist dieser «Einschub» insbesondere über die Aristotelische Affektenlehre, der nahezu den gesamten zweiten Abschnitt von Königs Kolleg ausmachen wird, während es zu den ursprünglich geplanten und von König mehrfach (S. 18, 43f., 138, 139, 186) angekündigten Begriffsanalysen aus dem Gebiet der Ethik, die den ethischen Hintergrund der Aristotelischen Rhetorik beleuchten sollten, nicht mehr kommen wird (vgl. hierzu König selber S. 190).]*

[2] *[Diese Auffassung Königs steht der communis opinio entgegen, der zufolge das 1. Kapitel des II. Buches eine Einleitung sowohl zu der Aristotelischen Affektenlehre (Kap. 2–11) als auch zu der daran anschließenden eigenen Abhandlung über das Ethos des Redners bildet (Kap. 12–17). König spricht dagegen von einer Affektenlehre in einem «en-*

a) Über das Ethos des Redners

Ich gebe nun zunächst die Aristotelischen Bemerkungen über das ἦθος des Redners an:

Die Rhetorik ist des Urteils wegen da (ἕνεκα κρίσεώς ἐστιν, II 1. 1377b 21). Wir können dies auch so fassen, daß die Hervorbringung eines gewissen Urteils der Zweck der Beredsamkeit ist. κρίσις ist dabei allgemein verstanden: bezieht sich also nicht bloß auf das Urteil des Richters in dem eigentlichen Gericht. Auch die Volksversammlung z. B. ist κριτής, Richter, insoweit nämlich als sie entscheidende, beschließende Macht hat, was ja für Athen zutraf. Die beratende Rede wendet sich zuletzt an den, dem obliegt zu entscheiden. Und der Entscheidende ist hier der κριτής, der Richter. Die epideiktische Rede wendet sich an den Zuhörer schlechthin, an den ἀκροατής, der dabei zwar nicht eigentlich κριτής (Richter) ist; denn gerichtliche Urteile oder politische Entscheidungen sind da nicht zu treffen. Der Hörer ist insofern bloß ein θεωρός, d. h. ein *zweckfrei Zuhörender.* (Bemerken Sie im Vorbeigehen, daß auch die griechische-aristotelische θεωρία dieses Moment der Freiheit von bestimmten vorgegebenen Zwecken wesentlich in sich hat.) Gleichwohl bildet sich auch ihm beim Zuhören eine κρίσις – und zwar wie Aristoteles sagt – περὶ τῆς δυνάμεως (I 3. 1358b 5 f.) – über das Vermögen des Redners, d. h. über das, was den Redner rein als Redner ausmacht: denn die Beredsamkeit ist ja, wie wir wissen eine δύναμις. Es ist das Urteil, das sich dann etwa dahin ausdrückt, daß der Redner aber ‹schön oder gut gesprochen hat›. Und insofern also ist auch der bloße Zuhörer der epideiktischen Rede ein Urteilender. Das Hauptgewicht liegt freilich in diesem Zusammenhang auf dem eigentlichen Richter in beratenden und Gerichts-Reden. Und es kommt nun, so deduziert Aristoteles weiter, in bezug auf den Ausfall des Urteils auch viel darauf an, daß der Redner sowohl sich selbst als auch den Richter als einen Mann von einer gewissen Beschaffenheit herrichtet oder zurichtet oder hin-

---

geren» (Kap. 2–11) und einem «weiteren» (Kap. 12–17) Sinn (unten S. 177; zur näheren Begründung s. unten S. 142 und 187 f). Vgl. indessen auch Hellmut Flashar (Aristoteles, in: Grundriß der Geschichte der Philosophie, Antike Bd. 3, Basel/Stuttgart 1983, 369 f.): «Nicht zu verwechseln mit den Darlegungen über das Ethos des Redners sind die Kapitel über das Ethos *(Rhet. II 12–17), die im Grunde dem gleichen Zusammenhang wie die Pathos-Kapitel angehören (mehrfach Unsicherheiten in der Literatur bezüglich der Disposition). Denn die ethischen Grundgegebenheiten werden ›im Hinblick auf die Affekte‹ (*τὰ δὲ ἤθη … κατὰ τὰ πάθη: *Rhet. II 12, 1388b 31), also nicht losgelöst von ihnen, behandelt.»]*

stellt (καὶ αὐτὸν ποιόν τινα καὶ τὸν κριτὴν κατασκευάζειν, 1377b 24). Dieses schwer übersetzbare κατασκευάζειν ist ein hartes Wort, das hier wörtlich genommen sein will. Der Redner muß sich als einen so-beschaffenen κατασκευάζειν, d.h. hinstellen: nicht indem er sagt, was er für ein trefflicher Mann ist; sondern indem er só auftritt und solches redet, wie ein trefflicher Mann auftritt und was ein solcher redet. Und ebenso muß der Redner den Richter κατασκευάζειν: was hier wieder nicht die Harmlosigkeit besagt, daß er ihn beschwätzen muß; vielmehr er muß den Richter durch seine Rede in eine gewisse Verfassung bringen, aus der dann die gewünschte Entscheidung von selbst hervorgeht, d.h. er muß ihn innerlich *zurichten,* so wie man jemanden ja auch körperlich so oder so zurichten kann. Das sich-selber-Zurichten betrifft nun eben das ἦθος des Redners; das die anderen Zurichten die πάθη. Aristoteles weist dann noch darauf hin, daß das ἦθος des Redners vorwiegend von Bedeutung ist beim γένος συμβουλευτικόν, bei der *beratenden* Rede; daß dagegen beim γένος δικανικόν, bei der Rede vor Gericht dem den-Richter-Zurichten größeres Gewicht zukommt (1377b 29–31). Was ja ohne weiteres verständlich ist.

Wir bleiben jetzt zunächst beim ἦθος, also bei dem sich selber als einen ποιόν τινα, als einen Mann von einer gewissen Beschaffenheit Zurichten. Und von welcher Beschaffenheit? *Allgemein* gesprochen als einen *πιστόν,* als einen glaub- und vertrauenswürdigen Mann. Wenn man nun aber von den Beweisen absieht, sagt Aristoteles, so gibt es drei Dinge, auf die hin wir jemandem Glauben und Vertrauen schenken: nämlich φρόνησις, ἀρετή und εὔνοια (1378a 6–9). Also erstens φρόνησις: wir kennen sie schon; es ist die Aristotelische φρόνησις, nicht die Platonische; die *Klugheit;* die Tugend der praktischen Vernunft, die uns im Handeln, also in bezug auf das πρακτόν, das zu Tuende, das Rechte treffen läßt. Ihr Gegensatz ist eine gewisse *ἀφροσύνη*, das praktische *Törichtsein,* die macht, daß wir nicht *richtig* meinen (οὐκ ὀρθῶς δοξάζειν, a 10f.). Und die φρόνησις, Klugheit, macht also richtig meinen; aber eben *Meinen* in bezug auf das zu Tuende, in bezug also auf das, was Gegenstand eines mit sich oder anderen zu Rate Gehens ist. – Zweitens die ἀρετή schlechthin, die Tugend. Ihr Gegensatz ist die μοχθηρία (die improbitas), die Schlechtigkeit. Diese Schlechtigkeit würde sich im gegenwärtigen Zusammenhang darin äußern, daß der Redner wider bessere Einsicht und also bewußt zu dem rät, was nicht zum Guten führt. (Daß er δοξάζων ὀρθῶς οὐ τὰ δοκοῦντα λέγει: daß er zwar richtig meint, aber nicht ausspricht, was er meint, a 11 f.) Und endlich die εὔνοια, das Wohlwollen. Denn, so sagt Aristoteles sehr treffend: einer mag klug und sehr anständig sein; er ist nicht deswegen schon immer von Wohlwollen gegenüber denen, die er berät, beseelt (a 12–14). Und wenn nun auch möglich sein mag, daß ⟨er⟩ zwar zum Rechten und Richtigen rät, so schenken wir ihm doch nicht oder nicht leicht Vertrauen; und darauf käme es ja hier an. Wo es aber dem Redner gelingt, sich als klug, als anständig und zugleich als wohlwollend hinzustellen und zuzurichten, da stellt sich denn die πίστις (Glauben, Vertrauen), *notwendig* ein. Und dieses festgestellt muß Aristoteles nun die Redeschüler anweisen, wie man es anfängt sich durch die Rede als einen so beschaffenen erscheinen zu lassen: ὅθεν … φανεῖεν ἄν (1378a 16 f.). Was nun die beiden ersten Stücke (die Klugheit und die Tugend) betrifft, so verweist Aristoteles auf jene Obersätze zu Enthymemen, die einen ethisch-politischen *Inhalt* aussprechen; also auf den Teil seiner Darlegungen im I. Buch der Rhetorik, die ich bisher übergangen habe, die uns aber später noch beschäftigen sollen. Und das Wohlwollen, die εὔνοια, gehört zu den πάθη, über die er anschließend spricht, so daß er auch hier die Hörer nur einfach auf die folgende Untersuchung der Affekte verweisen kann. So kommt es ganz natürlich zustande, daß Aristoteles mit der Behandlung dieses ihm so außerordentlich wichtigen Überzeugungsmittels des rednerischen ἦθος in *einem* kleinen Kapitel, dem ersten des II. Buches, fertig werden kann.

b) Vorbemerkung zur Behandlung der Aristotelischen Affektenlehre. Die Definition des Affekts

Und nun die Aristotelische Behandlung der Wallungen, *der πάθη*.

Ich möchte vorweg an wiederholt Bemerktes noch einmal hier besonders erinnern. Die Aristotelische Rhetorik ist (wie auch die Topik) auf einen praktischen Zweck abgestellt. Was Aristoteles über die Affekte sagt, soll keine theoretische Abhandlung über sie sein, sondern ist von vornherein so ausgewählt und so vorgetragen, daß es diesem praktischen Zweck entgegenkommt. Was der Redner von den Affekten wissen und parat haben muß, damit er sich ihrer für seinen Zweck bedienen kann, – das ist das Prinzip der Aristotelischen Darstellung. Mehr will er nicht geben; aber dieses will er auch möglichst *erschöpfend* und für den Redner schon übersichtlich zusammengestellt entwickeln.

Ich selber will ja nun hier nur ganz kurz den Inhalt dieser Kapitel referieren. Aber das ist bei der geforderten Kürze noch immer in doppelter Weise möglich: wir könnten *einmal einen* Affekt herausgreifen, und sämtliche Aristotelische Bemerkungen über ihn durchgehen. Da hätten wir ein ausführliches Beispiel, bei dem es dann der Kürze der Zeit wegen auch bleiben müßte. Die *zweite* Möglichkeit ist, daß wir kursorisch zwar alle oder doch die Hauptaffekte durchgehen aber dabei nur die wesentlichsten Bestimmungen zur Kenntnis nehmen. Dieser zweite Weg ist für unseren Zweck wohl der bessere; Sie müssen sich dabei dann nur bewußt bleiben, daß auf diese Weise ein Bild fehlt von der Totalbehandlung eines *einzelnen* Affektes. Aber diese Totalbehandlung ist hier dem praktischen Zweck entsprechend ja auch mehr nur eine Gesamtaufzählung von Momenten für den Redner; und also in philosophischer Hinsicht nicht von großer Wichtigkeit.

Zunächst die Definition des Affekts, die ich früher[3] schon einmal gab: «πάθος ist alles dasjenige, was die Urteile verschieden ausfallen läßt, wenn die Urteilenden selber unter ihrer Wirkung sich verändern – und welchem Gehobenheit oder Bedrücktheit folgt.»[4] Da benutzt also, wie ich früher schon bemerkte, Aristoteles die Tatsache, daß der Affekt das Urteil beeinflußt, zur Definition des Affekts. Das besagt also – jetzt sind wir imstande, dieses in den Termini der Dialektik auszudrücken – daß Aristoteles diese Beeinflussung des Urteils in das Wesen des Affekts (in das τί ἦν εἶναι) desselben aufnimmt – und zwar *als Gattung*. Was ja auch verständlich ist, denn es gibt noch anderes, das uns só verändert, daß daraufhin unser Urteil anders ausfällt, z. B. arm oder reich sein, krank oder gesund sein, jung oder alt sein. Die spezifische Differenz ist dann hier: daß Gehobenheit und Bedrücktheit folgt (ἕπεται, a 21). Dieses ἕπεται muß entschieden verstanden werden – und zwar so, daß jeder Affekt – rein als solcher oder in sich – ein Gehobensein oder Bedrücktsein darstellt. ἕπεται meint also nicht irgendein zeitliches Hinterherfolgen von Lust und Schmerz. Es ist also hier ein *begriffliches Folgen*. Dem arm oder reich, gesund oder krank, jung oder alt sein mag, obgleich auch keineswegs immer, Gehobenheit oder Gedrücktheit folgen. Aber selbst wenn diese immer *folgten*, so würde dieses ein bloß zeitliches

[3] *[Vgl. o. S. 57.]*

[4] ἔστι δὲ τὰ πάθη δι᾽ ὅσα μεταβάλλοντες διαφέρουσι πρὸς τὰς κρίσεις, οἷς ἕπεται λύπη καὶ ἡδονή (II 1. 1378a 20–22).

Folgen sein; es würde nicht gelten, was vom πάθος gilt, daß sie *in sich* ein Gehobensein oder Bedrücktsein sind. Die Furcht z. B. ist *in sich* ein Gedrücktsein. Das freundschaftliche Fühlen ist ein Gehobensein. – Im übrigen verfolgt Aristoteles die Weisen von ἡδονή und λύπη in den Affekten manchmal überhaupt nicht, manchmal nur flüchtig. Obwohl die Affekte *insofern* unmittelbar in die Ethik fallen, als die Aristotelische Tugend ihr Wesen darin hat, sich in bezug auf die Affekte *richtig* zu verhalten, so gibt Aristoteles doch (auch dies streifte ich früher schon[5]) in der Nikomachischen Ethik keine bessere Definition des Affekts. Er sagt dort (II 4. 1105b 21 ff.) lediglich, die πάθη seien das, οἷς ἕπεται ἡδονὴ oder λύπη. Er läßt da also die Beeinflussung des Urteils ganz weg; und der Form nach ist diese Bestimmung überhaupt keine echte Definition.

Aristoteles gibt dann weiter an, wie er die einzelnen Affekte durchgehen will. Dreierlei ist an jedem Affekt festzulegen und auseinanderzuhalten: 1. in welcher Lage oder in welcher Verfassung sich der befindet, der von einer Wallung ergriffen ist. In einer solchen bestimmten Lage oder Verfassung sein und in der entsprechenden Wallung begriffen sein, ist nicht dasselbe. *Griechisch:* πῶς τε διακείμενοι z. B. ὀργίλοι εἰσί (1378a 24 f.). 2. τίσιν εἰώθασιν ὀργίζεσθαι (a 25): über welche Menschen wir in Zorn geraten (oder: auf welche Menschen einer neidisch wird). 3. ἐπὶ ποίοις (a 25): über welche Dinge – z. B. einer zornig wird – oder etwa Mitleid empfindet u. s. f.

Dies Abstrakte wird deutlich am Beispiel. Beginnen wir mit der *ὀργή*, dem Zorn (ira); mit der Definition des *Zorns*. Dabei müssen wir uns etwas auch auf das Griechische einlassen; wie überhaupt bei den Affekten und weiter bei noch sehr vielen anderen Ausdrücken von ethischer Bezüglichkeit.

§ 22. *Über den Zorn*

a) Zur Definition des Zorns

Der Zorn ist nun also eine ὄρεξις μετὰ λύπης (ein Verlangen, mit Unlust, mit Gedrücktheit) (2. 1378a 31). Sie erinnern, daß ich früher davon sprach, daß jedes πάθος zugleich einen spezifischen *Trieb* darstelle. Das kommt hier in ὄρεξις zutage. Es ist ein Trachten, Streben. ὄρεξις ist nicht dasselbe wie ἐπιθυμία (Begierde). ὄρεξις ist umfas-

---

5 *[Vgl. o. S. 57.]*

sender und umfaßt die Begierde. Jede Begierde ist ein Trachten, aber nicht jedes Trachten und Streben ist ἐπιθυμία. Mit Bemerkungen dieser Art sind wir natürlich hart an der Grenze einer bloßen Diskussion von Wortbedeutungen. Aber das läßt sich sehr oft schlechterdings nicht vermeiden. Aristoteles definiert die Begierde (ἐπιθυμία) im 10. Kapitel des I. Buches der Rhetorik als eine ὄρεξις ἄλογος, als ein vernunftloses Trachten (1369a 4); da ist vernunftlos natürlich kein Wertausdruck, sondern meint ein Trachten, bei dem λόγος, Vernunft, Verstand, Meinung keine Rolle spielt. Der Zorn heißt *einfach* eine ὄρεξις; und dies zeigt an, daß daran Vernunft und Meinung *wesentlich* Anteil haben. – Der Zorn ist dann weiter also ein mit Unlust *wesentlich* verknüpftes Verlangen *nach* einer augenfälligen Rache oder Vergeltung (τιμωρίας φαινομένης, 78a 31 f.) wegen einer offenbaren geringschätzigen Behandlung unserer selbst oder eines der Unsrigen (διὰ φαινομένην ὀλιγωρίαν τῶν εἰς αὐτὸν ἢ τῶν αὐτοῦ, a 32), wenn dieses geringschätzige Verhalten ungebührlich ist (τοῦ ὀλιγωρεῖν μὴ προσήκοντος, a 33). Also noch einmal im ganzen wiederholt: der Zorn ist ein mit Unlust wesentlich verknüpftes Trachten nach Vergeltung wegen einer augenfälligen geringschätzigen Behandlung unserer selbst oder eines der Unsrigen, wenn dieses geringschätzige Verhalten ungebührlich ist. – Daß dies Verhalten «sich nicht gebührt» ist dabei keine Bestimmung des Philosophen sondern des Zornigen; er gerät in Zorn, weil *er* es als sich nicht gebührend beurteilt. Es ist also wesentlich eine *relative* Bestimmung.

Obwohl der Zorn von Unlust begleitet ist (die ja leicht verständlich ist im Hinblick auf die geringschätzige Behandlung), so gehört doch auch wesentlich zu ihm ἡδονή (Gehobenheit, Lust, Freude); und zwar aus der Hoffnung auf Rache (καὶ πάσῃ ὀργῇ ἕπεσθαί τινα ἡδονήν (eine gewisse ἡδονή) *nämlich* τὴν ἀπὸ τῆς ἐλπίδος τοῦ τιμωρήσασθαι, 1378b 1 f.). – Und zwar hat diese ἡδονή eine doppelte Wurzel – oder besser vielleicht: ist sie eine zweifache Lust. *Einmal* nämlich ist es *überhaupt* (allgemein) für uns wohltuend (ἡδύ), in dem Glauben zu leben, daß wir das Ziel unseres Verlangens erreichen (ἡδὺ μὲν γὰρ τὸ οἴεσθαι τεύξεσθαι ὧν ἐφίεται, b 2 f.). Wer aber zornig *ist*, lebt in diesem Glauben, d. h. lebt in dem Glauben, es *sei ihm auch möglich*, sich zu rächen. Dieser Glaube ermöglicht überhaupt das in-Zorn-Geraten. Der sich-Erzürnende wirft sich wesentlich auf das ihm Mögliche (ὁ δ' ὀργιζόμενος ἐφίεται δυνατῶν αὑτῷ, b 4 f.). Wer meint, es stehe nicht in seiner Macht, sich zu rächen, gerät gar nicht in diesen Affekt, sondern allenfalls in einen anderen. – Wo dann für uns die Frage bleibt, ob es nicht auch so etwas wie ‹ohnmächtiger Zorn› gibt. Ich glaube allerdings, daß dies kein ernsthafter Einwand ist.

Und sodann *die zweite ἡδονή:* der Zornige verweilt in seinen Gedanken bei der Rache (διατρίβουσιν ἐν τῷ τιμωρεῖσθαι τῇ διανοίᾳ), und diese φαντασία erzeugt in uns Lust (ἡδονὴν ἐμποιεῖ); es ist eine Lust, die der, die uns Träume gewähren gleicht (ὥσπερ ἡ τῶν ἐνυπνίων sc. ἡδονή, 78b 7–9).

Was ist nun ὀλιγωρία: Geringschätzung, mißachtende Kränkung? Das geht Aristoteles nun sorgfältig durch. Seine Definition derselben (78b 10f.) ist nicht leicht zu übersetzen. Adolf Stahr übersetzt, wie mir scheint richtig: ὀλιγωρία ist «die in einer Handlung ausgedrückte Ansicht über einen Gegenstand, den wir keiner Berücksichtigung wert achten». Wörtlich scheint es zu heißen: «ὀλιγωρία ist die Handlung einer Meinung (ἐνέργεια δόξης) über das, was dem Handelnden ein keiner Berücksichtigung Wertes scheint (περὶ τὸ μηδενὸς ἄξιον φαινόμενον).» – Aristoteles ist der wortkargste Philosoph, den ich kenne. Und dies Urteil ist allgemein. Gerade deshalb muß man dem, was er nun äußert und der sprachlichen Fixierung für notwendig achtet[6], sorgfältig nachgehen. Es lohnt sich immer. Es ist nicht nur notwendig für das begriffliche Verstehen, sondern gewährt den Genuß, einen in seinen Gegenstand verlorenen Künstler und Meister bei der Arbeit zu sehen: wie er Striche hinsetzt, die sitzen. Dieses zu verfolgen und immer wieder mit ihm nachzuvollziehen, ist überhaupt der tiefste Gewinn solcher Schriften. Der liegt nicht darin, daß uns irgendwelche große Gedanken über Gott und die Welt vorgetragen werden, Gedanken, die dann andere auch große Philosophen bestreiten und die sich schließlich doch irgendwo im Dunkel verlieren. Er liegt in der Qualität der Arbeit, in dem tiefen Handwerk. Dies zu gewahren, die Möglichkeit und Wirklichkeit solchen selbstverlorenen Sachbezugs an irgendeinem scheinbar und vielleicht auch wirklich wenig bedeutungsvollen Punkt und Satz leibhaft vor sich zu sehen – ist ein κτῆμα εἰς ἀεί: ein dauernder Besitz. Von den sog. großen umfassenden Gedanken gilt das nicht. In diesen kleinen Dingen liegt die R e a l i t ä t des Phi-

[6] *[Die Syntax ist nicht ganz glatt. Korrekt wäre etwa: «…, was er nun äußert und dessen sprachliche Fixierung er für notwendig erachtet, …».]*

losophierens. Und wer sie da nicht erfaßt, dem wird die Philosophie immer nur ein eingebildeter und zufälliger Besitz sein. – Doch zurück zu diesem Satz: die Geringschätzung ist die Handlung einer Meinung (ἐνέργεια δόξης, vielleicht heißt es sogar: *die Wirklichkeit, das Vorunsstehen): sehr wesentlich*. So wenn z. B. einer, der irgendwohin will und dem wir zufällig im Wege stehen, uns einfach beiseite schiebt, als wären wir ein Stuhl oder Tisch: das ist ἐνέργεια δόξης; da springt der Zorn auf, wenn er sich in diesem Fall vielleicht auch leicht und schnell beruhigen mag. Und diese δόξα ist Meinung über etwas, was dem Handelnden als keiner Berücksichtigung Wertes sich zeigt (περὶ τὸ μηδενὸς ἄξιον φαινόμενον). Auch dies ist *zunächst* nicht só zu verstehen, daß der so Handelnde meinen soll, wir wären gar nichts wert (damit ist noch nicht das *Spezifische* gegeben; und darauf reagieren wir unter Umständen auch gar nicht mit Zorn) sondern daß diese Meinung Meinung ist über ein só dem Handelnden *Erscheinendes, Sich-Zeigendes* (φαινόμενον). Daß nämlich der so Handelnde nicht *só ist*, daß wir ihm nicht *imponieren*, daß wir ihm nicht genügend imponieren, um ihn an seiner Handlung zu hindern. Entschuldigen hilft da unter Umständen gar nicht, macht den Zorn *u. U.* nur schlimmer. Und zwar deshalb weil es wesentlich *nicht allein* auf diese geringschätzige Meinung ankommt, sondern darauf, daß wir anscheinend nicht einmal so wenig dem Betreffenden imponieren, um ihm sein Tun bewußt zu machen. Dies liegt in beidem darin: in dem ἐνέργεια δόξης und dem φαινόμενον. Und es würde Energie des Gedankens und eine große sprachbildende Kraft zugleich dazu gehören, diesen knappen Satz gut und wohl gar gleich knapp zu übersetzen.

Aristoteles gibt weiter dann (1378b 13–15) drei εἴδη, drei Arten von ὀλιγωρία an: καταφρόνησις (Verachtung), ἐπηρεασμός (schon als Wort schwer zu übersetzen; Adolf Stahr gibt dafür «mutwillige Verletzung», was nicht übel ist). Aristoteles gibt kein Beispiel, aber beschreibt *abstrakt genau*, was es ist (b 17 ff.). Aus Zeitmangel will ich auf diese abstrakte Beschreibung, wenn auch sie wieder nur knapp ist, nicht eingehen. Aber an Hand der abstrakten Beschreibung bilde ich selbst ein Beispiel: es fällt uns etwas, was wir schätzen zu Boden, und ein anderer, der hinter uns kommt und der es vermeiden könnte, zertritt es mutwillig. Das ist ἐπηρεασμός, mutwillige Kränkung aus Geringschätzung. Denn wer so handelt, setzt, wie Aristoteles sagt, voraus, daß der, den er kränkt, ihm weder schaden noch nutzen kann, daß er also keiner Rücksicht und Beachtung wert ist. Und darin liegt wieder die ὀλιγωρία, die Geringschätzung. Es ist gerade an solchen Beispielen dann wieder sehr klar, daß echter Zorn daraus nur dann entspringt, wenn die Vergeltung dem Gekränkten wirklich möglich scheint. – Es ist bei der Lektüre dieser Dinge, wie ich im Vorbeigehen betonen möchte, oft *sehr wesentlich*, sich selber zu zwingen, durch ein Beispiel sich das Gesagte ganz deutlich und plastisch zu machen (wo Aristoteles kein Beispiel gibt). Nicht nur, um die eigene Urteilskraft zu schärfen, vielmehr vor allem um den handwerklichen geistigen Prozeß der Umsetzung eines solchen Konkreten in das Abstrakte nachvollziehen zu können. – Als dritte Art des ὀλιγωρεῖν nennt Aristoteles dann ὕβρις (*übermütige* Beleidigung und Geringschätzung). Ich gehe nicht darauf ein: denn auch dies ist alles so trefflich und treffend, daß die Gefahr besteht, kein Ende zu finden.

Anschließend gibt Aristoteles dann in einigen allgemeinen Sätzen an: wann der geringschätzig Behandelte und Zornige diese Behandlung als μὴ προσῆκον, als nicht gebührlich, betrachtet. Als Gegensatz des ὀλιγωρεῖν gibt er hier (78b 34) das πολυωρεῖν an. πολυωρεῖν heißt: ‹sehr achten›, ‹sehr beachten›, ‹hochachten›. Auch hier ist es entsprechend wichtig, die Schicht, in der das Gemeinte liegt, richtig zu greifen. Dieses πολυωρεῖν hat ebensowenig wie das ὀλιγωρεῖν irgend etwas mit Innerlichkeit zu tun. Dieses Hochachten ist *nicht* dies, daß wir jemanden wegen irgendwelcher persönlicher Eigenschaften werthalten. Sondern es ist das jemandem die seiner Stellung oder seinem Rang entsprechende Beachtung und Hochachtung auch äußerlich Bezeigen. In seinem Benehmen zeigen und an den Tag legen, daß man weiß, wen man vor sich hat. In seiner Gegenwart z. B. sich nicht gehenlassen. Ihm gegenüber Bewußtsein darüber verraten, daß er anwesend ist. So wie umgekehrt das Sich so verhalten als ob einer überhaupt nicht da wäre, als ob er ‹Luft wäre›, das ὀλιγωρεῖν im Sinne des καταφρονεῖν ist. Und Aristoteles zählt nun (78b 34 ff.) auf, welche Leute meinen (οἴονται), daß sie auf eine solche Hochachtung (πολυωρία) Anspruch haben, daß sie ihnen gebührt oder zukommt (προσήκειν) – und *von welchen* sie ihnen zukommt: man beansprucht sie von denen, die geringer sind an Adel und Geburt (ὑπὸ τῶν ἡττόνων κατὰ γένος), an Macht (κατὰ δύναμιν), an Tugend (κατ᾽ ἀρετήν; eigentlich und so auch *hier* an Tüchtigkeit) – und überhaupt von denen, die wir in irgendeiner Rücksicht übertreffen (ὑπερέχειν): also z. B. von denen, die wir beherrschen (ἄρχειν), denen wir vorgesetzt sind. Und da zitiert er dann (79a 4 ff.) die Ilias: θυμὸς δὲ μέγας ἐστὶ διοτρεφέων βασιλήων: «groß ist der

Zorn der von Zeus aufgezogenen Fürsten.»[7] Denn sie sind aufgebracht wegen ihrer hohen Stellung (ἀγανακτοῦσι γὰρ διὰ τὴν ὑπεροχήν).

Den Zornigen, so können wir hinzubemerken, liegt eigentlich immer die entrüstete Frage ⟨nahe⟩ ‹Wofür hält der mich eigentlich!›. Es äußert sich in ihm der Anspruch, als *dér* behandelt zu werden, der man zu sein meint. Die Unlust und Gedrücktheit (λύπη) die wesentlich mit dem Zorn verbunden ist, gründet also *zunächst* darin, daß der Andere uns uns selbst nicht noch einmal *von außen* entgegenbringt, daß er uns uns selbst, nach dem was wir zu sein meinen, *durch sein Verhalten* nicht noch einmal gleichsam *entgegenspiegelt*. Wir verlangen, daß das Verhalten des Anderen wie ein Spiegel und zwar wie ein *solcher* Spiegel ist, daß wir uns darin só gewahren, wie wir uns in unserer eigenen Vorstellung von uns zu sehen pflegen. Und warum ist das so? Warum verlangen wir, erwarten, wünschen wir das? Warum befällt uns λύπη, wenn es nicht so ist? Werden wir dann etwa unsicher? Fühlen wir unser Selbstbewußtsein wanken? Oder sind noch andere Gründe am Werk? Das wäre die tiefere Frage nach dem Wesen des Zorns, nach dem Wesen jener Gedrücktheit und zugleich nach dem eigentlichen tieferen Sinn des damit verknüpften Verlangens nach Vergeltung, nach τιμωρία. Aristoteles wirft diese tieferen Fragen nicht auf. Und wenn ich das hier ausdrücklich betone, so wahrhaft nicht deshalb, um wie der Zaunkönig in jener bekannten Parabel großzutun, nachdem Aristoteles uns auf seinen Schwingen dahingetragen hat; sondern aus einem sehr bestimmten Grunde, auf den ich noch später zurückkommen werde. Aristoteles dringt überall bis an die Tiefen heran; und dann hält er inne. Nicht als ob er nicht weiter *könnte*. Aber er geht dann, statt in die Tiefe, *weiter* (nicht etwa in die *Breite;* so etwas gibt es bei ihm nicht) wohl aber weiter, zu einem anderen, zu dem Nächstanschließenden, das er dann gleichfalls so tief oder hoch herausarbeitet, daß das *von-da-tiefer-Bohren* mühelos ist und daher fast – sonderbar zu sagen – belanglos anmutet. Ich kenne keinen Philosophen, bei dem das so ist, bei dem alle eigentliche Mühe und Arbeit am Gegenstand so restlos getan ist, daß die Tiefe nur wie eine Atmosphäre den seienden Gegenstand umspült. Wer dies bei Aristoteles nicht spürt, dem entgeht *das Beste*, das Innerste vom inneren Wesen dieses Menschen und Denkers. Was bei anderen eine Lächerlichkeit oder Blasphemie wäre, will ihm gegen-

[7] *[Hom. B 196.]*

über merkwürdig sinnvoll und geradezu fromm sich anhören: nämlich daß er zuviel Takt hat, um tief zu sein.

b) Über die Verfassung derer, die in Zorn geraten, und über die Menschen, denen sie zürnen

Aber wie dem auch sei. Aristoteles geht auf jeden Fall weiter. Das bisher Gesagte betraf die Definition des Zornes, sein Wesen, also sein τί ἦν εἶναι. Es war eine Erläuterung der in ihm befaßten Momente. Und nun versucht Aristoteles einige allgemeine Angaben zu machen darüber, unter welchen Umständen wir in Zorn geraten und über welche Leute und wegen welcher Dinge. ‹Unter welchen Umständen› heißt im Text πῶς τ' ἔχοντες ὀργίζονται (1379a 9): es ist das, was Aristoteles gleich zu Anfang *só* ausdrückte: πῶς τε διακείμενοι ὀργίλοι εἰσί (1378a 24f.): in welcher Verfassung und Lage die sind, die zornig werden. Hier kann man nicht mit der Definition antworten und etwa sagen ‹die Lage ist eben die, daß sie ungebührlich geringschätzig behandelt werden›. Denn das macht ja den Zorn selber und als solchen aus. Hier aber ist nach derjenigen inneren Lage und Verfassung gefragt, die selber noch nicht Zorn ist, aber aus der er herauswächst, oder die ihm den Weg bereitet. Beachten Sie dabei, daß es noch möglich ist, darüber etwas *Allgemeines* zu sagen. Und nun die Aristotelische Antwort: die Menschen geraten in Zorn, wenn ihnen etwas beschwerlich fällt, wenn sie etwas belästigt, wenn sie unter etwas leiden (ὅταν *λυπῶνται*, 79a 10). Solche sind z. B. die κάμνοντες (die irgend etwas erdulden), die Bedürftigen (πενόμενοι), die sehr Verliebten, die noch nicht erhört worden sind (die ἐρῶντες), die Durstigen (διψῶντες) – überhaupt (ὅλως) die die ein Begehren quält und denen es noch nicht gelungen ist, es zu befriedigen (ἐπιθυμοῦντες καὶ μὴ κατορθοῦντες) (79a 15–17).

Inwiefern nun ist solchen der Zorn nahe? Inwiefern sind sie in dieser Rücksicht εὐπαρόρμητοι (leicht, dahin, zum Zorn hin, zu treiben, a 17)? Aristoteles deduziert dies wieder ungemein treffend und schön – und zwar mit einem lebendigen, verstehenden Deduzieren – folgendermaßen: Wer unter etwas in dem angegebenen Sinne leidet, ist auf etwas aus (ἐφίεταί τινος, a 11); und wenn ihm nun jemand darin geradezu oder auch nicht geradezu in den Weg tritt (z. B. ihm, wenn er durstig ist, zu trinken verwehrt) so scheint ihm das gleich. Und sowohl wenn einer ihm darin entgegen handelt (καὶ ἐάν τε ἀντιπράττῃ τις), als auch nur nicht behilflich ist (ἐάν τε μὴ συμπράττῃ τις) oder nur in bezug auf etwas ganz anderes dabei beschwerlich fällt (ἐάν τε ἄλλο τι ἐνοχλῇ οὕτως ἔχοντα), so gerät er in Zorn über alle diese (πᾶσιν ὀργίζεται) (79a 11–15). Beispiele dafür sind leicht zu haben. Aber man muß sie sich auch wirklich geben und in sie versenken, um die Feinnervigkeit der genialen abstrakten Zeichnung schätzen und beurteilen zu können. Ich gebe nur ein Beispiel für das letzte: Einer stürzt zum Zug, der im Begriff ist, abzufahren und den er noch erreichen muß, und dabei kommt ein anderer und fragt ihn, wo der Ausgang ist. Da ist ein Aussein auf etwas (nämlich auf das den Zug noch Erreichen) präsent, und der Fragende fällt beschwerlich in bezug auf ein ganz anderes (ἄλλο τι ἐνοχλεῖν). – Aber tiefer und weniger karikaturhaft: der Zorn regt sich gegen die, die solche gegenwärtige Zustände geringschätzig behandeln; der Zorn des Leidenden gegen den, der seine Krankheit, des Armen gegen den, der seine Bedürftigkeit, des Kriegführenden gegen den, der seine Kriegshändel, des Liebenden gegen den, der seine Liebe – geringschätzig behandelt, der diese Zustände übersieht, keinen Anteil an ihnen nimmt. Und es steigert den Zorn, wenn es von solchen geschieht, von denen wir das Gegenteil erwarten zu können meinten.

Nachdem auf diese Weise auseinandergelegt ist, in welchen Lagen wir dem Zorn immer nahe sind, folgen sehr ins einzelne gehende, gleichwohl aber immer noch allgemeine Angaben darüber, welche Leute uns leicht in Zorn bringen. Hier kehrt dann allerdings einiges schon bei der Erörterung der Definition Bemerkte wieder. Aber die Kasuistik gliedert sich noch mehr ins einzelne und es kommt zu teils amüsanten teils auch tiefer greifenden, nachdenklichen Bemerkungen. Ich gebe daraus einige Beispiele.

Man zürnt denen, die schlecht und verächtlich sprechen über solches, was man selber sehr ernst nimmt.[8] Aber da ist dann noch genauer hinzusehen. Denn es ist nicht so geradezu treffend, daß wir dann zornig werden. Wenn einer das verachtet, was wir sehr ernst nehmen, so ist das Nächstliegende doch nicht der Zorn, sondern etwa dies, daß wir ihn seinerseits ganz ohne jeden Zorn verachten. Und so versteht es auch Aristoteles, wie das Beispiel, das er dazu gibt zeigt. Er sagt nämlich: so werden z. B. *die* zornig, die ihre Ehre in der Philosophie suchen (οἱ ἐπὶ φιλοσοφίᾳ φιλοτιμούμενοι, a 34), wenn

[8] τοῖς κακῶς λέγουσι καὶ καταφρονοῦσι περὶ ἃ αὐτοὶ μάλιστα σπουδάζουσιν, 1379a 33 f.

einer sie verächtlich macht, und die, die ihre Ehre in der Idee (nämlich in der Platonischen Idee) suchen (οἱ ἐπὶ τῇ ἰδέᾳ, a 35), wenn einer über diese geringschätzig redet. Es ist eben nicht einfach das eine Sache sehr ernst nehmen (das περί τι σπουδάζειν), das uns empfindlich gegen das sie-verächtlich-Behandeln macht; sondern diese spezifische Empfindlichkeit ist nur dort, wo wir in diese Sache unsere eigene Ehre und unseren eigenen Stolz setzen. Und Ehre und Stolz sind ja wesentlich solches, das von außen tangiert werden kann. Wer in etwas seine Ehre setzt, weist sich selber an auf den ihm von außen entgegengebrachten Ausdruck des entsprechenden Respekts. Und diejenigen, die *dás* geringschätzig behandeln, in das jemand seine Ehre gesetzt hat, behandeln (ob sie wollen oder nicht) notwendig ihn selber geringschätzig. – Und ganz besonders sind nun, fährt Aristoteles fort, solche empfindlich und dem Zorn leicht zugänglich, die das, worin sie ihre Ehre und ihren Stolz gesetzt haben, ihrer eigenen dunklen Ahnung zufolge, entweder überhaupt nicht besitzen oder doch nicht fest und sicher (ἐὰν ὑποπτεύσωσι μὴ ὑπάρχειν αὑτοῖς, ἢ ὅλως ἢ μὴ ἰσχυρῶς, 79a 36 f.) oder wenn sie argwöhnen, daß sie auf den Anderen den Eindruck eines solchen machen, der das Fragliche nicht besitzt (ἢ μὴ δοκεῖν, a 37 f.). – Und mit diesen letzten Bemerkungen stehen wir dann wieder vor jener, von Aristoteles nicht behandelten aber irgendwie vielleicht in der Tat tiefer führenden Frage: nach dem eigentlichen Grunde der ursprünglich dem Zorn verschwisterten λύπη (Schmerz, Kummer, Gram, Sorge): denn wer in etwas seinen Stolz und seine Ehre gesetzt hat, will sich von außen bestätigt finden als der, der er ist und zu sein glaubt. Und wenn diese Bestätigung nicht nur ausbleibt, wenn ihm statt dessen vielmehr ein Zweifel an sich entgegenkommt, so ist diese λύπη da und mit ihr der Zorn und die berauschende Hoffnung auf Vergeltung. Doch dies eben nur als Frage und Bemerkung im Vorbeigehen.

Und jetzt hebe ich nur noch einige wenige Aristotelische Sätze heraus, die besonders treffend und aufschließend zu sein scheinen. – Z. B. über unsere Freunde *zürnen wir u. a.*, wenn sie nicht merken, wo es uns fehlt (ἐὰν μὴ αἰσθάνωνται δεομένων, 79b 14 f.). Das nicht-Bemerken ist nämlich ein Anzeichen von Geringschätzung (ὀλιγωρίας γὰρ τὸ μὴ αἰσθάνεσθαι σημεῖον, b 16). «Denn aus dem wir uns etwas machen, den verlieren wir nicht aus den Augen» (wie Adolf Stahr ganz gut übersetzt: ὧν γὰρ φροντίζομεν, οὐ λανθάνει: da entgeht er uns nicht, b 16 f.). Freilich ist dies bloß ein σημεῖον, signum, ein Anzeichen; d. h. ein Vorkommnis, das uns auf den Gedanken bringen mag, daß die Freundschaft nicht sehr lebhaft ist, welches uns aber, als bloßes Anzeichen nicht berechtigt, darauf mit Sicherheit zu schließen. Das Anzeichen (σημεῖον) ist kein *τεκμήριον* (kein Beweiszeichen, kein Zeichen, das beweisende Kraft hat). Als Beispiel für ein solches Beweiszeichen, für ein solches τεκμήριον, führt Aristoteles im I. Buch (2. 1357b 15 f.), wie ich hier im Vorbeigehen noch nachtrage, z. B. an: τέτοκεν, ὅτι γάλα ἔχει: sie hat geboren, denn sie hat Milch. (Das Milchhaben ist beweisend.)

Ferner gebe ich noch folgende Sätze (79b 24 ff.): wir geraten besonders in Zorn über die, die uns in Gegenwart folgender fünf Leute (πρὸς πέντε) geringschätzig behandeln: – nämlich uns geringschätzig behandeln 1. vor solchen, nach deren Hochschätzung wir trachten (πρὸς οὓς φιλοτιμοῦνται), 2. vor solchen, welche wir bewundern (πρὸς οὓς θαυμάζουσιν), 3. vor solchen, von welchen wir bewundert zu werden wünschen (ὑφ' ὧν βούλονται θαυμάζεσθαι), 4. vor solchen, vor denen wir uns schämen (ἢ οὓς αἰσχύνονται), 5. vor solchen, die sich vor uns schämen (ἐν τοῖς αἰσχυνομένοις αὐτούς).

Endlich ein letzter Satz: die Menschen zürnen denen, die ihnen dort, wo sie ernsthaft sind ironisch kommen (καὶ τοῖς εἰρωνευομένοις πρὸς σπουδάζοντας, b 31). Denn die Ironie hat etwas von Verachtung an sich (καταφρονητικὸν γὰρ ἡ εἰρωνεία, b 31 f.).

§ 23. *Zwischenbemerkungen zur Form der Aristotelischen Affektenlehre. Deren Beziehung zur Nikomachischen Ethik*

Soweit die Aristotelische Behandlung des Zorns, die das zweite Kapitel des II. Buches der Rhetorik ausmacht. Ich denke, Sie haben durch das Mitgeteilte einen einigermaßen deutlichen Eindruck gewonnen sowohl von dem Geist der Aristotelischen Behandlung der Affekte als auch, obgleich vielleicht weniger, von der Form. Was diese Form betrifft, so muß sie aus dem Zweck verstanden werden, den Aristoteles sich mit der Rhetorik gesetzt hat; und dieser Zweck ist (ich habe es schon mehrmals betont) der praktische eines Lehr- und Handbuchs für den Redner. Es entspricht vorzüglich diesem Zweck, wenn Aristoteles zunächst eine Definition des jeweiligen Affekts gibt und sodann eine allgemeine, empirische Vollzähligkeit wenigstens anstrebende, *Kasuistik* folgen läßt, die sich in jener dreifachen Weise gliedert: unter welchen Umständen der Mensch leicht dem behandelten Affekt verfällt, und in bezug auf welche Menschen und welche

Dinge er ihm überhaupt und vornehmlich unterliegt. Das ist wirklich *praktisch*. Der Redner braucht in einem gegebenen Fall nur eine solche Kasuistik durchzulesen; er kann ziemlich sicher sein, darin etwas für ihn Passendes und etwas ihn Anregendes zu finden. Ich habe über das Kapitel nicht für angehende Rhetoren berichtet; aber versetzen Sie sich mal in die Lage eines solchen und lesen Sie es daraufhin mal durch: es ist *wirklich* praktisch – für den Rhetor. Auch möchte ich noch bemerken, daß Aristoteles im folgenden 3. Kapitel (1380b 30f.) die einzelnen Sätze dieser zweckmäßigen Kasuistik beiläufig *Topen* nennt, obwohl hier doch von einem Schließen gar nicht die Rede ist. Ich weise darauf nur im Vorbeigehen hin. Es ist m. E. ein Anzeichen, ja ein Beweiszeichen (ein τεκμήριον) für die ursprünglich rein praktische Konzeption des Terminus τόπος. Auf jeden Fall kann Aristoteles mit Recht dieses Kapitel folgendermaßen schließen (und alle Kapitel dieser Art schließt er mehr oder weniger ausdrücklich so): «Wem man also zürnt und unter welchen Umständen und wegen welcher Art von Dingen, ist hiermit gesagt. Es liegt nun auf der Hand, daß der Redner die Zuhörer durch seine Rede zu solchen zurichten muß, die zum Zorn geneigt sind, und die Gegner als solcher Dinge schuldig hinstellen muß, worüber man zürnt und als Leute solcher Art, denen man zürnt.»[9] Was uns daran erstaunen mag, ist 1. die völlige Unbefangenheit des Aristoteles und der Griechen in dieser Sache, die uns die Möglichkeit Aristophanischer Komödien ahnend begreifen läßt [dabei kein Zynismus; naiv – unsentimental. K^n] – und 2. die Tatsache, daß ein Aristoteles soviel Arbeit und Sorgfalt auf eine diesem praktischen Zweck dienende Zusammenstellung dieser topenartigen allgemeinen Sätze verwandt hat. Es ist das ein Moment, das uns heute zweifelsohne befremdet. Aber gerade dies ist geistesgeschichtlich das Interessante. *Rhetorik und Dialektik* (denn für die Aristotelische Topik gilt ähnliches) sind uns heute nicht mehr so wichtig. Jacob Burckhardt hat im dritten Band seiner Griechischen Kulturgeschichte ein ganz vorzügliches Kapitel über die Redekunst in der Antike geschrieben, dessen Lektüre ich gar nicht genug empfehlen kann. – Wesentlicher in diesem Zusammenhang ist aber die Frage: *warum* ist *uns* die Redekunst und auch die Dialektik (die Aristotelische, aber sie im weitesten Sinn verstanden) *weniger wichtig*?

[9] II 2. 1379b 37–1380a 4: οἷς μὲν οὖν ὀργίζονται καὶ ὡς ἔχοντες καὶ διὰ ποῖα, ἅμα εἴρηται· δῆλον δ᾽ ὅτι δέοι ἂν αὐτὸν κατασκευάζειν τῷ λόγῳ τοιούτους οἷοι ὄντες ὀργίλως ἔχουσιν, καὶ τοὺς ἐναντίους τούτοις ἐνόχους ὄντας ἐφ᾽ οἷς ὀργίζονται.

Und wenn ich sage ‹uns›, so will das eine lange lange – genau schwer zu fixierende – Zeit umfassen. Und wer will wissen und prophezeien, daß uns die Rhetorik auch nicht wieder einmal wichtig wird?

Doch zurück zu den *πάθη*. Ich sagte früher schon, daß eine eigentliche Affektenlehre bei Aristoteles nur in der Rhetorik vorliegt. Die Ethiken, vor allem die Nikomachische Ethik, setzen anscheinend überall, die Kenntnis der Affekte voraus. Wer die Nikomachische Ethik mit Anschauung lesen will, tut gut daran, vorher die Affektenlehre der Rhetorik zu studieren. Die Aristotelische Tugend bezieht sich unmittelbar auf den *Affekt*, auf das πάθος; sie besteht, so faßt sie eben Aristoteles, darin, uns im πάθος in der rechten Weise zu verhalten, nicht also in Affektlosigkeit. Aristoteles kennt also eine Tugend des *Zornes;* der *rechte* Zorn ist eine Tugend. Es ist schwer, dies zu fassen; denn es fehlen uns sowohl als auch den Griechen selbst (wie Aristoteles weiß und ausdrücklich diskutiert) die Ausdrücke für das Gemeinte. – Wer zürnt (sagt Aristoteles) worüber er soll (ἐφ᾿ οἷς δεῖ), und wem er soll, und dazu wie, wann und solange er soll – der zürnt sittlich richtig, der übt die *Tugend des Zornes* aus, der versteht sich auf das sittlich richtige und rechte Zürnen und ist in dieser Rücksicht tugendhaft, d. h. καλὸς κἀγαθός. Denn schlechterdings niemals in Zorn zu geraten ist manchmal Sklavenart (ἀνδραποδῶδες) (Eth. Nic. IV c. 11). Es fehlt nur im Griechischen (so bemerkt Aristoteles ausdrücklich) ein Wort für diese Tugend und nennt sie deshalb nicht ohne Willkür πραότης, das ja eigentlich ‹Sanftmut›, ‹Milde› bedeutet. Auch noch an einer anderen Stelle in der Nikomachischen Ethik wird der Zorn gestreift. Aber rein als Affekt und seinem Wesen nach findet er, wie so ziemlich alle übrigen Affekte nur in der Rhetorik Behandlung.

Ich fahre nun fort, einige Kostproben aus dem Weiteren zu geben.

§ 24. *Über die weiteren Affekte: Milde, Lieben und Hassen – zum Verhältnis von Haß und Zorn; über Furcht, Scham und Charis*

a) Über die Milde

Dem Zürnen entgegengesetzt ist das πραΰνεσθαι (das von Milde erfaßt sein); dem Zorn steht die Milde (πραότης) entgegen. Beide sind Gegenteile, ἐναντία. Hier (3. 1380a 5 f.) gebraucht Aristoteles nun die Ausdrücke πραότης und πραΰνεσθαι in ihrem üblichen

Sinn, nicht also als Nothelfer für den fehlenden Ausdruck für die Tugend der rechten Mitte beim Zürnen. Die Milde und das Mildgestimmtsein meint hier mithin den Affekt als Affekt, als Wallung. Es ist also hier zugleich ein *Trieb* sich milde zu erweisen. Ich vermag die Aristotelische Behandlung der πραότης hier nicht durchweg einleuchtend und gut ⟨zu⟩ finden, und glaube, daß daran der praktische Gesichtspunkt schuld hat. Die Kasuistik zeigt, daß es dem Aristoteles darauf ankommt, für den Redner diejenigen Momente zu fixieren, die geeignet sind, den Zorn des Richters zu besänftigen. Es scheint mir aber nicht, daß dies für eine theoretische Behandlung dieses Affekts in seinem Eigenwesen genügt. Aus der sonst vorzüglichen Kasuistik gebe ich nur folgende zwei Beispiele:

1.) Die Menschen werden milde gestimmt, wenn sie ihren Zorn an einem anderen ausgelassen haben, wie das z. B. dem Ergophilos (einem Athener der damaligen Zeit, von dem wir sonst nichts wissen) zugute kam. Denn obschon gegen diesen das Volk noch stärker aufgebracht war als gegen Kallisthenes, sprach es ihn doch frei, weil es tags zuvor den Kallisthenes zum Tode verurteilt hatte (1380b 10–14).

2.) Man zürnt allen denen nicht, die keine Empfindung haben für unseren Zorn (ὅσοι μὴ αἰσθάνονται, 80b 25). Auch den Toten zürnt man nicht mehr und zwar als solchen, die das Äußerste erlitten haben, keinen Schmerz mehr fühlen und auch unseren Zorn nicht mehr merken, was doch die Zornigen wesentlich wünschen (b 25–27) [daher *φαινομένης* τιμωρίας. K^{n}].

b) Über das Lieben und Hassen

Es folgt ein längeres viertes Kapitel über das Lieben und Hassen (φιλεῖν καὶ μισεῖν). Über das φίλος-sein (Freund-sein) und über die φιλία, die Freundschaft. Das φιλεῖν ist also hier nicht geschlechtliche Liebe. Es ist aber, wie die Kasuistik deutlich zeigt, auch nicht nur das jemandem in einem engeren und eigentlichen Sinn *freundschaftlich* gesinnt sein; obwohl dieses vorzüglich. Die Definition lautet (1380b 35 ff.): Lieben, jemandem Freund-sein heißt jemandem die Dinge, die man für Güter hält wünschen (τὸ βούλεσθαί τινι ἃ οἴεται ἀγαθά) – um seinet- nicht um unsertwillen (ἐκείνου ἕνεκα ἀλλὰ μὴ αὑτοῦ) – und ihm dieselben nach Kräften zu verschaffen suchen (καὶ τὸ κατὰ δύναμιν πρακτικὸν εἶναι τούτων). – Ich gebe nur zwei der Aristotelischen Topen darüber:

1.) «Man liebt die, welche Vorzüge an uns rühmen, namentlich solche Vorzüge, von denen wir fürchten, daß wir sie nicht besitzen» (81a 36–b 1).

2.) «Überhaupt liebt man diejenigen, die in hohem Grade Freunde ihrer Freunde sind und denselben niemals fehlen (καὶ ὅλως τοὺς σφόδρα φιλοφίλους καὶ μὴ ἐγκαταλείποντας). Denn unter allen Rechtschaffenen liebt man am meisten einen rechtschaffenen Freund» (81b 26–28).

Über das Hassen gibt Aristoteles keine Topen; denn diese sind offenbar, wie er sagt, aus dem Gegenteil zu entnehmen (ἐκ τῶν ἐναντίων θεωρεῖν, b 37 f.).

c) Zum Verhältnis von Haß und Zorn

Den Abschluß des Kapitels bildet ein Paragraph mit einigen formal vergleichenden Bestimmungen, die grundsätzlich interessant genug scheinen, um sie mitzuteilen.

Der Zorn gehört zu den Dingen *περὶ τὰ καθ' ἕκαστα*, οἷον Καλλίᾳ ἢ Σωκράτει (1382a 4 f.) (ira semper spectat ad singula): Gegenstand des Zornes ist immer ein *Einzelnes*, ein *ganz Einzelnes;* zornig sind wir immer nur z. B. über Kallias oder Sokrates, nicht z. B. über Diebe oder Sykophanten oder Bürokraten u. s. f. – Nun ist es freilich auch möglich, einen solchen einzelnen zu hassen, den Sokrates z. B. und gerade ihn zu hassen. Allein der Haß (τὸ μῖσος) hat im Vergleich zum Zorn das Eigentümliche, daß sein Gegenstand auch Gattungen und überhaupt Allgemeines sein kann. Man haßt u. U. die Diebe, die Sykophanten, die Bürokraten, den Bürokratismus, oder auch z. B. die abstrakten Begriffe und die Logik u. s. f. – Während also der Zorn wesentlich περὶ τὰ καθ' ἕκαστα ist oder, wie Aristoteles auch sagt τῶν καθ' ἕκαστόν ἐστιν, zu den Dingen gehört, deren Gegenstand wesentlich ein Einzelnes ist, kann der Haß sich auch auf Gattungen beziehen (τὸ δὲ μῖσος καὶ πρὸς τὰ γένη, 82a 5 f.). Über die Freundschaft schweigt Aristoteles an dieser Stelle sich aus. Aber schon ein Blick ins Lexikon und übrigens auch auf unsere eigene Sprache kann uns doch wohl belehren, daß sie in dieser Rücksicht auf der Seite des Hasses steht. Denn einer liebt z. B. ja auch die Musik oder schöne Kleider. Während der ἔρως und das ἐρωτᾶν wieder in dieser Rücksicht dem Zorn gleich ist. Denn das sinnliche Lieben zielt doch wohl ausschließlich auf das Einzelne.

Der Unterschied von solchem, das wesentlich auf die Einzelheit geht und solchem, das (wie hier der Haß) doch mindestens *auch* Allgemeines, Gattungen, zum Gegenstand haben kann, erinnert rein formal an den Unterschied von *Sinn* und *Intellekt*. Man sagt: der Sinn (Hören, Sehen u. s. f.) erfaßt das Einzelne; der Intellekt (das Denken) das Allgemeine. Auf jeden Fall ist dieser formale Unterschied von Zorn und Haß recht tiefgehend.

Merkwürdig sind auch noch folgende vier, doch recht beträchtliche Unterschiede beider, die Aristoteles ohne weitere Diskussion feststellt:

1.) Der Zorn ist mit der Zeit heilbar (ἰατὸν χρόνῳ, 82a 7), der Haß nicht.

2.) Der Zorn will dem anderen wehe tun, will, daß der andere ein Leid empfindet; er ist also λύπης ἔφεσις (Verlangen nach λύπη); der Haß dagegen ist ἔφεσις κακοῦ (a 8): was schwer richtig und treffend zu übersetzen ist: Adolf Stahr übersetzt: der Haß sucht zu «schaden». Er kontrastiert also ‹wehe tun wollen› und ‹schaden wollen›. Das ist gewiß nicht falsch; aber befriedigt auch noch nicht wirklich. Das von Aristoteles Gemeinte wird noch deutlicher durch folgenden Zusatz dazu, den er macht: der Zorn will wehe tun, *denn* er will, daß der andere dieses Weh auch empfindet (αἴσθεσθαι γὰρ βούλεται ὁ ὀργιζόμενος, a 8 f.). Deshalb zürnen wir z. B. auch, sagte Aristoteles ja vorher den Toten nicht mehr. Der Haß will Böses zufügen (κακοῦ ἔφεσις); denn dem, der haßt, macht es nichts aus (οὐδὲν διαφέρει, a 9), ob der Gehaßte Empfindung hat des zugefügten Bösen. Der Zornige will eben dem Anderen seinen Zorn *zu spüren* geben; aber dem Hassenden ist es gleichgültig, ob der Andere seinen Haß spürt. Wenn Stahr die ἔφεσις κακοῦ mit «will schaden» übersetzt, so ist dies deshalb *richtig*, weil ein zugefügter Schaden auch dann Schaden ist und bleibt, wenn der Geschädigte gar nicht weiß, daß er ihm von jemandem absichtlich zugefügt worden ist. Aber der Geschädigte *leidet* doch unter dem Schaden, unter der ihm zugefügten Minderung z. B. seines Vermögens oder seiner Gesundheit. Und in dieser Linie weiterdenkend bemerkt man dann, daß die *äußerste* Minderung und Schädigung, die in der Tat nun auch nicht einmal mehr empfunden werden kann, die *Vernichtung* ist. Vielleicht also darf man sagen: der Haß zielt auf Vernichtung. Das Gehaßte soll gar nicht da sein: so z. B. schon das Harmlose, wenn einer den Bürokratismus haßt: er will dann, daß es ihn überhaupt nicht geben soll. Und insofern ist die Übersetzung jenes ἔφεσις κακοῦ mit ‹Verlangen zu schaden›, etwas zu harmlos. Allein diese Erwägungen gehen zugleich ja auch schon *wesentlich* über die Frage des Übersetzens hinaus.

3.) Wer zürnt, leidet, empfindet Schmerz (λυπεῖται), wer haßt nicht (ὁ δὲ μισῶν οὔ) (82a 13). – Aber da erinnern wir uns denn an die Definition der πάθη, daß sie das sind, denen λύπη und ἡδονή *folgen*. Macht der Haß da eine Ausnahme? Und wie steht es in dieser Rücksicht mit der φιλία? In ihrer Definition kam gleichfalls weder die ἡδονή noch die λύπη vor. Aber Definitionen dulden keine solchen Ausnahmen. – Da sind also Probleme, Zweifel. Ich vermag sie, was Aristoteles betrifft, nicht zu lösen. – In der Nikomachischen Ethik handeln das VIII. und IX. Buch besonders über die Freundschaft, die φιλία. Der Haß findet dort keine Berücksichtigung. Auch hierin unterscheidet sich die φιλία von den übrigen πάθη, die in der Ethik keine besondere Behandlung mehr finden. Ferner beginnt das erste Kapitel des VIII. Buches der Nikomachischen Ethik mit dem Satze, daß die φιλία eine Art Tugend ist oder etwas mit der Tugend Verknüpftes (ἀρετή τις ἢ μετ᾽ ἀρετῆς). Und also kein πάθος. Und wiederum macht Aristoteles dann im siebten Kapitel desselben Buches einen Unterschied zwischen φιλία und φίλησις (Freundschaft und Lieben) und sagt, die φίλησις gleiche (ἔοικε) dem Affekt. – Es sind Schwierigkeiten, die dadurch noch vergrößert werden, daß der Ausdruck φιλεῖν (und auch φιλία dann, aber weniger) außerordentlich mehrdeutig ist. Ich mache hier nur darauf aufmerksam.

4.) Noch folgender Unterschied: wer zürnt mag auch wohl von Mitleid erfaßt werden mit dem, dem er zürnt: wenn nämlich diesen viel Unglück trifft; wer aber haßt, den läßt das unberührt. Denn der Zürnende will ja nur, daß auch der andere leidet (ὁ μὲν γὰρ ἀντιπαθεῖν βούλεται ᾧ ὀργίζεται, 82a 14 f.); wer aber haßt, will, daß der andere *nicht ist*, kein Sein hat (ὁ δὲ *μὴ εἶναι* sc. βούλεται, a 15). Da sagt also Aristoteles selber, daß der Haß die Vernichtung will.

d) Über Furcht und Scham

Das fünfte Kapitel behandelt den *φόβος*, die Furcht – und sein Gegenteil: τὸ θαρρεῖν: das Zuversichtlich- oder das guten Mutes sein. Das unverzagt, getrost etwas unternehmen. Lat. confidere. Aus Zeitmangel übergehe ich es ganz. Der φόβος kommt in der berühmten Aristotelischen Definition der Tragödie vor; und ist also schon von daher wichtig.[10]

Das *sechste Kapitel:* sein Gegenstand ist die Scham (ἡ αἰσχύνη)

[10] *[Poet. 6. 1449b 24–28.]*

und das sich-Schämen (τὸ αἰσχύνεσθαι) – sein Gegenteil das schamlos sein (τὸ ἀναισχυντεῖν) – die Schamlosigkeit (ἡ ἀναισχυντία). Die Definition lautet (1383b 13–15): «Scham ist eine Art Schmerz (λύπη) oder Verwirrung (ταραχή) über diejenigen Schlechtigkeiten und Minderwertigkeiten, die gerade dabei sind Verachtung oder Schande über uns zu bringen (περὶ τὰ εἰς ἀδοξίαν φαινόμενα φέρειν τῶν κακῶν) und zwar über gegenwärtige oder vergangene oder zukünftige Schlechtigkeiten (ἢ παρόντων ἢ γεγονότων ἢ μελλόντων).» – Man darf: τὰ εἰς ἀδοξίαν φαινόμενα φέρειν τῶν κακῶν nicht übersetzen wie Adolf Stahr das tut mit: «auf diejenigen Übel, die in unserer Vorstellung zu üblem Rufe führen». Es handelt sich hier 1.) nicht um Übel, sondern um Schlechtigkeiten und Minderwertigkeiten; und diese führen, wenn sie überhaupt offenkundig werden, immer zur ἀδοξία. Das gehört soz. zu ihrer Definition. Und 2.) meint φαινόμενα hier nicht: daß wir subjektiv *meinen,* sie führen zu üblem Ruf. Sondern gemeint ist: ein objektives φαίνεσθαι εἰς ἀδοξίαν φέρειν: wir sehen die *κακά* vor uns *wie sie* zur ἀδοξία bringen. Die *κακὰ* *sind* an den Tag gekommen; und da setzt Scham ein. – Und dieses an den Tag Kommen kann dann allerdings auch in die zunächst bloß subjektive *Vorstellung* übernommen werden. Einer wird auch dann schon von Scham überwältigt, wenn er bloß daran denkt, daß morgen oder übermorgen dieser oder jener dies und das von uns erfahren *wird*. Die Kasuistik der Scham übergehe ich. Auch sie ist wieder vorzüglich. Man merkt ihr freilich auch inhaltlich etwas an, daß sie für den Redner geschrieben ist. Gern würde man z. B. noch etwas von ihm hören über leichtere Formen der Scham wie die Verlegenheit – und dann wieder über die im eigentlichen Sinne geschlechtliche Scham, die zwar kurz erwähnt – aber nicht in ihrer Eigenart behandelt wird.

e) Über die Charis

Im siebten Kapitel folgt dann die *χάρις* und das *χάριν ἔχειν τινί:* Adolf Stahr, der Verfasser der Übersetzung, die ich im allgemeinen zugrunde lege, hebt in einer Anmerkung mit Recht hervor, daß diese Ausdrücke schwer zu übersetzen sind. Χάρις – lat. gratia bedeutet 1.) gefälliges, freundliches Benehmen, 2.) Handlungen der Gefälligkeit, Freundlichkeit und 3.) die aus solchen Handlungen entspringende Wallung der Dankbarkeit. – Das Wort gehört ja etymologisch zu χαίρειν ‹sich freuen›. Lat. *carus* ist beizuziehen. – Ich erinnere an die

Grazien – αἱ Χάριτες – die Göttinnen der Anmut, der Huld alles Lieblichen und Liebenswürdigen. χάρις *als Sache,* die Freude gewährt, ist: Reiz, Anmut, Lieblichkeit, Liebenswürdigkeit, Zierlichkeit – und χάρις *als Handlung*, die Freude gewährt: Gunst, Huld, Gefälligkeit, Wohltat, Liebesdienst.

Wenn χάρις bei Aristoteles als *πάθος* erscheint, so ist klar, daß χάρις diejenige Verfassung bedeutet, in der wir geneigt, ja vielleicht sogar getrieben sind, uns gefällig zu erweisen, Freundlichkeiten auszuteilen. Aristoteles selber entwickelt dies nicht näher. Es gibt Menschen, die ein freundliches Naturell besitzen, eine gewisse Bonhomie. Und es gibt Lagen, die freundlich und gefällig stimmen (z. B. wenn wir ein Glück erfahren haben). Der Mensch, der in guter Stimmung ist, gut aufgelegt ist, ist auch zu Freundlichkeiten geneigt. Der Affekt kann sogar heftig werden: in jugendlichen Stimmungen, in denen man jeden auf der Straße umarmen *möchte.* Fürsten ließen dann Geld unter das Volk werfen. Oder Schiller: «Freude, schöner Götterfunken, Tochter aus Elysium». Die freundliche Gesinnung, die freundliche zu Gefälligkeiten geneigte Gestimmtheit (so mag man schließlich schwerfällig χάρις hier übersetzen) ist selbstverständlich nicht φιλία und nicht φιλεῖν. Aber irgendwelche Gemeinsamkeiten bestehen. Beide sind irgendwie Sympathien – Aristoteles definiert die χάρις als dasjenige, zufolge dessen von dem, der sie hat, gesagt wird: er leiste einem Bedürfenden eine Gefälligkeit (χάριν ὑπουργεῖν δεομένῳ), nicht in Erwiderung von irgend etwas (μὴ ἀντὶ τινός), auch nicht damit ihm, dem Leistenden selber etwas zuteil werde (μηδ' ἵνα τι αὐτῷ τῷ ὑπουργοῦντι), sondern damit dem Bedürfenden etwas zuteil wird (ἀλλ' ἵνα ἐκείνῳ τι) (85a 17–19). – Freundliche, gefällige Handlungen haben mit Handlungen der Freundschaft dies gemeinsam, daß der Handelnde só nicht seiner selbst wegen (αὐτοῦ ἕνεκα) handelt. Sie fließen unmittelbar aus einer auf den *Anderen* gerichteten Freundlichkeit oder auch Freundschaft. Aber Freundlichkeiten brauchen einen *Anlaß* und zwar einen Bestimmtes Bedürfenden.

Aus Freundlichkeit handeln ist gewiß nicht dasselbe wie aus *Mitleid* handeln. Aber schon darin, daß jede Gefälligkeit sinngemäß einen (wenn auch nur minimalen) *Notstand* bei dem Empfänger voraussetzt, ist ein innerer Bezug der χάρις zum Mitleid angezeigt. Gerne-gefällig-sein heißt gerne solche wenn auch nur minimalen Notstände beheben wollen, also gerne das bei andern aufheben wollen, was, wenn es in höherem Grade auftritt, Gegenstand des Mitleidens ist. – Mehr als ein ‹gewisser Bezug› beider ist das freilich nicht. Immerhin folgt im achten Kapitel nun ganz passend die Topik des ἔλεος, des Mitleids, der misericordia. Bevor ich daraus einiges mitteile:

Max Scheler: ›Wesen und Formen der Sympathie‹[11]. Analysen der Sympathie, die in einer Analyse von Liebe und Haß gipfeln.

Wie die Furcht so kommt das Mitleid in der Aristotelischen Definition der Tragödie vor. Über den Zusammenhang beider Affekte in dieser Definition – sowie überhaupt für manche Fragen des Affekts verweise ich auf die Hamburgische Dramaturgie von Lessing.[12]

§ 25. Über das Mitleid

a) Zur Definition des Mitleids

Die Definition des Mitleids lautet bei Aristoteles: «Mitleid ist ein gewisses Schmerzgefühl (λύπη τις) über ein vor Augen liegendes Untergang und Schmerz drohendes Übel (ἐπὶ φαινομένῳ κακῷ φθαρτικῷ καὶ λυπερῷ) welches wir einen Menschen treffen sehen, der es nicht verdient (τοῦ ἀναξίου τυγχάνειν) und dessen auch wir uns möglicherweise sei es für uns selbst oder für einen der Unsrigen, zu versehen haben (ὃ κἂν αὐτὸς προσδοκήσειεν ἂν παθεῖν ἢ τῶν αὐτοῦ τινά) – und zwar wenn es als nah erscheint (ὅταν πλησίον φαίνηται)» (8. 1385b 13–16).

Besonders wichtig an dieser Definition ist dem Aristoteles dies, daß es ein Übel ist, von dem der, der Mitleid hat, sich vorzustellen vermag, daß es auch ihn treffen könnte. In dem folgenden Nachsatz betont Aristoteles noch einmal dies: «Denn es ist klar, daß der, welcher Mitleid empfinden soll, notwendig ein Mensch solcher Art sein muß, daß er meint, es könne möglicherweise entweder er selbst oder einer der Seinigen überhaupt ein Übel erleiden, und weiter dann ein Übel der in der Definition genannten Art oder doch ein ähnliches oder verwandtes.»[13] Und er fügt sofort zwei Tatsachen an, die ihm

---

[11] *[Unter diesem Titel erstmals erschienen in der 2. Aufl., Halle 1923. – 6. Aufl. in: Max Scheler, Gesammelte Werke Bd. 7, hrsg. von Manfred S. Frings, Bern/München 1973.]*

[12] *[Der Dichter ist freilich, wie man heute sieht, der aristotelischen Behandlung der Affekte (insb. von Phobos und Eleos) nicht gerecht geworden. Hierzu vgl. M. Kommerell, Lessing und Aristoteles, Frankfurt a.M. 1940; W. Schadewaldt, Hermes 83, 1955, 129–171 (= ders., Hellas und Hesperien 1, Zürich ²1970, 194–236.]*

[13] 1385b 16–19: δῆλον γὰρ ὅτι ἀνάγκη τὸν μέλλοντα ἐλεήσειν ὑπάρχειν τοιοῦτον

das zu beweisen scheinen: 1.) Die ganz Elenden, – die, mit denen es ganz aus ist (οἱ παντελῶς ἀπολωλότες) fühlen kein Mitleid. «Nichts nämlich noch meinen sie könnte sie berühren; denn sie *haben* gelitten (haben gleichsam das Leid erschöpft)» (οὐδὲν γὰρ ἂν ἔτι παθεῖν οἴονται· πεπόνθασι γάρ) (85b 19–21). – 2.) Auch die ὑπερευδαιμονεῖν οἰόμενοι (b 21) fühlen kein Mitleid. ὑπερευδαιμονεῖν οἰόμενοι heißt wörtlich ‹die meinen überglücklich zu sein›. Aristoteles will darunter wohl diejenigen verstehen, denen es so gut geht, daß sie meinen, es könne ihnen gar nichts Übles mehr zustoßen. Sie sind übermütig: ὑβρίζουσιν (b 21 f.). Und da die Meinung, es könne uns ein ähnliches Übel zustoßen, gemäß der Definition wesentlich zum Mitleidigen gehört, so folgt, daß auch diese Übermütigen kein Mitleid empfinden können.

Es ist wesentlich, zu beachten, daß es eben zur Aristotelischen *Definition* des Mitleids gehört, daß der Mitleid Empfindende dabei auf ein Übel bezogen ist, von dem er befürchten oder erwarten (προσδοκήσειεν, 85b 15) könnte, daß es auch ihn treffen könnte. [In der Formulierung steht zweimal ἄν! Einige Codices haben allerdings das zweite ἄν nicht. K^{n}] Der Sinn ist *nicht:* daß das Mitleid-Empfinden darin *besteht*, zu *denken* ‹das könnte auch mich treffen›. Vielmehr ist der Sinn: es *muß möglich sein*, daß der Mitleid Empfindende denkt, das könnte auch mich treffen. Dieser Unterschied ist wichtig für die Interpretation der Aristotelischen Auffassung des Mitleids und weiter dann für die Theorie des Mitleids überhaupt. Hat das Mitleid letzthin etwa egoistische Wurzeln? Ist es letzthin ein Mitleid haben *mit sich* und nur auf diesem Umweg und also nur indirekt ein Mitleid haben mit *anderen*? So legt z. B. Scheler[14] ablehnend eine Auffassung des Mitleids aus, die der des Aristoteles ähnlich ist, ohne sich freilich ausdrücklich und eingehend dabei auf Aristoteles zu beziehen.

Freilich ist die Rede von Egoismus gerade an dieser Stelle überhaupt nicht sehr deutlich. Doch wie dem auch sei: bei Aristoteles ist das Mitleid direkt ein Mitleiden mit dem Anderen; eine auf das Leid des Anderen unmittelbar gerichtete Wallung; und zwar (wenn Aristoteles dies auch nicht sagt) offenbar doch eine Wallung und ein Trieb, das Leiden des Anderen aufzuheben. *Aber freilich: wäre es*

οἷον οἴεσθαι παθεῖν ἄν τι κακὸν ἢ αὐτὸν ἢ τῶν αὐτοῦ τινά, καὶ τοιοῦτο κακὸν οἷον εἴρηται ἐν τῷ ὅρῳ ἢ ὅμοιον ἢ παραπλήσιον.

[14] *[o. Anm. 11.]*

schlechterdings unmöglich, daß einer denkt, dies könnte auch mich oder einen mir Nahestehenden treffen, so ist es nach Aristoteles auch *unmöglich*, daß ein solcher Mitleid empfindet. *Deshalb* nimmt er die *Möglichkeit*, solches zu denken, in die Definition, in das τί ἦν εἶναι des ἔλεος auf. Und ich glaube nicht, daß dadurch schon das Mitleid zu einem egoistischen Phänomen in einem sittlich wertlosen Sinne wird. Die unmittelbare Richtung auf das Leid des Anderen wird dadurch nicht gestört, daß ihr als Bedingung ihrer Möglichkeit dieser *mögliche* Gedanke, das könnte auch mir zustoßen vorgesetzt wird. Die ganz Elenden und die ganz Glücklichen, nämlich Überglücklichen faßt Aristoteles offenbar als solche, für die es *schlechterdings unmöglich* ist, zu denken, daß auch ihnen solches zustoßen könnte. Es definiert nach Aristoteles den, mit dem es ganz aus ist, und den voll und rein Übermütigen, daß sie solches nicht zu denken *vermögen*. Und dies ist eine gute und vielleicht *einzig*-mögliche Definition derselben.

Aber stimmt nun, was Aristoteles sagt? Stimmt es, daß, wer das Fragliche nicht zu denken vermag, unmöglich Mitleid empfindet? Ich für mein Teil glaube, daß Aristoteles recht hat; aber auf das, was ich so glaube und meine, kommt es ja nicht an. Ein *Beweis* des Aristoteles liegt nicht vor. Denn 1. läßt sich eine *Definition* nach der eigenen Lehre des Aristoteles überhaupt nicht beweisen. Und was 2. Aristoteles über den ganz Elenden und den Überglücklichen anführt, wäre selbst dann kein Beweis für die *Unmöglichkeit* (und darauf käme es an) wenn das Faktum, daß sie schlechterdings kein Mitleid empfinden, sicherer wäre als es ist. Ich selber aber vermag Ihnen gleichfalls nicht einen solchen Beweis zu liefern. Wäre unser Thema hier ein anderes – und hätten wir mehr Zeit, so könnte ich wohl versuchen, Ihnen die tief interessante logisch-denkerische Situation zu analysieren, in der man sich mit solchem Fragen überhaupt bewegt. Und das wäre auch für die Ethik von Bedeutung. Denn es gibt zwar Phänomene, die in einem restlos klaren Sinn ‹egoistische Phänomene› sind. Aber es gibt auch andere Phänomene, die in einem ganz und gar nicht klaren Sinn egoistische Phänomene sind, obgleich sie irgendwie wesentlich mit dem Ich zusammenhängen. Das Mitleid könnte zu dieser zweiten Klasse gehören.

Beachtenswert ist noch folgendes: nach der Aristotelischen Definition zu urteilen, können wir kaum annehmen, daß Gott oder besser daß die griechischen Götter des Mitleids mit den Menschen fähig sind. Denn die Götter haben doch wesentlich nicht die Übel zu gewärtigen, denen die armseligen Sterblichen so durchweg unterworfen sind. Gleichwohl läßt Homer z. B. in der Ilias den Zeus von Mitleid erfaßt werden über das Todesschicksal seines Lieblings *Sarpedon,* dem verhängt ist, in dem Kampf mit Patroklos zu fallen. Es ist das 16. Buch der Ilias (Π 431–461). Ihn jammert dieses Schicksal. Ich weiß nicht, was Aristoteles dazu sagen würde. – Für christliche Denker ist die Frage vielleicht noch wichtiger: was ist die misericordia dei? Das göttliche Erbarmen, das in dem miserere nobis (erbarme dich unser) angerufen wird? Ist es überhaupt Mitleid? D. h. müssen wir es, wenn wir es überhaupt denken, als ein *Mitleiden* – und als dieses Aristotelische ἐλεεῖν – denken? Und wenn es zwei verschiedene Dinge sein sollten, haben wir dann zwei verschiedene Formen eines allgemeinen ἔλεος? Oder sind es ganz verschiedene, heterogene, Phänomene? – Ich selber neige dazu, sie für ganz heterogen zu halten. Die Übersetzung des griechischen ἔλεος mit misericordia ist zwar nicht fragwürdig aber hat Fragwürdigkeiten in sich. Und für das Wort ‹Mitleid› gilt ähnliches. Die Lehre daraus kann sein: sich zu hüten, zu glauben, daß schon das *bloße Wort* ἔλεος oder Mitleid u. s. f. uns eindeutig zu dém hinbringt, was Aristoteles beim Schreiben innerlich vor sich hatte. Man muß alles dás hinzunehmen, was er über das Phänomen *sagt;* und dann darf man schließen, daß er mit dem Wort dasjenige meint, zu dem dás, was er darüber sagt, *paßt.* – Und was sagt er nun weiter?

b) Über den Zustand derer, die Mitleid empfinden

Zunächst handelt er über die Verfassung derer, die man ‹mitleidig› nennen könnte, also derer, denen ihrer Verfassung, ihrem διακεῖσθαι nach, das Mitleid *nahesteht.* Es ist das, wie ich schon früher[15] entsprechend beim Zorn ⟨mitteilte⟩ z. B. *nicht* diejenige Verfassung, in der wir uns befinden, wenn wir Mitleid empfinden über jemanden, sondern diejenige, die uns zu jeder Zeit für das Mitleid *empfänglich* macht und in der also der Betreffende auch dann sich befindet, wenn er im Augenblick gar kein Mitleid über irgend etwas empfindet.

Darüber läßt sich zunächst etwas ganz Allgemeines sagen: Leicht von Mitleid ergriffen sind alle die, *die meinen,* es könne sie ein Übel treffen (τοιοῦτοι οἷοι νομίζειν παθεῖν ἄν, 1385b 24). Das

---

[15] *[Vgl. o. S. 144 und S. 150]*

ist die *ganz allgemeine* Bestimmung des für das Mitleid besonders Empfänglichen. Aristoteles sagt «die, die solches *meinen*»: d. h. die, die von diesem Gedanken mehr oder minder *erfüllt sind;* diejenigen, zu deren Bewußtsein von sich selbst dieser Gedanke wesentlich gehört. Das ist scharf aufzufassen. Folgendes Dreifache ist dabei auseinanderzuhalten: 1. Es gibt, wie wir von Aristoteles schon hörten und wie wir auch glauben wollen, Leute, die schlechterdings gar nicht den Gedanken zu denken *vermögen,* daß ihnen ein Übel zustoßen könnte: die ganz Elenden und die ganz Glücklichen, die Übermütigen. 2. Es gibt Menschen, viele Menschen, die diesen Gedanken wohl zu denken vermögen, die aber nicht von ihm erfüllt sind oder (wie ich das vorhin auszudrücken versuchte) zu deren Bewußtsein von sich selbst dieser Gedanke nicht wesentlich gehört. Sie können also zwar von Mitleid ergriffen werden. Aber es sind nicht zum Mitleid *geneigte Naturen.* Wir werden sie also auch nicht *mitleidige Menschen* nennen. Und was ich da auseinandersetze, folgt ja eigentlich nur den Linien der Sprache; und setzt eigentlich nur eben den *Sprachsinn* solcher Qualifizierungen wie z. B. ‹mitleidig› auseinander. Das ist auf diesem Felde so. Es ist kein Widerspruch, sondern das Natürlichste von der Welt, daß ein nicht mitleidiger Mensch von Mitleid ergriffen wird. Um das zu begreifen, bedarf es eigentlich keiner Philosophie, sondern nur einer gebildeten Sprachfähigkeit. – Und 3. endlich gibt es diejenigen Leute, auf die es Aristoteles hier abgesehen hat: die wir mitleidige Menschen nennen, die also leicht von Mitleid ergriffen werden, die (wie es entsprechend früher vom Zorn hieß) εὐπαρόρμητοι, leicht in diesen Affekt hineinzutreiben sind. Und diese nun sind in dem jetzt ja wohl deutlichen Sinn zunächst *ganz* allgemein charakterisierbar als diejenigen die meinen, es könne sie ein Übel treffen.

Dieses *ganz* Allgemeine läßt sich aber noch etwas konkretisieren bei *Wahrung* der Allgemeinheit. Denn welche Art von Menschen sind von diesem Gedanken mehr oder minder erfüllt? Und da zählt Aristoteles nun (85b 24 ff.) folgende auf: 1.) die schon früher Unglück erlitten haben und davongekommen sind. 2.) ältere Menschen überhaupt, πρεσβύτεροι (sehr treffend: Kinder sind ja bekanntlich das Grausamste und Mitleidloseste, was es gibt); und zwar sind ältere Personen dies sowohl auf Grund ihrer Klugheit (διὰ τὸ φρονεῖν) als auch auf Grund ihrer Erfahrung (καὶ δι' ἐμπειρίαν). 3.) schwache Menschen (οἱ ἀσθενεῖς): nicht nur die körperlich Schwachen, sondern die, die sich irgendeiner Schwäche, irgendeiner Anfälligkeit bewußt sind. Schon rein abstrakt ist ja wohl dieses merkwürdige Bewußtsein einer Schwäche eben das Bewußtsein, daß dort ein Übel Fuß fassen kann. 4.) mehr noch als diese Schwachen die Menschen, die *feiger* sind als andere (οἱ δειλότεροι). 5.) die Gebildeten (οἱ πεπαιδευμένοι, die eruditi). Adolf Stahr übersetzt hier «die Unterrichteten». Das ist ja auch – rein wörtlich – nicht falsch. Man könnte auch sagen: die Erzogenen; die, die eine Erziehung genossen haben. Ich habe nur den Verdacht, daß Stahr einen sehr unnötigen und unphilosophischen Schrecken bekommen hat, sich als Gebildeten in diese zweifelhafte Gesellschaft der Schwachen und Feigen zu begeben und daher lieber etwas verschwommen von ‹Unterrichteten› redet. Wenn es so sein sollte, was ich nicht weiß, so brauchte er sich nicht zu genieren. – Aber inwiefern sind nun die Gebildeten mitleidig? Oder warum sind sie es? Sie sind es deshalb, weil sie εὐλόγιστοι (85 b 27) sind. Das ist nun leider nicht mit Sicherheit zu übersetzen. Ich denke mir, daß es besagt, daß die Gebildeten in ihrem bildungsmäßig erworbenen Wissen genügend Stoff haben, um daraus Schlüsse auf die Unsicherheit der menschlichen Glückslage ziehen zu können; und daß sie *zugleich* in solchem Schließen geübt sind. – Diese Auslegung paßt gut mit dem zuvor von Aristoteles über die älteren Personen Gesagten zusammen. Der Ältere ist im allgemeinen zufolge eben seines Alters klug und *erfahren*. Klug als lebensklug. Der Gedanke ist, daß die Lebensklugheit eine Funktion des Alters (eines gewissen Alters) ist. Die Älteren sind eben auf eine natürliche und schickliche Weise das, was bei Kindern tadelnd – aber eben doch von daher – Altklugheit heißt. Der Gebildete als Gebildeter hingegen (ᾗ τοιοῦτος) ist weder klug noch erfahren. Aber er bekommt doch von beidem von daher etwas mit, daß ihm in seiner Erziehung *Stoff* und Reflexion auf den Stoff nahegebracht wurde. Dies also wird wohl εὐλόγιστοι besagen. Es scheint mir eine treffende Bemerkung zu sein. – Ferner gehören hierhin 6.) diejenigen, die Eltern oder Kinder oder Frauen haben; denn diese gehören zu ihnen und sind Wesen, denen solche Übel widerfahren können. Auch eine treffende Bemerkung: Es sind Menschen, die durch diesen besonderen Besitz verwundbarer sind als andere im gleichen Fall. Dieser Besitz stellt dem Schicksal gegenüber gleichsam eine schwache Stelle dieser Menschen dar. Und das Bewußtsein dieser ihrer Verwundbarkeit macht ja das fragliche Bewußtsein (es könne sie ein Übel treffen) aus. Die an sich freilich mehrdeutige Rede davon, daß der Starke am stärksten allein ist, mag auch hierauf beziehbar sein.

Und weiter zählt dann noch Aristoteles eine andere Klasse auf. Ich übergehe sie. Wir haben auf jeden Fall eine Anschauung von der Art, wie Aristoteles den mitleidigen Menschen, d. h. den zum Mitleid spezifisch geneigten Menschen zu fassen versucht. In der Definition des Mitleids war noch gesagt, daß die fraglichen Übel Menschen treffen muß, die es nicht verdienen, sie zu erleiden (ἔλεος ἐπὶ … κακῷ … ἀναξίου τυγχάνειν, 85b 13 f.). Dies ist sehr bekannt. Häufig hört man ‹mit dem habe ich kein Mitleid; dem geschieht nur recht›. Wie ist nun allgemein derjenige zu bestimmen, der der Mitleid erregenden κακά ‹ἀνάξιος› unwert ist (der es nicht verdient, daß sie ihn treffen)? Es ist der ἐπιεικής (der so ist, wie es sich gehört; der ἀγαθός). Glück und sittliches Verhalten sind ja im menschlichen Bewußtsein davon (und so auch hier bei Aristoteles) só verknüpft, daß nur der anständige Mensch *uns* Glück zu verdienen scheint. Faßt ja doch sogar Kant die Tugend als die «Würdigkeit glücklich zu sein»[16]. Mithin ist das Gegenteil wohl die Würdigkeit, Schlimmes zu erdulden. Und so sagt Aristoteles: wer nicht glaubt, daß es gute Menschen gibt, wird alle des Unglücks würdig erachten und mithin kein Mitleid fühlen können. Freilich ist der Begriff oder Gedanke dessen, der dieses oder jenes Unglück ‹verdient›, nicht so eindeutig, wie er zunächst zu sein scheint. Doch Aristoteles läßt sich überhaupt nicht näher auf ihn ein.

c) Über die Objekte, die Mitleid erregen

Anschließend (1386a 4 ff.) kommen die Dinge, über welche man Mitleid fühlt (ἃ δ᾽ ἐλεοῦσιν). Das geht, sagt Aristoteles, aus der Definition hervor: Es müssen leidvolle schmerzliche Dinge sein, die φθαρτικά und ἀναιρετικά sind, d.h. ganz allgemein, die bis zur vollen Vernichtung dessen, den sie treffen, führen können. Also geradezu Tötungen (θάνατοι), körperliche Mißhandlungen, Alter, Krankheiten, Nahrungsmangel (τροφῆς ἔνδεια).

Allein Aristoteles macht noch eine Klasse mitleiderregender Dinge besonders namhaft: alle diejenigen Übel, sagt er, erregen unser Mitleid, deren Ursache die τύχη ist (86a 6). Freilich müssen die Übel bedeutend sein (μέγεθος ἔχειν). Dahin gehört dann z. B.: gänzlicher Mangel an Freunden (ἀφιλία) – das Häßlichsein (αἶσχος), Gebrechlichkeit, Verstümmelung (a 9–11). Es ist das Walten der τύχη φαύλη;

[16] *[So z. B. in der Kritik der praktischen Vernunft, Akad.-Ausg. Bd. V, S. 110.]*

das *Pechhaben*. Und wenn einer *bedeutendes Pech* hat, so ist das ein spezifischer Grund zum Mitleid. Wir werden, denke ich, zugeben, daß das stimmt. Es ist eigentümlich richtig. Und es ist angebracht, daß Aristoteles dieses noch als eine besondere Klasse zusammenfaßt und heraushebt. Warum nun gerade spezifisch solches unser Mitleid erregt, erörtert Aristoteles nicht. Und es ist auch schwer zu sagen. Aber es wird damit zusammenhängen, daß es *spezifisch unverdient* ist; ‹*spezifisch*› unverdient sage ich, um dieses Unverdientsein abzuheben gegenüber andersartigem Unverdientsein, das z. B. gegeben sein mag, wenn ein tüchtiger Mann in die Hände seiner Feinde fällt: wie es z. B. dem Schwiegervater des Aristoteles (dem Hermias von Atarneus) ergangen ist. Es ist also wichtig, für das feinere Erfassen, einzusehen, daß Aristoteles diese Art des Mitleiderregenden mit gutem Grund als etwas Eigenartiges und Besonderes herausstellt: eben dieses pure Pechhaben, wenn es einen bedeutenden Grad erreicht. Denn daß z. B. Hermias von Atarneus durch Verrat in die Hände der Perser fiel, ist kein solches pures Pechhaben. Denn damit müssen Leute solcher Stellung und solchen Planens grundsätzlich immer rechnen. – Seltsam aber in demselben Sinne unmittelbar verständlich ist ja auch z. B. das Mitleid mit physisch sehr häßlichen Menschen (oder etwa mit Taubstummen und wohl gar zugleich noch Blinden, wie es etwa die berühmte Helen Keller war).[17] Das ist wieder diese pure *φαύλη τύχη* (im Gegensatz zur ἀγαθὴ τύχη eines schönen Menschen).

Und Aristoteles treibt dieses schon Spezifische in das *noch mehr* konkreter Spezifische: mitleiderregend ist ferner, sagt er, wenn aus einer Handlung, aus der man allen Grund hat, sich etwas Gutes zu versprechen, ein Übel für uns resultiert, und solches sich oft wiederholt (καὶ τὸ ὅθεν προσῆκεν ἀγαθόν τι πρᾶξαι, κακόν τι συμβῆναι, 86a 11 f.). Aristoteles gibt kein Beispiel; ich versuche es, für ihn zu geben. Ein armes Mädchen, das verlobt ist, spart für ihre Aussteuer. Sie erregt *dadurch* die Geldgier eines Elenden, der sie ermordet, um ihre Ersparnisse an sich zu bringen. Hier haben wir τοιοῦτον οἷον προσῆκει ἀγαθόν τι ὑπάρξαι: etwas, zu dem seiner eigenen Natur nach gehört oder gehören würde, daß Gutes daraus entspringt (nämlich das Sparen auf den erfreulichen Zweck hin). Und das dann

[17] *[Helen Keller (1880–1968), amerikanische Schriftstellerin und Sozialreformerin, die, obschon seit dem zweiten Lebensjahr taub und blind, dennoch ihr Studium 1904 mit Auszeichnung abschloß.]*

durch höchste φαύλη τύχη zu einem solchen wird ὅθεν κακόν τι συμβαίνει (zu einem solchen, von woher Unglück begegnet). Das Mitleid geht in diesem Falle an das hin, was wir ‹Rührung›, ‹schmerzliche Rührung› nennen. Wie überhaupt dieses spezifische schiere große Pech und Unglück mit dem wesentlich zusammenzuhängen scheint, was wir im Deutschen mit dem Wort ‹Rührung› wiedergeben. So wäre hier ein Fall, wo wir im Deutschen ein spezifisches Wort für dieses Spezifische haben, während es dem Griechen zu fehlen scheint (wenigstens als ein typisch *gebrauchtes* Wort; denn im Lexikon findet man natürlich unter ‹Rührung› und ‹gerührt werden› gleichfalls irgendwelche griechischen Worte). Das grausige Schicksal des Hermias hingegen erregt zwar mächtig Mitleid; wir werden es im Deutschen als *tragisch* empfinden und so nennen; aber nicht als rührend. So wäre der Unterschied, auf den wir hier im Ausgang von den Aristotelischen Beispielen stoßen, zunächst zu fixieren als der von Mitleid ⟨und⟩ Rührung. Aristoteles faßt beide zusammen als ἔλεος, bzw. als solches, was ἔλεος erregt. Und er hat recht. Denn jede schmerzliche Rührung ist Mitleid; aber nicht jedes Mitleid ist das, was wir eben spezifisch schmerzliche Rührung nennen.

Der Unterschied ist von Bedeutung auch für die Theorie des Tragischen. Ist das tragische Mitleid, das Aristoteles in seiner Theorie der Tragödie in den Mittelpunkt rückt, so umfassend zu verstehen, daß es auch schmerzliche Rührung einbegreift? Ich glaube nicht. Und Rührstücke genießen ja auch in der Tat keinen guten Ruf. Das letzte Aristotelische Beispiel führt aber auch (wenn man es nur ein wenig in seiner eigenen Richtung weiterdenkt) zu dem Problem der sog. Schicksalstragödien (und zwar denke ich da vorzüglich an die modernen): denn die Formel dieses Beispiels führt ja auf die Formel solcher Schicksalsdramen: daß gerade diejenigen Handlungen nämlich, die aus dem Zweck entspringen, einem gewissen drohenden Schicksal zu entgehen, es herbeiführen. Doch ich darf dieses hier nur im Vorbeigehen berühren. Das, was da Schicksal genannt wird, geht über das, was Aristoteles hier τύχη nennt, noch bedeutend hinaus. Und auf diesem Darüberhinausgehen wird es beruhen, daß das Schicksalsdrama frostig und gesucht wirkt; während wir hier bei Aristoteles das ungesucht schmerzlich Rührende schlechthin antreffen. Für dieses letzte gebe ich noch aus der Kasuistik bei Aristoteles ein letztes Beispiel: Es erregt Mitleid, wenn jemand etwas Gutes widerfährt, nachdem er bereits ausgelitten hat (τὸ πεπονθότος γενέσθαι τι ἀγαθόν, 86a 13). Aristoteles weist hier als auf ein Beispiel auf das Schicksal des athenischen Feldherrn Diopeithes, das damals allgemein bekannt war. Da es uns in den Einzelheiten nicht mehr so deutlich ist, erfinde ich ein anderes: Einen zu Unrecht Verurteilten erreicht die Nachricht seiner völligen Begnadigung und Rehabilitierung nicht mehr; als sie eintrifft, ist er gerade dem Kummer und den Entbehrungen in der Haft erlegen. Wieder fühlen wir: dies ist *spezifisch* rührend. Da bewegen sich schon die Dinge dieses Menschen auf sein Glück und seine Freude zu; aber die τύχη läßt es nicht mehr dazu kommen. – Hat man solches in seiner Eigenart am Beispiel fest und unverlierbar vor Augen, so entspringt die Frage: warum rührt gerade dies und gerade in dieser spezifischen Weise? Und das Merkwürdigste ist, daß wir das sichere Gefühl haben, diese Frage bei einem mehr oder minder tiefen Nachsinnen beantworten zu können. Aristoteles beantwortet solche Fragen nicht (ich betonte dies schon bei Gelegenheit des Zorns); er stellt sie nicht einmal. Aber 1. fixiert er das Phänomen in großer Reinheit und 2. formuliert er das Phänomen abstrakt ungemein sauber. So daß solches weitere Fragen in gewisser Weise mühelos beginnen kann.

d) Über die Personen, die zum Mitleid bewegen

Nachdem auf diese Weise abgehandelt ist, ἐφ' οἷς ἐλεοῦσιν (über welche Dinge wir Mitleid empfinden), folgt die Bestimmung der *Personen*, deren Schicksal uns zum Mitleiden bewegt. Jedoch, so ist man zunächst geneigt zurückzufragen: ist das nicht schon in dem bisher Erörterten mit ausgesprochen? Nämlich: wir werden von Mitleid ergriffen für die Menschen, die das erdulden, was uns (wie wir ja hörten) zum Mitleid bewegt? Das ist richtig, aber hier nicht gefragt. Es geht jetzt darum, *allgemein und spezifisch* anzugeben, welche Personen rein als solche (und also unter Absehen davon, ob sie Mitleid Erregendes erfahren oder nicht) gleichsam prädestiniert sind, Gegenstand unseres Mitleidens zu sein. Und in diesem spezifischen Fragesinn sich bewegend macht Aristoteles zwei Bemerkungen:

1.) Ganz allgemein fühlt man Mitleid mit solchen, die nach Alter (κατὰ ἡλικίαν), Sinnesart (κατὰ ἤθη), Verhältnissen (κατὰ ἕξεις), Stellung (κατὰ ἀξιώματα) und Herkunft (κατὰ γένη) unseresgleichen sind (86a 24 f.). Sie also sind in dem gekennzeichneten allgemeinen Sinn eigentümlich die Personen, die unserem Mitleid besonders nahestehen. Überdenken Sie es selber im einzelnen und an einzelnen Beispielen. Ich zweifele nicht, daß Sie es treffend finden. Und hier geht Aristoteles auf die weitere Frage, *warum* das so ist, kurz ein. Es ist so, sagt er, weil bei diesem «augenfälliger an uns herantritt, daß ihr Geschick auch uns gelegentlich treffen könnte» (ἐν πᾶσι γὰρ τούτοις μᾶλλον φαίνεται καὶ αὐτῷ ἂν ὑπάρξαι, a 25 f.). Da geht er also auf das Moment zurück, das er in die Definition des Mitleids aufgenommen hat und über welches wir schon kurz gesprochen haben. Ich gehe daher hier nicht weiter darauf ein. Und diesen Punkt abschließend spricht er dann noch einen sehr allgemeinen Satz aus, der für die Interpretation der Aristotelischen Auffassung des Mitleids sehr wichtig ist: «Überhaupt nämlich» – sagt er – «hat man sich daran zu halten, daß für die Menschen dasjenige, was sie für sich selbst fürchten, wenn es anderen widerfährt, Gegenstand des Mitleids ist» (… ὅτι ὅσα ἐφ᾽ αὑτῶν φοβοῦνται, ταῦτα ἐπ᾽ ἄλλων γιγνόμενα ἐλεοῦσιν, a 27 f.). Da verweist er also auf einen inneren Bezug zwischen Furcht und Mitleid. Und bei der Behandlung der Furcht weist er auf dasselbe hin. Da ich auf die Furcht nicht eingegangen bin und da wir ja überhaupt nur ganz kursorisch vorgehen, so mache ich nur auf diesen Satz besonders aufmerksam. Und ich darf das auch um so eher übergehen, weil Lessing in seiner Hamburgischen Dramaturgie mit seiner schönen Klarheit und denkerischen Leidenschaft vorzügliche Dinge darüber bemerkt hat. Sie finden das vom 73. und besonders vom 74. Stück der Hamburgischen Dramaturgie an. Es ist eine Lektüre, die ich für die Aristotelische Poetik ganz unmittelbar, aber auch für die Affektenlehre der Rhetorik (hier freilich nur mehr mittelbar) grundsätzlich empfehle.[18]

2.) stehen die Menschen unserem Mitleid a priori nahe, die uns bekannt sind (τούς τε γνωρίμους, 86a 17), wenn sie uns nicht durch Verwandtschaft *sehr* nahe stehen (ἐὰν μὴ σφόδρα ἐγγὺς ὦσιν οἰκειότητι, a 17 f.). Denn in bezug auf diese empfinden wir ebenso, als wenn wir selbst in gleicher Lage wären (ὥσπερ περὶ αὑτοὺς μέλλοντας ἔχουσιν, a 18 f.). Zunächst möchte ich ausdrücklich in formaler Hinsicht auf das freilich Selbstverständliche hinweisen: daß hier eben von uns persönlich Bekannten die Rede ist, während vorhin unter Punkt 1) diejenigen herausgestellt wurden, die zwar unseresgleichen sind, aber deshalb nicht persönlich Bekannte zu sein brauchen. Wie denn ja umgekehrt die persönlich Bekannten der gegenwärtigen Ziffer in keiner Hinsicht unseresgleichen zu sein brauchen. Daß sie uns bekannt sind, soll natürlich heißen, daß sie uns irgendwie

---

18 *[Vgl. jedoch o. Anm. 12.]*

(und sei es auch noch so entfernt) nahestehen (etwa jener freundliche Mensch, den wir so oft da und da gesehen haben und mit dem wir im übrigen kein Wort je gewechselt zu haben brauchen). Aber – und dies ist hier das Wesentliche – zu nahe dürfen sie uns nicht stehen. Aristoteles gibt als Beispiel den Amasis (einen ägyptischen König im Unglück), der nicht weinte, als er seinen eigenen Sohn zum Tode führen sah, wohl aber als ein Freund von ihm aus der Zeit seines Glückes ihn um ein Almosen ansprach (86a 19–21).

Es ist ein tiefer Punkt, den Aristoteles da mehr im Vorbeigehen berührt. Er erledigt ihn, wie wir schon hörten, durch die Bemerkung, daß wir dann deshalb kein Mitleid empfinden, weil wir uns in solchem Falle so verhalten, als ob es uns selber träfe. Und auch diese Bemerkung ist ja wieder schlechthin wahr und treffend. Aber wiederum bezeichnet sie sehr deutlich jene wunderbare Aristotelische Grenze der Betrachtung, wo er *aus sich* innehält, obgleich er in dem schon Ausgesprochenen ganz unmittelbar den Anfang weiteren gerichteten Fragens besitzt: denn er sagt doch damit *implizit,* daß wir mit uns selber *kein* Mitleid empfinden. Oder daß das Mitleid, das wir mit uns selber haben – eben weil es sich auf uns bezieht – kein eigentliches Mitleid und eigentlich überhaupt kein Mitleid – sondern etwas anderes ist. Und warum ist das so? Denn es *ist* ja wohl so. Und daß es so ist, wirft ja wohl vermutlich ein weiteres Licht zurück auf das Phänomen des eigentlichen Mitleids. Aber Aristoteles spricht darüber nicht, wenigstens nicht in dieser Weise. Vielmehr spricht er darüber noch kurz *só* – und das ist wieder schön, klassisch einfach und sehr bezeichnend für ihn – daß er das *neue Phänomen,* das in diesem Übergang entsteht, *fixiert,* bezeichnet, mit einem Ausdruck (um mit Plato zu reden) ‹siegelt›. Solches, sagt er, wo wir só empfinden als wenn wir selbst in dieser Lage wären: ist nicht mehr ἐλεεινόν (mitleiderregend) sondern *entsetzlich,* furchtbar (*δεινόν,* 86a 21). Und das Furchtbare ist etwas anderes als das Mitleiderregende (τὸ γὰρ δεινὸν ἕτερον τοῦ ἐλεεινοῦ, a 21 f.). Und mit dieser – ja durchaus richtigen Entscheidung ist eine klassisch klare Linie gezogen: das Furchtbare gehört nicht in die Behandlung des Mitleids; es ist etwas anderes – und der Kontur des Mitleids selber bleibt damit klar, sauber, unverwirrt durch anderes: unverwirrt nämlich durch jene andere vorhin von mir skizzierte fragende Bewegung, die das Problem dieses Furchtbaren doch gleichfalls nicht ohne Recht und nicht ohne eigentümliche Tiefe in einer innersten Verbindung mit dem Problem des Mitleid-Erregenden und also mit dem Problem des Mitleids selber stehend aufzeigte. Daß Aristoteles den Kontur des Mitleids (und überhaupt den Umriß aller seiner Gegenstände) so rein in sich verlaufen lassen kann, ohne damit einer weiteren Vertiefung den Weg zu versperren, ohne eben dadurch *flach* zu werden: das ist das Wunder dieses Denkens und die eigentümlich Aristotelische Tiefe. Ich erinnerte schon daran, daß Hegel dies so lebhaft und gut empfunden und bemerkt hat. So will ich zum Abschluß dieser Zwischenbemerkung eine Reihe Hegelscher Sätze darüber ohne jeden weiteren Kommentar aus seiner Geschichte der Philosophie vorlesen. Er sagt: «Es ist dem Aristoteles gar nicht darum zu tun, alles auf eine Einheit … zurückzuführen: sondern im Gegenteil jedes in seiner Bestimmtheit festzuhalten und so es zu verfolgen … Wir lernen den Gegenstand in seiner Bestimmung und den bestimmten Begriff desselben kennen. Er sucht jeden Gegenstand zu bestimmen (zu definieren ὁρίζειν – ὅρος); weiter dringt er aber spekulativ in die Natur des Gegenstandes ein. Dieser Gegenstand bleibt aber in seiner konkreteren Bestimmung; er führt ihn selten auf abstrakte Gedankenbestimmungen zurück. Das Studium des Aristoteles ist so unerschöpflich. Die Darstellung [sc. seiner Philosophie] ist schwer, weil er nicht auf allgemeinere Principien zurückführt. Um aristotelische Philosophie anzugeben, müßte man den besonderen Inhalt jedes Dinges aufführen. Würde es Ernst mit der Philosophie, so wäre nichts würdiger, als über Aristoteles Vorlesungen zu halten. In diesem Zusammenbringen der Bestimmungen zu einem Begriff ist Aristoteles groß und meisterhaft, so wie in der Einfachheit des Fortgangs, in dem Urteil in wenig Worten … Aber allerdings erscheint diese Methode nach einer Seite empirisch – und zwar nach der des Aufnehmens der Gegenstände, wie sie in der Vorstellung sind … Aristoteles verfährt nicht systematisch, daß er aus dem Begriff selbst entwickelte; sondern sein Fortgang gründet sich auf die angegebene Weise, eben so äußerlich anzufangen. Und so kommt es, daß er oft eine Bestimmung nach der anderen abhandelt, ohne ihren Zusammenhang aufzuzeigen.» u. s. f.[19]

---

[19] *[Vgl. G. W. F. Hegel, Vorlesungen über die Geschichte der Philosophie II, Werke in 20 Bde., Frankfurt a. M. 1986, Bd. 19, 147ff.* (= ders., *Jubil.-Ausg. [ed. Glockner], Bd. 18, 314f.)]*

e) Zur zeitlichen Struktur des Mitleidempfindens

Wir kehren zu Aristoteles zurück. Am Ende des Kapitels erörtert Aristoteles das letzte Glied der Definition des Mitleids: daß nämlich das Untergang und Schmerz drohende Übel, dessentwegen wir Mitleid empfinden, nur dann Mitleid erregt, wenn es als nahe erscheint (ὅταν *πλησίον φαίνηται*, 85b 15 f.). Was tausend Jahre her ist (τὰ δὲ μυριοστὸν ἔτος γενόμενα, 86a 29 f.) rührt uns nicht mehr oder doch nicht in gleicher Weise wie das Nahe, auch wenn wir davon Kunde haben und es bedenken. So wenig in einem eigentlichen Sinn Hoffnung in uns wach ist auf etwas, was erst in tausend Jahren sein wird. – Auch diese sehr richtige Bemerkung ergibt sich im Hinblick auf den praktischen Zweck der Schrift. Sie ist unmittelbar wichtig für den Redner, der seine Zuhörer in den Affekt des Mitleids hineintreiben will. Denn es folgt aus ihr, wie Aristoteles sagt (a 31 ff.), daß diejenigen, die durch Gebärden (σχήμασι), Töne (φωναῖς), Kleidung (ἐσθῆτι) und allgemein durch sinnfällige Darstellung (ὑποκρίσει) ihrer Sache aufhelfen, mehr mitleiderregend sind. (Eine Wahrheit, die die Bettler ja sehr innehaben.) Und dieses ist mehr mitleiderregend, weil sie das Übel durch solches vor Augen stellen (πρὸ ὀμμάτων ποιοῦντες, a 34) als *nah* erscheinen lassen. Es gehört hierhin die Vorführung von Dingen als sinnfälliger Zeichen ausgestandener Leiden und die Vorführung von Handlungen: z. B. von Kleidern der Verstorbenen, von den Reden und anderen Äußerungen der leidenden Personen im Augenblicke des Leidens, z. B. im Augenblick des Sterbens u. s. f. Warum dies nun so ist, fragt Aristoteles nicht. Es scheint zwar sehr selbstverständlich zu sein, daß es so ist. Aber immerhin ist es nicht só selbstverständlich, daß es in der Definition fehlen könnte. Die Bestimmung, daß das Mitleid-erweckende Übel nahe scheinen muß, wenn es Mitleid erwecken soll, ist in den übrigen Teilen der Definition nicht schon enthalten, folgt nicht aus ihnen; und muß mithin ausdrücklich ausgesprochen werden, wenn die Definition definieren soll. (Übrigens: was ist hier Gattung und spezifische Differenz bei solchen Definitionen?! Da wollen wir nicht so genau nachfragen!!)

Die geforderte Nähe (Aristoteles sagt mal πλησίον, mal ἐγγύς) ist nicht voll eindeutig. Denn wie steht es z. B. mit Tragödien, in denen Handlungen und Geschehnisse nachgeahmt werden, die sehr viel länger als tausend Jahre vergangen sind, ja rein erfundene Geschehnisse, und die dennoch unser Mitleid erregen (ja nach der Aristotelischen Definition der Tragödie erregen müssen, wenn sie überhaupt Tragödien sein wollen)? Liegt es ferner nur an dem Mangel an vergegenwärtigender Kraft, daß uns das lang Vergangene nicht mehr angreift? Im Hinblick auf die Tragödie möchte man glauben, ja: denn da supplieren Dichter und Theater die fehlende Kraft der Vergegenwärtigung; und wir werden dann von Mitleid erfaßt. Wenn das richtig ist, so hat es die Notwendigkeit, daß das Mitleiderregende *nahe* ist, nicht eigentlich mit dem Mitleid *selber und als solchem* zu tun. Das Mitleid rein als solches – und soz. als Idee – wäre *an sich n i c h t* eingeschränkt auf das *Nahe*. Und die gleichwohl statthabende Einschränkung wäre nur eine Folge der Schwäche der Einbildungskraft. – Merkwürdige Fragen ließen sich also noch stellen, die Aristoteles ganz übergeht. – Soviel über den ἔλεος.

§26. *Zu den Affekten: Entrüstetsein, Neid und Nacheiferung*

a) Das Entrüstetsein

Neuntes Kapitel. τὸ νεμεσᾶν (indignari): das sich Entrüsten. Das deutsche Wort ist allgemeiner als das griechische νεμεσᾶν und drückt daher noch nicht das Spezifische des νεμεσᾶν mit aus. νεμεσᾶν ist das Sichbetrüben, Ärger-, Schmerzempfinden über unverdientes Glück (τὸ λυπεῖσθαι ἐπὶ ταῖς ἀναξίαις εὐπραγίαις, 1386b 11 f.). Es ist eine Art Gegensatz zum Mitleid, sagt Aristoteles: insofern das Mitleid ein Schmerzempfinden über unverdientes Unglück ist (ἐπὶ ταῖς ἀναξίαις κακοπραγίαις, b 10). Beide Affekte, Mitleid und Indignation, sind ἤθους χρηστοῦ: verraten eine anständige Sinnesart (b 12 f.). Man *soll* so fühlen, soll (δεῖ, b 13) Mitleid und Indignation empfinden. «*Denn* das wider Würdigkeit Geschehende ist ungerecht» (ἄδικον γὰρ τὸ παρὰ τὴν ἀξίαν γιγνόμενον, b 14 f.). Deshalb legen wir auch den Göttern dieses Sich-Entrüsten bei (διὸ καὶ τοῖς θεοῖς ἀποδίδομεν τὸ νεμεσᾶν, b 15 f.).

b) Der Neid

Es folgt im zehnten Kapitel der Neid (ὁ φθόνος). Ich gebe nur einige Kostproben daraus. Welche Menschen sind auf Grund ihrer Lage in Versuchung, Neid zu empfinden? Z. B. die, denen nur weniges fehlt, um alles Erwünschte zu besitzen. *Deshalb* sind Leute, die einem bedeutenden Wirkungskreis vorstehen und solche, die sehr viel Glück haben neidisch (φθονεροί). Denn sie meinen, jeder entziehe ihnen etwas von dem, was eigentlich ihnen gehöre (πάντας γὰρ οἴονται τὰ αὑτῶν φέρειν) (1387b 27–29). Adolf Stahr hat das gut übersetzt und macht zu der Stelle die gleichfalls gute Bemerkung, daß auf einem ähnlichen Empfinden die griechische Ansicht von dem *Neid der Götter* beruhen müsse. – Ferner steht z. B. allen denen der Neid nahe, die auf irgendeinem Gebiet nach Ansehen trachten: sie sind in allem was dieses Gebiet betrifft neidisch (b 32 f.). – Ferner: alle kleinen Seelen sind leicht zum Neid zu bringen: denn ihnen kommt alles groß vor (καὶ οἱ μικρόψυχοι· πάντα γὰρ μεγάλα δοκεῖ αὐτοῖς εἶναι, b 33 f.).

Gegenstand des Neides sind – *u. a.* – folgende Leute: die schnell etwas erreicht haben, wenn man selbst dasselbe nur mit großer Mühe oder überhaupt gar nicht erreicht hat (88a 16 f.). – Ferner die, welche das besitzen oder sich erworben haben, was man selber einmal besaß oder erworben hatte. Daher der Neid der Älteren auf die Jüngeren (διὸ πρεσβύτεροι νεωτέροις sc. φθονοῦσιν) (a 20–22). – Ferner: neidisch sind die, die viel aufgewandt haben für eine Sache *auf die*, die dafür nur wenig ausgeben brauchten (a 22 f.).

Soviel von diesen Sätzen. Der Redner wird dann noch darauf aufmerksam gemacht, *daß:* wer neidisch ist, ist auch *schadenfroh* (ἐπιχαιρέκακος, 86b 34). Schadenfrohsein heißt aber: sich freuen, wenn jemand *unverdient* Unglück hat. Gesetzt nun ein Angeklagter versuche das Mitleid der Richter zu erlangen, so ist es sehr günstig für den Redner der Gegenpartei, wenn der Angeklagte zugleich zu denen gehört, die man beneidet. Der Redner soll dann versuchen, den Angeklagten als solchen auf den man neidisch ist, hinzustellen. Denn kraft jener Identifizierung des Neidischen und des Schadenfrohen wird dann der Richter dem Affekt der Schadenfreude unterliegen, und d. h. einer Gemütsverfassung, die κωλυτικὸν τοῦ ἐλέου ist (fähig, das Aufkommen des Mitleids zu hindern, 87a 3). Das Neidischsein ist φαῦλον, etwas Schlechtes.

c) Die Nacheiferung

Das elfte Kapitel: das letzte der Aristotelischen Affektenlehre im engeren Sinn. Sein Gegenstand ist der ζῆλος – die aemulatio – die Nacheiferung. Sowohl ὁ ζῆλος als auch das lat. aemulatio können sowohl ‹Nacheiferung› als auch ‹Eifersucht› bedeuten. Es geht aus dem Aristotelischen Text klar hervor, daß ὁ ζῆλος hier lediglich diese Nacheiferung meint. Über das, was *wir* spezifische Eifersucht nennen, ist da also – leider – nichts gesagt. Die Nacheiferung ist nun hier die *Wallung:* der Trieb es anderen in großen Taten gleichzutun. Die Definition lautet: «Die Nacheiferung ist ein gewisses Unlustgefühl über das augenfällige Vorhandensein hochgeschätzter und für uns erreichbarer Güter bei Menschen, die von Natur unseresgleichen sind – und zwar eine Unlust nicht darüber, daß der andere, sondern darüber, daß nicht auch wir sie besitzen» (1388a 30–33). – Weil diese Unlust nicht daher rührt, daß der andere diese Güter hat, ist die Nacheiferung kein Neid. Das Neidischsein ist etwas Schlechtes, φαῦλον. Die Nacheiferung dagegen ist nichts Schlechtes sondern ἐπιεικές, schicklich (a 33 f.). – Das Gegenteil des ζῆλος, der Nacheiferung ist die Verachtung, die καταφρόνησις (88b 22 f.). Oft, sagt Aristoteles (b 27 f.), verachtet man die, die Glück haben (καταφρονοῦσι τῶν εὐτυχούντων), wenn ihr Glück nicht von den Gütern, welche Ehre bringen begleitet ist (ὅταν ἄνευ τῶν ἐντίμων ἀγαθῶν ὑπάρχῃ αὐτοῖς ἡ τύχη). Wenn also ihr Glück nicht von denjenigen Gütern begleitet ist, welche die Nacheiferung für sich zu erlangen strebt.

§ 27. Einige Proben aus den Kapiteln über den Charakter (Kap. 12–17)

Und damit schließt die Aristotelische Affektenlehre. Es folgen noch sechs weitere, interessante schöne Kapitel psychologischer, charakterologischer, anthropologischer Art, die wir gleichfalls noch kurz durchblättern wollen. Aristoteles will in ihnen untersuchen, wie beschaffen in bezug auf die Sinnesart die Menschen sind (τὰ δὲ ἤθη ποῖοί τινες) in Anmessung an die Affekte, die habituellen Eigenschaften, die Lebensalter und die Glücksumstände (κατὰ τὰ πάθη καὶ τὰς ἕξεις καὶ τὰς ἡλικίας καὶ τὰς τύχας) (12. 1388b 31 f.). Dieses etwas Schwierige in besserem Deutsch: welchen Einfluß die Affekte, die Lebensalter u. s. f. auf die ἦθη, auf die Sinnesart, auf den Charakter haben. Die Stelle hat für mich interpretatorisch gewisse Schwierigkeiten, die wir jedoch übergehen dürfen. Tatsächlich behandeln die folgenden sechs Kapitel *lediglich* den Einfluß der Lebensalter und der Glücksumstände auf die Sinnesart, auf den Charakter (ἤθη). Das zwölfte, dreizehnte und vierzehnte Kapitel gibt eine Charakterisierung der ἡλικίαι, der Lebensalter (lat. aetates). Drei Lebensalter werden unterschieden (88b 36 f.): 1.) νεότης – Jugend. 2.) ἀκμή (ist der höchste Grad, das höchst Erreichbare: im gegenwärtigen Zusammenhang wird es allgemein mit ‹aetas virilis› – ‹Mannesalter› übersetzt. Das ist richtig. Es liegt in dem Wort die Auffassung, daß das Mannesalter die menschlichen Möglichkeiten im höchsten Grade verwirklicht). 3.) τὸ γῆρας. – Über die zeitliche Erstreckung dieser Alter (ein beliebtes Thema der Alten – alles was damit zusammenhängt: Jahresrhythmen – Lebensepochen – Zahlensymbolik – Zahlenmystik: die Bedeutung der 7 z. B. im Lebenslauf [Boll, Heidelberg. K^n][20]) macht Aristoteles die Angabe, daß die Blüte des Körpers in die Zeit vom 30.–35. Lebensjahr fällt (ἀκμάζει δὲ τὸ μὲν σῶμα ἀπὸ τῶν τριάκοντα ἐτῶν μέχρι τῶν πέντε καὶ τριάκοντα, 90b 9–11). Das Dasein der vollen geistigen und seelischen Kraft liegt um das 49. Jahr herum (ἀκμάζει … ἡ δὲ ψυχὴ περὶ τὰ ἑνὸς δεῖν πεντήκοντα, b 11).

a) Der Einfluß der Lebensalter auf den Charakter

Und nun gibt Aristoteles drei Darstellungen dieser Lebensalter: gleichsam *drei Gemälde: drei Genrebilder.* Ich erwähne hier mit Absicht den Ausdruck *Genrebild:* denn das Genrebild hat hier seine Wurzeln. ‹le genre› heißt ja: genus, Gattung, Art. Das Genrebild ist das Bild, das Gattungen, Arten darstellen will: z. B. eben die Lebensalter: *der* Jüngling, *der* Mann; oder (wie wir gleich ja bei Aristoteles auch sehen werden): der vornehme Herr von Adel, der Reiche, der politisch Mächtige, Einflußreiche. Oder (freilich nicht hier bei Aristoteles): *der* Gelehrte, der *Krieger* – u. s. f.

Das am Genrebild Frappierende und zuletzt auch – (aber aus anderen Gründen) – Abstoßende ist dieses Mittelding von Begriff und Anschauung, von Allgemeinem und Einzelnem: dieses weder Fisch noch Fleisch. Aber das hat *logische* Wurzeln, die gerade hier in der Rhetorik besonders gut studiert werden können. Denn wenn z. B. Aristoteles jetzt gleich von den νέοι, von den jungen Leuten spricht, von ihnen oder über sie Aussagen macht, so erhebt sich logisch ja auch die Frage: wer ist da eigentlich Gegenstand der Aussage? Die jungen Leute, ja: aber welche? *alle*? aber *alle* auch nicht. Am besten antwortet man: Gegenstand der Aussage sind die *jungen Leute im allgemeinen:* und wenn das auch nicht eine eigentliche Gattung ist, so ist doch etwas Allgemeines im Spiel. Aber dieses selbe oder doch

[20] *[Franz Boll (1867–1924), Professor für klassische Philologie in Heidelberg, zu dessen Schwerpunkten die Geschichte der griechischen Astrologie gehörte.]*

ein sehr ähnliches Problem kann die ganze Aristotelische Affektenlehre nahebringen. Ich bin nicht darauf eingegangen und wir können das auch hier nicht tun; jedoch machte ich Sie wiederholt darauf aufmerksam, daß es Aristoteles gelingt *konkrete* Aussagen zu machen bei voller Wahrung des allgemeinen Charakters dieser Aussagen: z. B. mitleidig sind u. a. *ältere* Menschen, *schwache* Menschen u. s. f. – Sätze dieser Art sind ja typisch für die Aristotelische Affektenlehre, und es sind Sätze, für deren Aussagesubjekt dasselbe gilt wie das, was ich vorhin am Beispiel der Sätze über die jungen Leute zeigte: also z. B. *ältere* Personen sind mitleidig; schwache Personen sind mitleidig u. s. f. – Für einen Genremaler lägen in solchen Sätzen Hinweise auf mögliche bildliche Darstellungen. Es ist eine Denkform, die uns Deutschen weniger liegt. Der Westen – vor allem Frankreich – ist aufgeschlossener für sie oder behandelt sie geistvoller. Theophrast, der Nachfolger des Aristoteles, hat in seinen berühmten ›Charakteren‹ die Aristotelische Methode noch mehr dem *Bildhaften*, Sinnfälligen zugetrieben. La Bruyère, der berühmte Verfasser der Charactères hat auch eine französische Übersetzung der Charaktere des Theophrast angefertigt. Das ist alles *ein* großer Zusammenhang.

Ich möchte nun von der berühmten Schilderung der Lebensalter wenigstens das der Jugend (12. 1389a 2–b12) ganz vorlesen (im wesentlichen in der Übersetzung Stahrs), damit Sie auch mal den Eindruck eines zusammenhängenden Stückes bekommen:

«Die jungen Leute sind heftig in ihren Begierden (ἐπιθυμητικοί) und geneigt das ins Werk zu setzen, wonach ihr Begehren steht. Von den leiblichen Begierden (αἱ περὶ τὸ σῶμα ἐπιθυμίαι) sind es vorzugsweise die des Liebesgenusses, denen sie nachgehen und darin sind sie ohne Selbstbeherrschung. Dabei aber sind sie sehr veränderlich und leicht zum Überdrusse geneigt in ihren Begierden; sie begehren stürmisch und lassen schnell nach; denn ihr Verlangen ist zwar scharf aber nicht groß – so wie die Hunger- und Durstanwandlungen von Kranken (ὥσπερ αἱ τῶν καμνόντων δίψαι καὶ πεῖναι). – Sie sind zornmütig (θυμικοί) und leidenschaftlich aufwallend in ihrem Zorne (ὀξύθυμοι) und geneigt der Aufwallung zu folgen. Auch sind sie nicht imstande ihren Zorn zu bemeistern (καὶ ἥττους εἰσὶ τοῦ θυμοῦ); denn aus Ehrgeiz ertragen sie es nicht, sich geringschätzig behandelt zu sehen, sondern sie empören sich, sobald sie sich beleidigt glauben. Ehrgeizig sind sie, eigentlich aber mehr siegbegierig (καὶ φιλότιμοι μέν εἰσι, μᾶλλον δὲ φιλόνικοι); denn es verlangt die Jugend, sich hervorzutun und zu übertreffen. Der Sieg aber ist eine Art von Übertreffen (ὑπεροχῆς γὰρ ἐπιθυμεῖ ἡ νεότης, ἡ δὲ νίκη ὑπεροχή τις). Und zwar lieben sie dieses beides mehr als Geld. Geldliebend (besitzliebend) (φιλοχρήματοι sind sie am wenigsten, weil sie Mangel noch nicht empfunden haben (...). Ferner sind sie nicht argmütig (κακοήθεις) sondern gutmütig (εὐήθεις), weil sie in ihrem Leben noch nicht viele Schlechtigkeiten gesehen haben (διὰ τὸ μήπω τεθεωρηκέναι πολλὰς πονηρίας) und ebenso sind sie leichtgläubig (εὔπιστοι), weil sie noch nicht oft betrogen (getäuscht) worden sind. Auch hoffen sie leicht (εὐέλπιδες). Denn das Feuer, das dem Zecher der Wein gibt, haben die jungen Menschen von Natur (ὥσπερ γὰρ οἱ οἰνωμένοι, οὕτω διάθερμοί εἰσιν οἱ νέοι ὑπὸ τῆς φύσεως) – und dazu kommt denn auch, daß ihnen im Leben noch nicht vieles fehlgeschlagen ist. Ja sie leben eigentlich zumeist in Hoffnung; denn die Hoffnung geht auf das Zukünftige (ἡ μὲν γὰρ ἐλπὶς τοῦ μέλλοντός ἐστιν), die Erinnerung dagegen auf das Dahingegangene (ἡ δὲ μνήμη τοῦ παροιχομένου); und für die Jugend ist die Zukunft lang, die Vergangenheit kurz. Glaubt man doch am Morgen des Lebens (τῇ γὰρ πρώτῃ ἡμέρᾳ), man habe an nichts zurückzudenken, zu hoffen dagegen alles. Ebendeshalb sind sie auch leicht zu täuschen [nämlich: weil sie in der Hoffnung leben und weil jeder gern glaubt, was er erhofft: ἐλπίζουσι γὰρ ῥᾳδίως]. Auch sind sie tapferer; weil sie zornmütig sind und leicht hoffen: das erste macht furchtlos und das zweite getrost (θαρρεῖν ποιεῖ). Denn kein Mensch, der sich im Zorn befindet, fürchtet sich [! ... ὀργιζόμενος οὐδεὶς φοβεῖται ...] und die Hoffnung auf ein Gut ist ein Zustand des Selbstvertrauens und Getrostseins.

Ferner sind sie der Empfindung der Scham leicht zugänglich (αἰσχυντηλοί); denn sie denken nicht, daß irgendwo anderes für schicklich und schön gelten könne; vielmehr beruht ihre Bildung allein auf der geltenden Sitte. [Wenn sie in etwas von der sie umgebenden gültigen Sitte abweichen, schämen sie sich gleich. Sie sind noch nicht innerlich *frei* – und haben noch nicht die Erfahrung, daß auch noch anderes als diese geltenden Konventionen schicklich und schön und anständig sein kann (καλά)]. Ferner sind sie hochsinnig (μεγαλόψυχοι), denn sie sind von dem Leben noch nicht klein gemacht (οὔτε γὰρ ὑπὸ τοῦ βίου πω τεταπείνωνται), sondern unversucht noch von dem Zwange der notwendigen Dinge. Und das Sich selbst zu großen Dingen befähigt halten ist Hochsinn (Seelengröße) (καὶ τὸ ἀξιοῦν αὑτὸν μεγάλων μεγαλοψυχία). Sich solcher Dinge für fähig hält aber der, der leicht hofft.

Ferner lieben sie es mehr das Schöne zu tun (τὰ καλά) als das Nützliche; denn sie leben mehr nach dem sittlichen Gefühle als mit Berechnung (ἢ τῷ λογισμῷ). Die Berechnung aber geht auf das Nützliche, die Tugend auf das Schöne. Ferner sind sie in höherem Maße als die anderen Lebensalter die Freunde ihrer Freunde und Kameraden (φιλόφιλοι καὶ φιλέταιροι), weil gemeinsam zu leben ihre Freude ist (διὰ τὸ χαίρειν τῷ συζῆν), und sie noch keine Sache also auch ihre Freunde nicht nach dem Nutzen beurteilen (πρὸς τὸ συμφέρον κρίνειν). Ferner laufen alle ihre Fehler im Gegensatze zu dem Spruche Cheilons auf Übermaß und Übertreibung hinaus, denn sie tun eben «alles zu sehr» (πάντα γὰρ ἄγαν πράττουσιν); sie lieben zu sehr und hassen zu sehr und verhalten sich in bezug auf alles andere ähnlich diesem. – Desgleichen vermeinen sie alles zu wissen (καὶ εἰδέναι πάντα οἴονται) und versteifen sich (καὶ διισχυρίζονται). Das ist die Ursache auch des ‹Alles zu sehr› (καὶ τοῦ πάντα ἄγαν). [In der Beschreibung des Greisenalters heißt es dann ergreifend entgegengesetzt (13. 1389b 17 ff.): «Sie meinen nur, wissen nichts (καὶ οἴονται, ἴσασι δ' οὐδέν). Und unentschieden setzen sie immer ein ‹etwa› oder ein ‹vielleicht› dazu (καὶ ἀμφισβητοῦντες προστιθέασιν ἀεὶ τὸ ἴσως καὶ τάχα) und alles sprechen sie in dieser Weise aus, nichts mit fester Entschiedenheit (παγίως –sc. λέγουσιν – δ' οὐδέν)». Und wenn, wie wir vorhin hörten, die Jungen sich versteifen, fest versichern, bekräftigen (διισχυρίζονται), so gilt für die Alten das Gegenteil: «Weil sie nämlich viele Jahre gelebt und vielfache Täuschungen und Fehlschläge erfahren haben und weil es mit den meisten menschlichen Dingen schlecht bestellt ist, so behaupten sie nichts mit Sicherheit (διαβεβαιοῦνται οὐδέν)» (89b 14–17). – Abgesehen von dem großen inhaltlichen Interesse macht dieser Vergleich auch den Sinn des über die Jugend Gesagten deutlich. In: daß die Jungen alles zu wissen meinen, will nicht das ‹*alles*› sondern das ‹*wissen*› betont werden. Ihre Überzeugungen sind so stark, daß sie von dieser subjektiven Stärke derselben verführt werden, ihr Meinen für ein Wissen zu halten. Sie meinen etwa, Mathematik sei stumpfsinnig – und sind davon so überzeugt, daß ihr Meinen für sie die Qualität eines Wissens annimmt. Daher dann auch das πάντα ἄγαν, das alles Übertreiben.] – Weiter: «Wenn sie andere beleidigen, so ist es dabei auf übermütige Behandlung nicht auf bösliche Schädigung des Beleidigten abgesehen. Auch sind sie zum Mitleid geneigt (ἐλεητικοί), weil sie alle Menschen für gut und für besser halten als dieselben in Wirklichkeit sind; denn ihre eigene Unschuld (ἀκακία) ist der Maßstab, mit dem sie ihre Nebenmenschen messen (τοὺς πέλας μετροῦσιν) und infolgedessen nehmen sie immer an, daß dieselben unschuldig leiden. Endlich sind sie auch Freunde des Lachens (φιλογέλωτες), deshalb auch des Spaßes (εὐτράπελοι). Denn feines, artiges Spaßen (εὐτραπελία) ist gebildeter Übermut (πεπαιδευμένη ὕβρις). – τὸ μὲν οὖν τῶν νέων τοιοῦτόν ἐστιν ἦθος».

Es folgt im 13. Kapitel das ἦθος der πρεσβύτεροι καὶ παρηκμακότες (89b 13). Es ist auf das genaue Gegenteil des Vorigen hinstilisiert. Die eine Stelle, die ich daraus beizog, zeigte das ja schon sehr gut.

Das 14. Kapitel behandelt kurz das ἦθος der ἀκμάζοντες (der auf ihrem Höhepunkt Stehenden, 90a 29). Es begegnet uns hier zum ersten Mal der berühmte Peripatetische und Aristotelische Begriff der *rechten Mitte* zweier Extreme als des Wahren und des Ideals. Der Aristotelische Gedanke ist der: daß das Wahre, Rechte (also hier z. B. das positiv wertige Höchstmaß eines Seienden) vielfach als *Mitte* zweier weniger wertiger Übermaße (ὑπερβολαί) begriffen werden kann und muß. Die Jugend z. B. ist charakterisiert dadurch, daß sie *alles*, das Alter, daß es gar nichts zu *wissen* glaubt. Jenes sowohl als dieses sind ein Übermaß: ein Zuviel bei der Jugend (ὑπεροχή) und ein Zuwenig beim Alter (eine ἔλλειψις). Der auf dem Höhepunkt seiner körperlichen oder geistigen Kraft stehende Mann steht in der Mitte dieser beiden; und darin besteht das Höchstmaß menschlicher Möglichkeiten, daß es eine solche Mitte ist. Aristoteles sagt: «Allgemein ausgedrückt (ὡς δὲ καθόλου εἰπεῖν): alle nützlichen Eigenschaften, welche bei Jugend und Alter getrennt auftreten, die besitzt das reife Mannesalter vereinigt und von allem, worin jene zuviel oder zuwenig haben, davon hat es das richtige und schickliche Maß (τὸ μέτριον καὶ τὸ ἁρμόττον)» (90b 6–9). Der Aristotelische Begriff einer solchen Mitte ist tief und schön; er steht freilich in der Gefahr, leicht verwässert und verflacht werden zu können. Ein guter Arbeitsbegriff ist er häufig auf jeden Fall. Allerdings wirken sich solche Begriffe leicht auch als verflachende Schemata aus. Und so genial diese drei Aristotelischen Kapitel sind, so scheint mir doch zugleich spürbar, daß sich in ihnen eine gewisse Manier (mag diese Manier auch noch so genial sein) breitzumachen beginnt.

b) Der Einfluß der Glücksumstände auf den Charakter

Es folgen das fünfzehnte, sechzehnte und siebzehnte Kapitel; alle drei verhältnismäßig knapp. Sie behandeln (wie ich schon mitteilte) den Einfluß der Glücksumstände auf den Charakter. Das Glück (ἡ τύχη) verleiht gewisse Güter. In der Hauptsache folgende drei: 1. Adel – *εὐγένεια*. 2. Reichtum (πλοῦτος). 3. δύναμις – *Macht.* Und Aristoteles gibt nun wieder drei Charakterschilderungen des Adeligen, des Reichen und des Mächtigen: das sind noch nicht literarische Genrebilder, aber sie liegen doch in dieser Richtung. Nur einige Kostproben daraus: 1.) «Eigentümlichkeit des Geburtsadels ist, daß der, welcher ihn besitzt, in höherem Maße als andere nach Ehre trachtet (daß er φιλοτιμότερος ist)» (15. 1390b 16f.). Warum? Die Begründung ist vorzüglich: «Jedermann pflegt, wenn er etwas besitzt, nach Vermehrung desselben zu streben; der Geburtsadel aber ist eine Art Ehre und Ansehen der Vorfahren (ἡ δ' εὐγένεια ἐντιμότης τις προγόνων ἐστίν)» (b 17–19). Das spezifische Verhalten des Adligen (nämlich besonders ehrbegierig zu sein) wird da also zurückgeführt auf ein allgemeines Gesetz (wenn ich so sagen darf): daß jeder seinen Besitz zu mehren strebt – und daß der spezifische Besitz des Adels eben die Ehre der Vorfahren ist. An solchen allgemeinen Bemerkungen und versuchten Axiomen (die ihm nur ἔνδοξα sind) – also hier z. B. an dem Satz, daß jedes Wesen das zu mehren strebt, was es besitzt – ist Aristoteles sehr reich. Blick für die Wirklichkeit, tiefe Beobachtungsgabe einerseits – und reflektierende Urteilskraft, die auf für das Schließen geeignete Obersätze führt, andererseits – Scharfblick und Weitblick sind hier auf das glücklichste vereinigt. – Ruhiger wissenschaftlicher Blick. sine ira et studio. Ohne Zynismus.

Das ἦθος der Reichen. Nur zwei Sätze: Die Reichen «kommen sich gerade so vor als wenn es kein Gut gäbe, das sie nicht besitzen; denn der Reichtum ist gleichsam eine Art Maßstab für den Wert aller anderen Dinge (οἷον τιμή τις τῆς ἀξίας τῶν ἄλλων – sc. ἀγαθῶν) und daher scheint alles ihnen käuflich zu sein» (16. 1390b 34–91a 2). – Der Unterschied von altreich und neureich ist gleichfalls dem Aristoteles sehr geläufig. Der Neureiche hat alle Fehler des Reichen in verstärktem Grade und in schlimmerer Gestalt. Es fehlt dem Neureichen (so sagt Aristoteles dann kurz und treffend) die Erziehung des Reichtums (wörtlich: «wie eine Unerzogenheit des Reichtums ist das Neureichsein»: ὥσπερ γὰρ ἀπαιδευσία πλούτου ἐστὶ τὸ νεόπλουτον εἶναι, 91a 17f.).

Endlich das ἦθος der Mächtigen. Aristoteles ist da sehr kurz. Gemeint sind hier wohl alle die, denen ein bedeutendes politisches Amt Macht und Einfluß gewährt. Ich gebe nur *einen* Satz, der nicht ganz so einleuchtet, wie vorhin der entsprechende beim Adligen, aber doch interessant ist und die Verbindung von Beobachtung und Zurückführung der Beobachtungen auf allgemeine Sätze sehr gut zeigt: «Die Machthabenden sind ehrbegieriger und mannhafter als die Reichen, *weil* der Gegenstand ihres Verlangens die Ausführung aller der Taten ist, zu denen sie vermittelst ihrer Macht die Möglichkeit besitzen (διὰ τὸ ἐφίεσθαι ἔργων ὅσα ἐξουσί' αὐτοῖς πράττειν διὰ τὴν δύναμιν)» (17. 1391a 22–24).

Soweit diese Proben aus dem ersten Teil des II. Buches der Rhetorik. Daß auch diese letzten Ausführungen über den Einfluß der Lebensalter und des Adels, Reichtums und der politischen Macht auf den Charakter im Dienste des praktischen Zwecks stehen, also für den Redner geschrieben sind, ist selbstverständlich. Aber Aristoteles sagt es auch in diesem Zusammenhang (und zwar bei der Schilderung der Lebensalter) noch einmal ausdrücklich: «Da jedermann die seinem Ethos angepaßten Reden oder wenigstens ähnliche Reden gerne aufnimmt (… ἐπεὶ ἀποδέχονται πάντες τοὺς τῷ σφετέρῳ ἤθει λεγομένους λόγους καὶ τοὺς ὁμοίους), so läßt sich aus dem Gesagten unschwer abnehmen, wie der Redner seine Rede einzurichten hat, damit er selbst und seine Rede in dem entsprechenden Lichte erscheinen (οὐκ ἄδηλον πῶς χρώμενοι τοῖς λόγοις τοιοῦτοι φανοῦνται καὶ αὐτοὶ καὶ οἱ λόγοι)» (13. 1390a 25–28).

Zweites Kapitel
Über Enthymeme aus Prämissen mit ethischem Gehalt

§ 28. *Der Unterschied zwischen rhetorischen Schlüssen aus Topen und denen aus Prämissen*

Ich wende mich nun wieder zurück zum *ersten* Buche. Bevor ich beginne, den Rest der uns verbleibenden Zeit mit einigen Begriffsanalysen aus dem Gebiete der Ethik zu füllen, gebe ich noch schnell die Schritte an, die in dem Rhetorikbuch selber auf das Gebiet der Ethik zuführen und in ihm münden.

Das erste Buch der Rhetorik behandelt (wie Sie erinnern werden) den rhetorischen *Beweis*, also das Enthymem. Ich gab da zunächst selber Beispiele rhetorischen Schließens ἐξ εἰκότων. Das waren *keine* Topen.

Ferner machten wir uns klar, was die Orte, die Topen sind – und zwar sowohl die rhetorischen als auch die dialektischen Topen. Die rhetorischen Topen sind die Orte von Schlüssen ein- und derselben Grundgestalt (z. B. der τόπος des μᾶλλον καὶ ἧττον). Und eine der wichtigsten Bestimmungen ist hier: daß diese topischen Grundgestalten für Gegenstände verschiedener Sachbereiche (z. B. Ethik – Physik) *gemeinsam* sind. Aus dem τόπος des Mehr und Weniger z. B. lassen sich Schlüsse bilden für sachlich sonst ganz verschiedene Gegenstände.

Im zweiten Kapitel des I. Buches der Rhetorik führt Aristoteles nun noch einen Unterschied ein in bezug auf die *rhetorischen* Schlüsse, also in bezug auf die Enthymeme: er unterscheidet nämlich dort – ziemlich unerwartet – 1. rhetorische Schlüsse aus Topen (und die haben wir ja kennengelernt), 2. rhetorische Schlüsse aus Prämissen, d. h. aus oberen und obersten Sätzen, die besonderen Wissenschaften angehören; Aristoteles sagt: *ἐξ ἰδίων* (1358a 17 f., 26–32).

Es ist ein Unterschied, der reichlich plötzlich von Aristoteles eingeführt wird; die Art seiner Einführung kann in keiner Weise befriedigen und ist (wie ich wiederholt betonte) nur erklärlich daraus, daß verschiedene Fassungen schlecht ineinandergearbeitet sind. Ich übergehe nun hier alle Fragen rein formeller Art und halte mich an den Inhalt: wir kommen jetzt mit dieser formell plötzlichen Unterscheidung von zwei Sorten von Enthymemen und mit diesen rhetorischen Schlüssen *ἐξ ἰδίων* auf diejenigen Schlüsse, die wir an sich ja auch schon von Anfang an im Auge hatten: die nämlich ihrem Inhalt nach *in der Ethik gründen.* Insofern ist das also auch nichts Plötzliches, Unerwartetes sondern längst Vorausgesehenes und Erwartetes. ‹Plötzlich› und ‹unerwartet› ist nur die formelle Einführung dieses Unterschieds in den beiden ersten Kapiteln des I. Buches.

Um welche Prämissen handelt es sich nun da? Aristoteles teilt sie in εἴδη, in *Arten,* und zwar folgt diese Einteilung der Einteilung der Redegattungen selber. Wir sahen früher schon folgendes:

1.) Im γένος συμβουλευτικόν (in der beratenden Rede) dreht sich zuletzt alles darum, ob etwas nützlich oder schädlich (συμφέρον, βλαβερόν) ist. Das Nützliche und Schädliche sind, so sagte Aristoteles, das *τέλος* der beratenden Rede (τέλος – hier etwa soviel wie: maßgebender Gesichtspunkt der Erörterungen in der Rede). Und die fraglichen Prämissen nun sind *zuletzt* in diesem Felde: Sätze über das Nützliche und Schädliche.

2.) Das Entsprechende gilt für das γένος δικανικόν dessen τέλος – das Gerechte und Ungerechte war. Auch in diesem εἶδος stellt Aristoteles Sätze für den Redner zusammen, die entweder direkt oder indirekt zu Prämissen darüber dienen können, ob dieses oder jenes recht oder unrecht war.

3.) Die epideiktische Gattung: ihr τέλος ist das καλὸν καὶ αἰσχρόν (das Schöne, das sittlich Schöne – honestum). In diesem εἶδος stellt Aristoteles probable (ἔνδοξοι) Sätze zusammen über das Schöne, die Tugend, die Tugenden, die löblichen Handlungen u. s. f.

Der Hauptteil des I. Buches (von Kapitel 4 an bis zum Schlußkapitel 15 einschließlich) enthält die auf den Redner abgestellte Übersicht und Aufzählung solcher *eigentümlichen* Sätze und Prämissen (solcher ἴδια) – in folgender Ordnung:

1.) Kapitel 4 – 8 einschließlich gibt die Sätze, die für die beratende Rede eigentümlich sind (im Mittelpunkt stehen da also die Sätze über das Nützliche).

2.) Kapitel 9 entwickelt in entsprechender Weise Gesichtspunkte (σκοποί) und Prämissen für den epideiktischen Redner über Schönes und Häßliches, Tugend und Laster. Zu Beginn dieses 9. Kapitels schreibt er dabei, daß in diesem neunten Kapitel zugleich auch diejenigen Gesichtspunkte abgehandelt sind, von denen das Urteil über unser eigenes ἦθος als Redner abhängt; ich wies schon bei dem Referieren über dieses zweite πιθανόν (oder diese zweite πίστις (Überzeugungsmittel)) darauf hin, daß Aristoteles darüber im ersten Kapitel des II. Buches sich so kurz fassen kann (wie wir gesehen haben), weil er wichtige Sätze in dieser Rücksicht im ersten Buche bei anderer Gelegenheit vorträgt. Dies geschieht eben in diesem neunten Kapitel. Denn, sagt Aristoteles, «es sind dieselben Mittel, welche uns befähigen werden sowohl uns selbst als auch einen anderen als vertrauenswürdig in bezug auf Tugend hinzustellen.»[1] Es waren ja die drei Stücke von Klugheit, Tugend und Wohlwollen, als in deren Besitz sich der Redner durch seine Rede hinzustellen hat. Und für das mittlere Stück, die Tugend, sind hier Gesichtspunkte gegeben. Der epideiktische Redner (der lobt oder tadelt) muß sich darauf verstehen *durch* seine Worte, durch seine Rede einen anderen Menschen u.a. als tugendhaft hinzustellen; und wenn das 9. Kapitel ihn *dázu* anleiten kann, so auch dazu, *sich selbst* so herzurichten.

3.) Das 10.–15. Kapitel gibt die Prämissen für den Redner *vor Gericht:* letzthin also die Prämissen für das Gerechte und Ungerechte. Das zehnte Kapitel beginnt mit folgenden Worten, die ich zitiere, damit Sie die eigene Aristotelische Sprechweise in diesen Dingen hören: «Anschließend nun werden wir in bezug auf Anklage und Verteidigung anzugeben haben, aus wievielen und welchen Stücken der Redner seine Syllogismen zu bilden hat.»[2]

Diese dreigeteilte Zusammenstellung passender Prämissen nennt Aristoteles nun (ich sagte es schon) εἴδη – *Arten.* Es sind eben jeweils inhaltlich der *Art* nach verschiedene Prämissen und es lassen sich aus ihnen auch nur Schlüsse ziehen, die lediglich für das betreffende *Feld* gelten: Feld der *Beratung,* Feld der epideiktischen Rede, Feld der Rede vor Gericht. Im zweiten Kapitel des I. Buches parallelisiert Aristoteles dann abschließend diese Arten (εἴδη) und die *τόποι,* die Orte. – Der Ausdruck εἴδη (Arten) in *dieser* Verwendung und ferner bei dieser *Parallelisierung* mit dem Ausdruck τόποι ist nur als Terminus der Schule zu verstehen. Wäre das nicht so, dann könnte man die Verwendung dieses Wortes nur höchst unglücklich finden, denn von *Arten* im eigentlichen Sinn ist hier ja gar *keine Rede.* Es handelt sich um Zusammenstellungen von Prämissen für mögliche Schlüsse, welche nach den *Arten* der Gattung Rede angeordnet sind. Aber solche Zusammenstellungen sind ja doch *nicht selber* Arten und können sinnvoll nur in einem *beliebig* definierbaren Terminus der Schule so genannt werden. In der Übersetzung Adolf

---

[1] ἐκ τῶν αὐτῶν γὰρ ἡμᾶς τε καὶ ἄλλον ἀξιόπιστον δυνησόμεθα ποιεῖν πρὸς ἀρετὴν (1366a 27f.).

[2] 1368b 1–3: περὶ δὲ κατηγορίας καὶ ἀπολογίας, ἐκ πόσων καὶ ποίων ποιεῖσθαι δεῖ τοὺς συλλογισμούς, ἐχόμενον ἂν εἴη λέγειν.

Stahrs finde ich das Wort ‹εἴδη› hier mit dem Ausdruck ‹Fächer› übersetzt; was ich recht gut finde. Aber die Hauptsache ist hier ja überhaupt, daß erkannt wird, daß hier ein Terminus vorliegt. Und so verstehen wir denn die Definition am Schluß des 2. Kapitels des I. Buches: «Ich nenne Fächer die auf einzelne Gattungen von Materien beschränkten eigentümlichen Prämissen; Topen dagegen was in gleicher Weise für alle anwendbar ist.»[3] – Und einen Satz vorher sagte er: es seien (wie in der Topik) so entsprechend auch hier in der Rhetorik die Fächer (εἴδη) und die Topen zu unterscheiden, aus denen (sc. die Enthymeme) zu entnehmen sind.[4] – Aus dieser Stelle ist folgendes zu entnehmen:

Der Unterschied zwischen εἴδη (Fächern) und τόποι soll auch für die Topik gelten. Ich bin bei der Wiedergabe der Grundzüge der Topik auf diesen Unterschied, der in der Topik selber von Aristoteles *ausdrücklich* gar nicht gemacht wird, nicht eingegangen. Es ist, was die Topik betrifft, ein Unterschied, der allerdings gemacht werden kann. Aber eine besondere Bedeutung kommt ihm dort nicht zu. Das läßt sich ja schon daraus entnehmen, daß Aristoteles selber *ihn* (wie ich schon sagte) *ausdrücklich* in der Topik überhaupt nicht macht. Daß nun hier in der *Rhetorik* auf einen Unterschied in der Topik hingewiesen wird, der in diesem Werk selber gar nicht ausdrücklich vorkommt, ist bezeichnend dafür, daß wir keine von der eigenen Hand des Aristoteles herrührende Abschlußfassung vor uns haben.

Die Einteilung der beiden ersten Bücher der Rhetorik gab ich früher schon. Mit Hilfe des neuen Terminus wollen wir sie jetzt schnell noch einmal rekapitulieren: Abgesehen von den einleitenden drei ersten Kapiteln des I. Buches behandelt dieses I. Buch das rhetorische Beweisen *insoweit*, als die Obersätze dieser Enthymeme nur für die jeweilige Redegattung sachlich belangvoll sind, und daher nach Fächern (εἴδη) angeordnet sind. Das zweite Rhetorikbuch behandelt dann zunächst die anthropologischen Themen der Affekte und des Einflusses des Alters und der Glücksumstände auf die Sinnesart, und kehrt dann vom achtzehnten Kapitel an bis zum Schluß noch einmal zum ersten πιθανόν, dem rhetorischen Beweisen zu-

[3] 1358a 31 f.: λέγω δ᾽ εἴδη μὲν τὰς καθ᾽ ἕκαστον γένος ἰδίας προτάσεις, τόπους δὲ τοὺς κοινοὺς ὁμοίως πάντων.

[4] καθάπερ οὖν καὶ ἐν τοῖς τοπικοῖς, καὶ ἐνταῦθα διαιρετέον τῶν ἐνθυμημάτων τά τε εἴδη καὶ τοὺς τόπους ἐξ ὧν ληπτέον (a 29 f.).

rück. Und zwar werden nunmehr erst die Enthymeme ἐξ τόπων (aus den Topen) behandelt.

Meine Absicht war ja nun, die Enthymeme aus den *Fächern* (den εἴδη) zur Einführung in die Aristotelische Ethik zu benutzen. Im Ausgang von ihnen wollte ich vor allem zunächst drei Grundbegriffe dieser Ethik: 1. den der εὐδαιμονία und den des Guten (beide sind für Aristoteles soz. nur *ein* Begriff; und dies macht das Wesen des sog. Ethischen Eudaimonismus aus), 2. den der Tugend und 3. den der ἡδονή (der Lust, Freude, Gehobenheit) ausführlich erörtern. Dabei hätte die Rhetorik nur ein Ausgangspunkt sein können. Denn maßgebend für jede Darstellung der Aristotelischen Ethik ist die ›Nikomachische Ethik‹. Und dazu überzugehen, war ja auch meine Absicht.[5]

Durch den Ausfall von mindestens vier Stunden im August, mit denen ich fest gerechnet hatte (und durch den Fliegeralarm ging auch in der vergangenen Woche eine Stunde verloren), bleibt nun nichts anderes übrig als auf diese Ethik ganz zu verzichten.

Ich will auch nicht versuchen, in dieser letzten Stunde, allgemeine Zusammenfassungen vorzutragen. Die Zeit, die wir noch zur Verfügung haben, will ich dadurch ausnutzen, daß ich kurz über den Inhalt einer dieser ‹Fächer› berichte. Das kann natürlich nicht mehr sein, als daß ich eine Art ausführlichen Inhaltsverzeichnisses gebe. Die Zeit langt nicht mehr dazu, dies für alle drei Fächer zu tun. Ich wähle dazu das erste Eidos: also das der beratenden Rede. In fünf Kapiteln vom 4.–8. einschließlich werden nun die Dinge zusammengestellt, die in bezug auf das *Beweisen* für den beratenden Redner von Bedeutung sind.

---

[5] *[Auf einem Beiblatt findet sich folgendes Zitat (Rhet. I 2. 1358a 23–26), das König an dieser Stelle plaziert, wie es scheint, um die Möglichkeit des von ihm beabsichtigten Übergangs von der Rhetorik zu den angekündigten Begriffsanalysen aus dem Gebiet der Ethik anhand des Rhetoriktextes selber zu belegen:*
«von diesen letzteren *[sc. den eigentümlich-besonderen Fächern* (εἴδη)*]* dagegen ist zu sagen, daß, je besser der Redner seine Sätze auszuwählen versteht (ὅσῳ τις ἂν βέλτιον ἐκλέγηται τὰς προτάσεις), er um so eher ein anderes, von der Dialektik und Rhetorik verschiedenes wirkliches Wissen zuwege bringen wird (λήσει ποιήσας ἄλλην ἐπιστήμην τῆς διαλεκτικῆς καὶ ῥητορικῆς). Denn trifft es sich, daß er auf wirkliche Prinzipien zu reden kommt (ἂν γὰρ ἐντύχῃ ἀρχαῖς) so wird er dann nicht mehr Dialektiker oder Rhetoriker sein (οὐκέτι διαλεκτικὴ οὐδὲ ῥητορικὴ) sondern was er sagt wird derjenigen Wissenschaft angehören, deren eigentümliche Prinzipien er behandelt (ἀλλ' ἐκείνη ἔσται ἧς ἔχει τὰς ἀρχάς).» K[n]]

§29. *Über die für die beratende Rede eigentümlichen Prämissen (Topoi)*

a) Politische Topoi

Den Anfang macht das 4. Kapitel: Aristoteles will da zunächst angeben: «über welcherlei Güter oder Übel der Beratende Rat gibt» (περὶ ποῖα ἀγαθὰ ἢ κακὰ ὁ συμβουλεύων συμβουλεύει, 1359a 30f.). Dies wird zunächst nun abstrakt-begrifflich mit Hilfe platonischer Diairesen ermittelt. Der Beratende kann sinnvoll offenbar nur über solche Güter und Übel raten, über die ein Mitsichzurategehen überhaupt möglich ist (περὶ ὅσων ἐστὶ τὸ βουλεύεσθαι, a 37f.). «Von dieser Art nun sind alle diejenigen Güter und Übel, die ihrer Natur nach sich auf uns selbst zurückführen lassen und deren Grund des Werdens in unserer Macht liegt (τοιαῦτα δ᾽ ἐστὶν ὅσα πέφυκεν ἀνάγεσθαι εἰς ἡμᾶς, καὶ ὧν ἡ ἀρχὴ τῆς γενέσεως ἐφ᾽ ἡμῖν ἐστιν). Denn wir überlegen nur solange, bis wir gefunden haben, ob für uns etwas möglich oder unmöglich ist» (μέχρι γὰρ τούτου σκοποῦμεν, ἕως ἂν εὕρωμεν εἰ ἡμῖν δυνατὰ ἢ ἀδύνατα πρᾶξαι, a 38–1359b 2).

Was sind das nun für Güter? Bevor Aristoteles sie kurz durchgeht, bricht er jedoch in eine temperamentvolle Zwischenrede aus, die ich ganz zitieren will. Ein Kommentar dazu ist nach dem, was wir durchgesprochen haben, nicht mehr nötig. Ich weise nur *dárauf* hin, daß auch dieses Stück deutlich zeigt, daß es unmöglich in einem *ersten* Entwurf der Rhetorik und daß es *in dieser Form* auch unmöglich in einer abschließenden Redaktion durch Aristoteles selber gestanden haben kann. Aristoteles sagt (1359b 2–16):

«Einzeln nun genau aufzuzählen (καθ᾽ ἕκαστον … ἀκριβῶς διαριθμήσασθαι) und nach Gattungen zu scheiden (διαλαβεῖν εἰς εἴδη), worüber die Menschen alles zu verhandeln pflegen, und dazu noch anzugeben, wie weit es möglich sei darüber *wahre* Bestimmungen festzusetzen (περὶ αὐτῶν διορίσαι *κατὰ τὴν ἀλήθειαν* [sc. *nicht* κατὰ τὴν δόξαν]) ist gegenwärtig nicht nötig (οὐ δεῖ κατὰ τὸν παρόντα καιρὸν ζητεῖν), weil dies nicht in die Rhetorik sondern in eine verständigere und mehr auf Wahrheit gerichtete Wissenschaft gehört (διὰ τὸ μήτε τῆς ῥητορικῆς εἶναι τέχνης ἀλλ᾽ ἐμφρονεστέρας καὶ μᾶλλον ἀληθινῆς) und zweitens, weil der Rhetorik schon zu viel Betrachtungen überwiesen worden sind, die den besonderen Fachwissenschaften eigentümlich angehören (πολλῷ τε πλείω δεδόσθαι καὶ νῦν αὐτῇ τῶν *οἰκείων* θεωρημάτων). Denn was wir bereits früher ausgesprochen haben ist tatsächlich wahr, daß nämlich einerseits die Rhetorik aus der Wissenschaft der Analytik und der politischen Ethik besteht (ὅτι ἡ ῥητορικὴ σύγκειται μὲν ἔκ τε τῆς ἀναλυτικῆς ἐπιστήμης καὶ τῆς περὶ τὰ ἤθη πολιτικῆς) *und* daß sie andererseits teils der Dialektik und teils der Sophistik ähnlich ist (ὁμοία δ' ἐστὶ τὰ μὲν τῇ διαλεκτικῇ τὰ δὲ τοῖς σοφιστικοῖς λόγοις). Sobald nun aber jemand die Dialektik oder die Rhetorik nicht als Fähigkeiten (δυνάμεις) sondern als Wissenschaften (ἐπιστήμας) hinzustellen sich beikommen läßt, wird er durch alles, was er dazu tut, nur unvermerkt ihre wahre Natur unkenntlich machen, indem er sie durch Überschreitung ihrer Grenzen zu Wissenschaften, die sich auf bestimmte Dinge bezögen macht und nicht bloß auf *Reden*» (... τῷ μεταβαίνειν ἐπισκευάζων εἰς ἐπιστήμας ὑποκειμένων τινῶν πραγμάτων, ἀλλὰ μὴ μόνον λόγων).

Trotzdem (ὅμως, b 16 ff.), sagt er dann, sollen die Punkte, deren Erörterung förderlich ist, angegeben werden, aber ohne genauere Erörterung, die Sache der Politik ist.

Aufgezählt werden dann fünf Hauptgegenstände der Beratung: 1.) die Finanzen, οἱ πόροι (Quellen des Wohlstandes, Hilfsmittel, Wege zum Wohlstand, zur Lebensnotdurft) – 2.) Krieg und Frieden (πόλεμος καὶ εἰρήνη) 3.) Landesverteidigung (φυλακὴ τῆς χώρας) 4.) Ausfuhr und Einfuhr (εἰσαγόμενα καὶ ἐξαγόμενα) 5.) Gesetzgebung (νομοθεσία).

Zu jedem Punkt macht Aristoteles nun in wenigen Sätzen jeweils einige Bemerkungen; denn alles dieses gehört ja in die Politik. Trotz der äußersten Kürze sind die Bemerkungen jedoch durchaus lesenswert. – Z.B. unter dem Titel ‹Einfuhr und Ausfuhr› sagt er, der Redner müsse Bescheid wissen darüber, welche Staaten man für den eigenen Export nötig habe und welche für die Einfuhr ins eigene Land. Denn, sagt er, nach zwei Seiten muß ein Staat gute Beziehungen suchen: zu denen, die stärker sind als er, und zu denen, die für Einfuhr und Ausfuhr von Bedeutung sind (60a 12–17). – Und so werden auch über die νομοθεσία gute Dinge gesagt (60a 17 ff.). – Das Ganze mutet auch an, wie eine *Studienanweisung* für einen, der künftig in der athenischen Volksversammlung auftreten will. Da wird einem solchen auch nahegelegt, daß er nicht nur diese Verhältnisse in seinem eigenen Lande kennen muß; vielmehr soll er sich auch umtun und studieren, wie es andere Völker damit halten (a 32 ff.). – Vor allem bei der Gesetzgebung aber soll er nicht nur die Gegenwart sondern auch die Vergangenheit studieren, um *z. B.* daraus zu erkennen, welche Verfassung dem eigenen Volk zuträglich ist (a 30 ff.) u. s. f. *u. s. f.* – Bei aller stichwortartigen Knappheit vorzüglich.

b) Ethische Topoi

Es folgt das sehr interessante 5. Kapitel über die Eudaimonie, die Glückseligkeit. Warum hier von der Eudaimonie zu handeln ist, setzt Aristoteles folgendermaßen auseinander: Jeder einzelne und auch jede Gesamtheit (also z. B. ein Staat) hat eine Art Ziel (σκοπός τις), durch welches das Wählen und das Meiden bestimmt wird. Und dieses Ziel ist – summarisch gesprochen – die Eudaimonie und die Teile der Eudaimonie (1360b 4–7). – Alles Zuraten und Abraten (προτροπαί, ἀποτροπαί, b 10 f.) bezieht sich zuletzt auf die Glückseligkeit, auf das was sie fördert und was ihr entgegen ist. Denn man soll dasjenige tun (δεῖ πράττειν, b 12 ff.), was uns zu ihr oder ihren Teilen verhilft und nicht tun, was zerstörend oder hindernd auf sie einwirkt – oder was gar das Gegenteil der Eudaimonie hervorbringt.

Wie ist das nun gemeint, wenn es hier in der Rhetorik heißt, man *soll* so handeln (*δεῖ* πράττειν)? Geraten wir da auf einmal in ethische Vorschriften hinein? Und was hätte das mit Anweisungen für den Redner zu tun? Nun: Aristoteles will dem Redner *glaubhafte* (ἔνδοξοι, εἰκότες) oberste Sätze für das Schließen zusammenstellen. Es müssen Sätze sein, die *bei dem Durchschnittshörer auf Billigung rechnen können*, denn sonst taugen sie nicht für den Redner. Und andererseits gibt Aristoteles nur solche Sätze an, die ihm selber ethisch einwandfrei sind. Daß sich überhaupt solche Sätze finden lassen, die diesem Doppelten für Aristoteles Genüge leisten, mag man vielleicht als glücklichen Zufall betrachten [Ist es aber nicht. K^n]. Aristoteles selber würde es zwar kaum so ansehen. Ich erinnere in dieser Rücksicht an die hohe Bedeutung, die die bloß glaubhaften Sätze *auch* und sogar besonders in der Aristotelischen Ethik haben. Die Aristotelische Ethik hält sich aus ihrem Wesen heraus möglichst an das allgemeine Bewußtsein. Sie ist nicht fordernd moralistisch gegen dasselbe gekehrt, sondern sucht überall mit ihren Lehren an es anzuknüpfen. Und so kann es Aristoteles wagen, in diesen Kapiteln Sätze vorzulegen, mit denen einerseits der Redner auf Beifall rechnen darf, und dem andererseits Aristoteles selber von seinem eigenen ethischen Standpunkt aus zustimmen kann, ja die sogar zum großen Teil diesen eigensten Aristotelischen ethischen Standpunkt mehr oder minder deutlich spiegeln.

Aristoteles gibt nun zunächst vier verschiedene Definitionen der Glückseligkeit dem Redner an die Hand. Dies Vorgehen zeigt exemplarisch, wie diese ganzen Sätze gemeint sind. Denn von diesen vier Definitionen kann (nach Aristotelischer Lehre) nur *eine* richtig sein. Keine dieser vier Definitionen ist aber ferner die, die Aristoteles selber in den ethischen Schriften von der εὐδαιμονία gibt. Andererseits sind alle vier Definitionen *auch* vom Aristotelischen Standpunkt aus ἔνδοξοι, glaubhaft – und liegen recht besehen nicht zu weit von seiner eigenen entfernt; vor allem widersprechen sie dieser nicht. – Und ähnliches gilt mehr oder minder für alle diese Sätze.

Es werden dann die Teile der Eudaimonie einzeln aufgezählt; bei jeder dieser Bestimmungen gibt Aristoteles noch einige knappe Erläuterungen. Ich zähle diese μόρια, Teile der Eudaimonie auf: 1.) edle Abkunft (εὐγένεια) – und zwar für Volk und Stadt (ἔθνος καὶ πόλις, 60b 31) sowohl als auch für den einzelnen. Der Sinn der Teile der Eudaimonie wird von Aristoteles hier immer in dieser doppelten Bedeutung auseinandergelegt. Denn der Staatsredner interessiert sich selbstverständlich für diese Teile, insofern sie sich auf das Allgemeine und Ganze des Staates beziehen. 2.) Glück mit Kindern und Reichtum an Kindern. Ich lese diese Ziffer einmal ganz vor, weil sonst kein Eindruck der Aristotelischen Behandlungsart entsteht. Also: «Ein Gemeinwesen hat Glück mit Kindern, wenn seine Jugend zahlreich und tüchtig ist, tüchtig an Vorzügen des Leibes, an Größe, Schönheit, Stärke, Gewandtheit zu Leibesübungen, während die seelischen Vorzüge des jungen Menschen Mäßigkeit (σωφροσύνη) und Tapferkeit (ἀνδρεία) sind. Der einzelne hat Glück mit und Reichtum an Kindern, wenn er viele solcher Kinder hat, sowohl männliche als auch weibliche. Tugend des Leibes der weiblichen Kinder ist Schönheit (κάλλος) und Größe (μέγεθος); Tugend der Seele (ψυχῆς) *σωφροσύνη* (Mäßigkeit? Bescheidenheit? Sittsamkeit?) und Arbeitsamkeit (φιλεργία) ohne Unfreiheit (ἄνευ ἀνελευθερίας). Man muß aber ebenmäßig in der Familie wie im Staate, bei Männern wie bei Frauen dahin trachten, daß jede dieser Eigenschaften bei ihnen vorhanden sei. Denn wo es mit den Frauen schlecht bestellt ist wie bei den Lakedaimoniern (ὅσοις γὰρ τὰ κατὰ γυναῖκας φαῦλα ὥσπερ Λακεδαιμονίοις), da entbehrt man fast die halbe Glückseligkeit (σχεδὸν κατὰ τὸ ἥμισυ οὐκ εὐδαιμονοῦσιν)» (1361a 1–12).

3.) πλοῦτος – 4.) guter Ruf: εὐδοξία – 5.) Ehre: τιμή – 6.) ἀρετὴ σώματος: ὑγίεια, Gesundheit – 7.) Schönheit κάλλος – sehr interessant im einzelnen; ganz anders wie bei uns: «Des Jünglings

Schönheit besteht darin, daß er einen Körper hat, der zu den Anstrengungen seines Alters sowohl zu denen, die Schnelligkeit als zu denen die Kraft erfordern, geschickt ist, während er selbst einen genußreichen Anblick gewährt (ἡδὺν ὄντα ἰδεῖν πρὸς ἀπόλαυσιν: süß anzusehen für den Genuß, freudig anzusehen für den Genuß) – deshalb sind die Fünfkämpfer am schönsten (κάλλιστοι), weil ihre Natur Stärke und Schnelligkeit vereinigt (ὅτι πρὸς βίαν καὶ πρὸς τάχος ἅμα πεφύκασιν) (1361b 7–11) ... Des Greisen Schönheit endlich besteht darin, daß sein Körper den notwendigen Anstrengungen noch gewachsen und zugleich ohne Beschwerden ist, weil er nichts von dem an sich hat, wodurch das Alter verkümmert wird» (b 13 f.). – 8.) Stärke (ἰσχύς) – 9.) Größe. Auch hier gibt es eine ἀρετὴ μεγέθους (= gute, richtige Beschaffenheit der Größe). Diese Tugend der Größe besteht darin, daß einer die meisten Menschen «an Länge, Tiefe und Breite (κατὰ μῆκος καὶ βάθος καὶ πλάτος) übertrifft» – (also in allen drei Dimensionen) – «doch nur in dem Maße, daß solches Überragen seine Bewegungen nicht schwerfällig macht» (b 18–21). – 10.) *ἀγωνιστικὴ σώματος ἀρετή:* die wettkämpferische Tugend des Leibes. Also: die gute Beschaffenheit des Leibes, die zu Wettkämpfen befähigt. – 11.) Glückliches Alter: εὐγηρία – 12.) Besitz vieler und rechtschaffener Freunde 13.) εὐτυχία: Glück – 14.) Tugend.

c) Ethische Topoi (Forts.): Bestimmungen dessen, was ein Gut ist

Es folgt das 6. Kapitel. Im wesentlichen ist es eine Zusammenstellung zahlreicher allgemeiner Sätze (dreißig Stück) über das, was *ein Gut* ist (ἀγαθόν). – Daß ein solches Kapitel *hier,* d. h. in dem der beratenden Rede gewidmeten Abschnitt, seinen Ort hat, leuchtet ein und wird von Aristoteles folgendermaßen begründet: der maßgebende Gesichtspunkt bei der beratenden Rede ist (wie wir früher hörten) das Nützliche, τὸ συμφέρον. Zuletzt also lautet die in jeder Beratung über das zu Tuende vorgelegte Frage: was ist nützlich für mich, für uns? Was nützt mir oder was nützt uns? Und jede vorschwebende Handlung wird daraufhin der Prüfung unterzogen, ob sie Nutzen bringen wird: und zwar Nutzen schlechthin (ἁπλῶς, 62a 21): d. h. nicht nützlich sein für dieses oder jenes (z. B. zur Vertreibung des Hustens u. s. f.) sondern nützlich schlechthin (ἁπλῶς). Man kann den Gedanken dieses Schlechthin-nützlich-seins auch mit ‹gut sein für jemanden schlechthin› wiedergeben. Etwas ist nicht gut für jemanden (und zwar nicht etwa: daß es nicht gut ist für z. B. seine Gesundheit oder seine Finanzen oder dies und jenes) sondern schlechthin nicht gut für ... Das Nützliche ist ein Gutes (τὸ δὲ συμφέρον ἀγαθόν, a 20). Das Nützliche ist (wie später Aristoteles im I. Buch [4. 1096a 23 ff.] der Nik. Ethik sagt) *das Gute in der Kategorie der Relation:* denn das Nützliche ist ein Relatives: es ist immer das eine Glied einer Relation, zu der als anderes Glied das wofür es nützlich ist – oder das wem es nützlich ist – gehört.

Aristoteles sagt nun weiter: Das Mitsichzurategehen erstreckt sich niemals auf das Ziel oder den Zweck (βουλεύονται δὲ οὐ περὶ τοῦ τέλους, 62a 18) sondern auf die Mittel zum Ziel oder zum Zweck (ἀλλὰ περὶ τῶν πρὸς τὸ τέλος, a 18 f.). *Wo* wir eigentlich hinstreben, das liegt fest, das ist bei jedem συμβουλεύεσθαι vorausgesetzt. Und wenn es das nicht wäre, so würde keine Beratung es uns geben können. Und zuletzt streben wir zur *Eudaimonie,* zur Glückseligkeit. Was wir Menschen auch immer tun und weswegen wir immer dieses oder jenes tun – *zuletzt* (so sagt Aristoteles) ist alles Handeln auf das Glücklichsein bezogen; und was wir auch immer tun, ist insofern ein Mittel zu dem Zweck des Glücklichseins. – Und ein solches *Mittel* (ein solches πρὸς τὸ τέλος) ist dann *schlechthin* nützlich und *schlechthin* gut für ... – Diese Gedanken gelten bei Aristoteles in möglichster Entsprechung auch für den *Staat,* den der Redner ja vor allem im Auge hat.

Das Kapitel gibt nun eine Reihe *allgemeiner* probabler Aussagen an die Hand über das was ἀγαθόν, gut ist. Zunächst werden eine Reihe verschiedener Definitionen des Guten vorgelegt. Und dann werden eine Reihe von Dingen als Güter aufgezählt und *als* solche *Güter* unter Zugrundelegung der vorausgeschickten Definitionen erwiesen. Eine Reihe dieser Güter hat Aristoteles schon als Teile der Glückseligkeit, der εὐδαιμονία aufgezählt. Im gegenwärtigen Kapitel werden als solche Güter genannt (62b 2 ff.): die Tugenden, die Lust (ἡδονή), die Eudaimonie, Begabung zum Reden und Handeln (δύναμις τοῦ λέγειν, τοῦ πράττειν, b 22 f.) ... alle Wissenschaften und Künste – ferner *das Leben* (καὶ τὸ ζῆν: denn wenn auch kein anderes Gut aus ihm folgte, so ist es an sich selber wünschenswert; εἰ γὰρ μηδὲν ἄλλο ἕποιτο ἀγαθόν, καθ᾽ αὑτὸ αἱρετόν ἐστιν, b 26 f.). Optimismus. Klassischer Optimismus. Optimismus von Tiefe. Persönlich Melancholiker.

Nach dieser Aufzählung derjenigen Güter, die als Güter allgemein anerkannt sind (es sind τὰ ὁμολογούμενα ἀγαθά, b 29), folgen eine Auswahl von Topen (Aristoteles braucht hier diesen Ausdruck nicht, aber es sind in der Tat eine Art Topen), aus denen in Fällen, in denen es zweifelhaft (ἀμφισβητήσιμον) scheinen mag, ob etwas ein Gut ist, vermittelst eines Schlusses eine Entscheidung gewonnen werden kann. – Ein solcher Topos (er ist uns heute wieder ganz geläufig geworden) lautet: Ein Gut ist, wovon das Gegenteil unsern Feinden von Nutzen ist (62b 31 ff.). – Und noch ein anderer: «Wovon es kein Übermaß gibt, das ist ein Gut» (οὗ μή ἐστιν ὑπερβολή, τοῦτο ἀγαθόν, 63a 1). Aristoteles gibt kein Beispiel für diesen Topos; und ich selber bin in seiner Auffassung nicht so sicher, daß ich an seiner Stelle ein Beispiel geben möchte. In einem gewissen Sinne, den ich hier nicht näher entwickeln kann, könnte aber z. B. auch Aristoteles sagen ‹von der Tapferkeit gibt es kein Übermaß› (und überhaupt von den echten Tugenden gibt es kein Übermaß); es ist nicht sinnvoll, jemanden tapferer als gut ist, sein zu lassen. Vielmehr kann man nicht *zú* tapfer sein. Mithin ist diese Tugend und sind diese Tugenden überhaupt Güter. – Diese Beispiele müssen genügen.

d) Ethische Topoi zu Schlüssen auf das Bessere und Nützlichere

Es folgt das in logischer Rücksicht besonders interessante siebte Kapitel. Es behandelt einen Gegenstand, der Aristoteles anscheinend stets besonders interessiert und am Herzen gelegen hat – beides: intellektuell interessiert und zugleich gemütsmäßig beteiligt. Wie läßt sich die Frage, welches Gut von zwei Gütern ein *größeres* Gut und ein schlechthin Nützlich*eres* ist, in allen den Fällen zufriedenstellend entscheiden, in welchen es nicht ohne weiteres auf der Hand liegt, wie zu entscheiden ist, z. B. ‹Ist Gesundheit oder Schönheit besser?› Es ist also das Problem τοῦ μείζονος ἀγαθοῦ καὶ τοῦ μᾶλλον συμφέροντος: dessen was ein größeres Gut und ein mehr Nützliches ist (7. 1363b 7). Auch hier gibt Aristoteles Topen zu *Schlüssen* auf das Bessere und Nützlichere, obwohl er auch hier nicht den Ausdruck ‹Topos› gebraucht. Es handelt sich also um glaubhafte Schlußformeln, unter deren Voraussetzung etwas *als* ein größeres Gut als ein anderes bewiesen werden kann. Daß hier wirklich *Topen* vorliegen, zeigt die Sache selbst. Aber außerdem hat die *Topik* ein ganzes Buch – das dritte Buch – welches denselben Gegenstand behandelt, nämlich wie zu Beginn dieses Topikbuches formuliert wird: welches von zwei oder mehr Dingen wünschenswerter oder besser ist (πότερον δ᾽ αἱρετώτερον ἢ βέλτιον δυεῖν ἢ πλειόνων, ἐκ τῶνδε σκεπτέον, 116a

3 f.). – Ich habe bei meinem Referat über die Topik auf dieses dritte Buch absichtlich nicht hingewiesen, um bei der knappen Behandlung keine Verwirrung zu stiften. Aristoteles rechtfertigt die Behandlung dieses Stoffes in der *Topik* dadurch, daß das Bessersein als ein anderes ja ebenfalls ein *Akzidenz* eines Dinges ist. Das Akzidenz war ja aber eines der vier (bzw. fünf) Stücke (quinque voces): Definition, Proprium, Gattung, Differenz, für deren Beurteilung die Topik glaubhafte oberste Sätze zusammenstellt. – Wir haben also hier das an sich schon Interessante: ein- und denselben Gegenstand sowohl in der Topik als auch in der Rhetorik behandelt zu sehen. Die *Topen* (und beide Kapitel sind ja weiter nichts als Zusammenstellungen von Topen. Das Rhetorikkapitel gibt *49* Stück) stimmen in beiden Bearbeitungen weitgehend überein, so daß bei einem genauen Vergleich beider philosophisch keinerlei Nutzen zu entspringen scheint; vielleicht ist dies in philologischer Rücksicht anders. Ich lasse das offen.

Ich gebe nur einen einzigen Topos. Griechisch heißt er aristotelisch knapp: καὶ τὰ πρὸς ἀλήθειαν τῶν πρὸς δόξαν (1365a 37–b 1): also «und das auf Wahrheit Ausgerichtete (ist besser) als das auf δόξα Bezogene (auf Meinung, Ansehen Bezogene)». Der Topos kommt sowohl hier in der Rhetorik als auch in der Topik vor. Ich gebe zunächst ein Beispiel für ihn aus der Topik, das den Sinn des Topos sofort klarmacht: die Gesundheit ist besser, ist wünschenswerter (αἱρετώτερα) als die Schönheit (III 3. 118b 20 f.). Denn die Schönheit ist ein Gut πρὸς δόξαν – und das heißt also, wie jetzt klar ist und wie außerdem Aristoteles noch ausdrücklich definiert (65b 1 f.): etwas, was einer bei der Aussicht unbemerkt zu bleiben nicht wählen würde. In der Topik definiert er dieses selbe πρὸς δόξαν in derselben Weise nur mit anderen Worten als «dasjenige worum man sich nicht bemüht, wenn keiner weiß, daß man es hat» (118b 21 f.). Und daraus wird dann auf dem Wege des Gegensatzes der Sinn des τὰ πρὸς ἀλήθειαν (wörtlich des auf Wahrheit Bezogenen, Gerichteten) einigermaßen deutlich: Bei der Gesundheit ist es uns mehr *um sie selbst* zu tun, auch ohne jede Rücksicht auf unser Ansehen bei den anderen. Daß dieser Gedanke mit dem Wort ἀλήθεια, Wahrheit, ausgedrückt wird, ist bemerkenswert. – Aristoteles gibt hier in der Rhetorik für diesen Topos ein anderes weniger plausibles Beispiel: sc. Wohltaten empfangen, sei wünschenswerter als Wohltaten erzeigen. Wenigstens «scheint» dies, wie er vorsichtig sagt, so zu sein (1365b 2 ff.). Er *diskutiert* die Triftigkeit dieses Satzes nicht, nimmt keine Stellung dazu. Sollte der Satz nicht stimmen, so könnte das entweder daran liegen, daß der Topos selber nicht stimmt – oder daß der konkrete Sachverhalt nur scheinbar in diesen Topos hineingehört.

Dieses Offenlassen solcher Zuspitzungen ist sehr reizvoll. Gleich im folgenden Topos (65b 5 ff.), der mit dem soeben behandelten, beinahe identisch ist, kommt noch eine sehr hübsche topische Argumentation vor, mit deren Angabe ich auch dieses Kapitel für erledigt erklären muß. Der Topos lautet: besser ist, was man lieber sein als scheinen mag. So will man wohl (wenigstens ist das plausibel) lieber gesund sein als gesund scheinen. Während man *vielleicht* lieber schön *scheinen* als schön-*sein* mag. – Aber was hier so verhältnismäßig unverfänglich (verhältnismäßig!) und glaubhaft klingt, hört sich dann schon (obwohl demselben τόπος angehörend) ganz anders an bei folgendem, das Aristoteles gleichfalls ohne Diskussion als eine Meinung der Leute mitteilt: daß Gerechtigkeit kein großes Gut – sondern ein geringes ist, weil man lieber gerecht scheinen als gerecht sein wolle; was bei dem Gesundsein anders sei.

Anhang

Nachwort des Herausgebers

1. Der hier vorgelegte Band enthält das Manuskript zu der Vorlesung, die unter demselben Titel im Sommerhalbjahr 1944 an der Universität Göttingen gehalten wurde. Das Kolleg ist im Vorlesungsverzeichnis nicht angekündigt, weshalb sich über seinen Beginn und seine Stundenzahl nur mittelbar etwas berichten läßt. Der allgemeine Unterrichtsbetrieb begann laut Vorlesungsverzeichnis am 17.4.1944 und schloß am 12.8.1944. Es steht jedoch fest, daß König sein Aristoteles-Kolleg erst zu einem späteren Zeitpunkt aufgenommen hat, vermutlich in der ersten oder zweiten Maiwoche, vielleicht auch später. (Näheres hierzu in Ziffer 2.) Aus einer Bemerkung Königs in der letzten Kollegstunde (S. 190) über den Ausfall mehrerer Stunden im August läßt sich immerhin erschließen, daß die Vorlesung (mindestens) vierstündig gewesen sein muß.[1]

Die typographische Abschrift beruht auf einer Photokopie des handschriftlichen Originalmanuskripts, das im Nachlaß Josef Königs in der Handschriftenabteilung der Niedersächsischen Staats- und Universitätsbibliothek Göttingen verwahrt wird und dort unter der Signatur Cod. Ms. J. König 9 mit dem Titel ‹Aristoteles, Rhetorik› erfaßt ist. Der Originaltitel, von Königs Hand stammend, lautet: ‹Einführung in das Studium des Aristoteles an Hand einer Interpretation seiner Schrift über die Rhetorik›.

Die handschriftliche Vorlage umfaßt insgesamt 178 Blätter in einem Format nur wenig größer als Din A5 (16,6 × 20,6 cm). Die beidseitig beschriebenen Blätter sind von König auf der Verso am oberen Blattrand in der Mitte numeriert. Unter der Blattzahl, nur selten einmal daneben, ist stets eigenhändig vermerkt: «S.S. 1944» (unterstrichen). Das Manuskriptkonvolut setzt sich zusammen aus den von König mit 1–169 durchnumerierten Blättern und den als

[1] Die im Nachlaßverzeichnis gemachte Angabe «zweistündig» kann daher nicht richtig sein.

Beilagen gekennzeichneten Folia: 11a; ad 12,2; 15a; ad 22; ad 47,2; ad 50,1; ad 120; ad 120f.; ad 161.

Das Manuskript ist durchgehend mit schwarzer Tinte geschrieben, Streichungen von größerem Umfang (Zeilen, Abschnitte und ganze Seiten) sind mit Rotstift erfolgt. König hat in seinem Manuskript den Vorlesungstext vollständig ausformuliert, und nur selten einmal finden sich stichwortartige Hinweise und Bemerkungen. Von einer Reinschrift oder auch nur einer Zwischenstufe eines vorgängigen Konzepts auszugehen wäre aber verfehlt; der handschriftliche Text weist alle Spuren einer ersten, auf die Reflexion unmittelbar folgenden Niederschrift auf. Auch ist an dieser Stelle zu erinnern, daß der Text seiner Art nach ein Gebrauchstext war: Er diente als Grundlage eines Kollegs, war also nur für Königs Augen zum Lesen bestimmt, weshalb er mit solchen Schwankungen und Mängeln behaftet ist, wie sie für derartige lediglich für den eigenen mündlichen Gebrauch vorgesehenen Texte typisch und nur natürlich sind. Der Text scheint auch später von seinem Verfasser nie redigiert worden zu sein. (Zur Textbehandlung s. Ziffer 6.)

2. Daß hier nicht ein von langer Hand vorbereiteter und ausgearbeiteter Text vorliegt, ja daß König hier überhaupt nicht wie in seinen übrigen, z.T. veröffentlichten Kollegs (von seinen zu Lebzeiten veröffentlichten Arbeiten ganz zu schweigen) als der Philosoph und Gelehrte spricht, der seine in Muße gewonnenen Ergebnisse langwieriger Analysen und Reflexionen vorträgt, mag auch aus einem Umstand hervorgehen, der in die Entstehungsgeschichte des Manuskripts führt. Königs Kolleg war, wie bereits erwähnt, im Vorlesungsverzeichnis nicht angekündigt. Grund hierfür war, daß König bereits seit Kriegsbeginn ununterbrochen als Offizier im Feld stand und offenbar mit ihm auch für das Sommersemester 1944 nicht gerechnet werden konnte. Zwar hatte die Philosophische Fakultät zuvor schon (seit Sommer 1943) versucht, für König eine sog. uk-Stellung zu erwirken.[2] Noch Anfang März 1944 schrieb der damalige Dekan, der Altphilologe Karl Deichgräber, an König: «Hoffentlich werden Sie nun auch wirklich uk-gestellt […] Das Sommersemester beginnt am 17. April.» Wohl der sich immer mehr verschlechternden Kriegslage Deutschlands wegen verzögerte sich aber die faktische Freistellung

[2] ‹uk›: Abkürzung für ‹unabkömmlich›; während des zweiten Weltkrieges solche Personen, die, in kriegswichtigen Stellungen tätig, vom Wehrdienst freigestellt wurden.

vom Wehrdienst erneut. Erst Anfang Mai, und auch nur aufgrund eines Arbeitsurlaubs, konnte König nach langjähriger Unterbrechung seiner Lehr- und Forschungstätigkeit nach Göttingen zurückkehren, um dort – wie es scheint ganz aus dem Stegreif – sein Aristoteles-Kolleg aufzunehmen.[3] Die philosophische Präsenz und Ruhe, mit der König seine Gedanken über die Aristotelische Rhetorik zu führen vermag, lassen kaum etwas von diesen ungünstigen Umständen erahnen und bilden zu den damals überhaupt schwierigen und bedrohlichen Zeitläuften einen denkbar scharfen Kontrast.[4] Und doch lag es wohl an diesen forschungsfeindlichen Lebens- und Arbeitsbedingungen, daß gerade dieses Kolleg Königs weit weniger ein Forschungskolleg als vielmehr ein *Einführungskolleg* ist. Wenn daher mit den bisher veröffentlichten Vorlesungen eher der Forscher König zu Wort kommt, der in einem Spezialkolleg tiefliegende logische Probleme erörtert,[5] so begegnet man in diesem Kolleg mehr dem Dozenten, der seine Hörer in das Studium der Philosophie eines klassischen antiken Autors einführen will.

3. Es ist der einführende Charakter dieses Kollegs, der seinen besonderen, auch heute noch keineswegs veralteten Wert ausmacht. Gewiß gibt es auch gegenwärtig überaus brauchbare Einführungen zu Aristoteles, die über die weiten Bereiche seiner Philosophie informieren und die zudem auf dem heutigen Stand der philosophiehistorischen und philologischen Forschung geschrieben sind. Aber Königs Intention ist, wie er selbst gleich zu Beginn des Kollegs ankündigt, eine andere:

«Ich betone ‹Einführung in das S t u d i u m der Aristotelischen Philosophie›: d. h. es ist *nicht* meine Absicht, dieses *Ganze* der Philosophie des Aristoteles Ihnen gleichsam vor Augen zu legen, so daß Sie glauben könnten, es nunmehr historisch-wissensmäßig zu besitzen. Und zwar ist dies deshalb nicht

[3] König wurde denn auch erst eine Woche nach Vorlesungsende im August uk-gestellt und damit aus dem aktiven Wehrdienst entlassen. Doch schon sein Kolleg ‹Logik I› im folgenden Wintersemester mußte er nach wenigen Wochen wieder abbrechen, als er für den sog. Volkssturm erneut eingezogen wurde.

[4] Anders als für die Hörerschaft damals wird dieser Kontrast für den heutigen Leser nur noch an einer Stelle spürbar – dort, wo es heißt, daß eine Stunde «durch den Fliegeralarm» (S. 190) verlorenging. Weitere zeitbedingte Äußerungen und Anspielungen finden sich nur noch auf S. 94 und S. 197.

[5] J. König, Der logische Unterschied theoretischer und praktischer Sätze und seine philosophische Bedeutung, hrsg. von F. Kümmel, Freiburg/München 1994.

meine Absicht, weil ich mich in diesem Kolleg keineswegs *rein* historisch einstelle. Es ist mir vielmehr darum zu tun, durch diese Beschäftigung mit Aristoteles unserem *eigenen* Philosophieren *ganz unmittelbar* zu dienen. Dieses bedingt aber eine Gedankenführung und eine Richtung des Aufmerkens und Auswählens, die sich mit einem *rein* historischen Vorhaben nicht verträgt.»

Weder soll hier also anhand eines Textes aus einer weit zurückliegenden Zeit Philosophiehistorie um ihrer selbst willen betrieben werden noch etwa unter gänzlichem Verzicht auf einen derartigen Text in ein rein systematisches, originäres Philosophieren eingeführt werden – zwei Positionen, die sowohl innerhalb als auch außerhalb der Philosophie immer wieder in ein unüberbrückbares Gegensatzverhältnis gebracht werden. Vielmehr will König zu einem Umgang mit Texten der Vergangenheit anleiten, bei dem diese Texte und die Beschäftigung mit ihnen ein integratives Moment oder ein Medium der philosophischen Reflexion selbst darstellen. Freilich erhebt sich an dieser Stelle sogleich die Frage, was mit der hierzu erforderlichen «Gedankenführung und Richtung des Aufmerkens und Auswählens» gemeint ist. Durch eine wie beschaffene Einstellung zeichnet sich der hier angestrebte Umgang mit Texten der philosophischen Tradition aus? Und was soll es heißen, daß sich diese Einstellung mit einer rein historischen «nicht verträgt»? König äußert sich dazu im folgenden nicht mehr; die Antworten auf diese Fragen lassen sich nur aus dem durchgeführten Gang des Kollegs im ganzen entnehmen.

Und da ist zunächst zu bemerken, daß Königs Beschäftigung mit Aristoteles sich ganz offenbar von einer Haltung leiten läßt, in der er von dem Text gerade eben nur Gebrauch macht, um mit seiner Hilfe die eigene philosophische Intention auf den Gegenstand auszurichten, den auch der Text intendiert. Um dieser intentionalen Dimension des Textes gerecht zu werden, bedient König sich eines scheinbar einfachen, auf jeden Fall aber bewährten Mittels: Er wirft im Ausgang von dem Text immer wieder eigene Fragen, manchmal ganze Fragebündel auf, durch die er hinter das Gesagte zurück- und damit notwendig über es hinausfragt.[6] Dabei fällt kaum ins Gewicht, daß König diese Fragen gelegentlich nur ansatzweise beantwortet oder einfach offenläßt. Wer fragt, exponiert jedenfalls Alternativen, die in vielfältiger Beziehung zu dem stehen können, wovon der Text

[6] Vgl. S. 48f., 50, 56f., 64, 74, 76, 100, 101f., 104, 105f., 128, 131, 134, 149, 159, 163, 175, 175f.

handelt und daher sachliche Gesichtspunkte abgeben, das im Text Gesagte zumindest der Möglichkeit nach zu erörtern, zu überprüfen, zu kritisieren und zu verbessern. Es ist offenbar, daß bei einem derartigen Umgang mit dem Text auf den mit ihm verbundenen Wahrheitsanspruch von vornherein eingegangen wird. Eben im Hinblick darauf, daß dieser Wahrheitsanspruch nicht nur ernst genommen, sondern auch geprüft, d. h. nach dessen Rechtfertigung gefragt wird[7], sagt König an der oben zitierten Stelle, daß sich sein Vorgehen «mit einem *rein* historischen Vorhaben nicht verträgt». Denn die Frage nach der Legitimität eines derartigen Anspruchs läßt sich innerhalb dessen, was der Philosophiehistoriker mit seinen Mitteln aus und am Text als historisches Faktum konstatiert, gerade nicht mehr beantworten. König nimmt daher die philosophiehistorischen und philologischen Einsichten seiner Zeit (die damals vor allem durch die Arbeiten von Werner Jaeger vertreten waren und auf die König sich im Einleitungskapitel auch vornehmlich stützt) zwar durchaus zur Kenntnis. Deutlich vorgeordnet bleiben jedoch stets die an philosophischen Sachproblemen ausgerichteten Fragestellungen.[8]

Es ist dieser Umgang Königs – hier mit der Aristotelischen ›Rhetorik‹ – der diesen Text auf faszinierende Weise zum Sprechen zu bringen vermag und einem stellenweise den Eindruck verschafft, als diskutierte König mit Aristoteles wie mit einem Zeitgenossen über diese seine Auffassungen.[9] Daß der philosophische Ertrag dieses Dialogs im Vergleich mit anderen Arbeiten Königs dem einen oder anderen vielleicht eher gering erscheinen mag, liegt weniger an dem, wie es manchmal heißt, mangelnden philosophischen Sachgehalt der

[7] Vgl. die hierfür sehr charakteristische Frage «Aber stimmt nun, was Aristoteles sagt?» (S. 164), sowie das diesem Band beigefügte Vorwort von Günther Patzig.

[8] Zu den Bedingungen der Möglichkeit von Philosophiehistorie sub ratione veritatis vgl. die mit großer Umsicht vorgetragenen Überlegungen von Wolfgang Wieland, Über den Grund des Interesses der Philosophie an ihrer Geschichte, in: R. W. Puster (Hrsg.), Veritas filia temporis? (FS Specht), Berlin/New York 1995, 9–30. Die im Anschluß an das König-Zitat (o. S. 205) gemachten Bemerkungen sind diesem Aufsatz verpflichtet.

[9] Vgl. den Bericht eines Zeitzeugen über eine nur wenig später gehaltene Vorlesung Königs: « … hatte ich Königs Kant-Kolleg gehört und dabei erfahren, wie bedeutende Texte der Tradition durch richtiges Fragen zu neuem Leben erweckt werden können. Wie Odysseus am Eingang der Unterwelt den heranschwebenden Schatten der Abgeschiedenen Blut zu trinken gibt, damit sie zu ihm sprechen können, bringt der Philosoph die Texte der Tradition durch eigene systematische Fragen, die er ihnen stellt, zum Sprechen. Auf diese Kunst verstand sich Josef König in meisterlicher Weise» (Günther Patzig, Tatsachen, Normen, Sätze [Stuttgart ^{2}1988], 4).

Aristotelischen Schrift als an dem entschiedenen Einführungscharakter des Kollegs. Eingehende systematische Diskussionen werden von König ganz bewußt dadurch in einem mehr oder weniger engen Rahmen geführt, daß er (wie bereits erwähnt) den eigenen Fragen an den Text einen gewissen Vorrang vor all dem einräumt, was in der systematischen Erörterung und Diskussion als Antwort auf eben diese Fragen fungiert. Indessen entspringt dieses Tun allein aus dem erklärten Ziel Königs, in diesem Kolleg zu einem Umgang mit Texten anzuleiten, aufgrund dessen es erst überhaupt möglich wird, mit diesen Texten in eine systematische Diskussion einzutreten und damit deren intentionaler Dimension gerecht zu werden.

Gerade darin, daß König in seiner Beschäftigung mit einem Text wie der Aristotelischen ›Rhetorik‹ exemplarisch demonstriert, auf welche Weise philosophische Probleme in Gang gesetzt und entwikkelt werden, liegt (neben anderem, wie etwa der Behandlung einiger zentraler Grundbegriffe des Aristotelischen Denkens) der eigentliche Gewinn dieses Kollegs. Denn die Philosophie kann nun einmal zu ihrer methodischen und sachlichen Einführung nicht, wenigstens nicht in derselben selbstverständlichen Weise wie andere wissenschaftliche Disziplinen dies tun, auf systematische Lehr- und Handbücher zurückgreifen. Abgesehen davon, daß die Philosophie sich einer allgemein anerkannten Definition zu entziehen scheint, hängt dies auch damit zusammen, daß der Philosophie für ihre Erkenntnisbemühungen allein die Reflexion, das Nachdenken und nichts als es, zur Verfügung steht. Dies ist aber eine Fertigkeit und Fähigkeit, die auch durch das Studium eines noch so guten Hand- oder Lehrbuchs der Philosophie prinzipiell nicht erlangt werden kann. Eine gute Einführung in die Philosophie, eben so verstanden als eine Anleitung in die Tätigkeit des Philosophierens, wird daher sich zweckmäßig in einer Weise vollziehen, in der der Prozeß der philosophischen Reflexion selbst beispielhaft vorgeführt wird. Daß König dies anhand eines «verhältnismäßig *leichten* Werkes» (S. 17) gelingt, dessen Thema auch für uns heute noch lebendig und unmittelbar verständlich ist, darin liegt das ausnehmend Besondere dieses Kollegs. Denn erst auf dem vergleichsweise neutralen Hintergrund jener rhetorischen Theorie vermag sich die Bewegung der philosophischen Reflexion gleichsam konturenscharf abzuzeichnen; deren objektive Realität wird so in einer Weise faßbar, wie dies bei der Erörterung schwieriger philosophischer Sachverhalte wohl kaum möglich wäre. Freilich bedarf es gerade hierzu einer besonderen und keineswegs einfachen Kunst, die man vielleicht als Zeichen echter Philosophie deuten darf.

4. Königs Aristoteles-Kolleg aus dem Jahre 1944 ist neben der im Sommersemester 1937 gehaltenen Vorlesung ‹Interpretationen ausgewählter Stücke aus logischen Schriften des Aristoteles› (Cod. Ms. J. König 4) das einzige Kolleg, das König über Aristoteles, ja über antike Philosophie überhaupt gelesen hat. Daraus auf ein mangelndes Interesse an Themen und Fragestellungen der antiken Denker schließen zu wollen, wäre nun aber sicherlich verfehlt. Denn neben diesen beiden Kollegs stehen die zahlreichen Seminare und Übungen, vornehmlich zu Platon und Aristoteles, die König zunächst in Göttingen (1935–1939), dann nach dem Krieg als Ordinarius in Hamburg (1946–1953) und schließlich wieder in Göttingen (1953–1963) abgehalten hat. Besonders in seiner zweiten Göttinger Lehrzeit verging kein Semester, das nicht wenigstens einem antiken Thema, in der überwältigenden Mehrzahl den Dialogen Platons, gewidmet war. Darin offenbart sich ohne Zweifel die gut begründete und auch heute noch gültige Auffassung des Dozenten, daß für das ernstliche Studium der Philosophie die gründliche Lektüre der Platonischen Dialoge unverzichtbar ist. Ein Grund für die scheinbare Zurückhaltung gegenüber den antiken Themen und Autoren in den Kollegs liegt sicherlich in der primär systematischen Ausrichtung seiner Vorlesungen, die überwiegend Titel wie ‹Logik› oder ‹Probleme der Erkenntnistheorie›, ‹Probleme der Ethik›, ‹Probleme der Ästhetik›, ‹Probleme der … › trugen, aber seltener den Eigennamen eines philosophischen Autors vergangener Tage mit sich führten. Bei näherem Zusehen wird man jedoch feststellen können, daß König auch in diesen Vorlesungen immer wieder versuchte, systematisch-philosophische und historische Fragestellungen zu verbinden und aufeinander zu beziehen.[10] Diese Feststellung kann die Frage nahelegen, ob nicht auch das vorliegende Kolleg, ungeachtet der in ihm klar ausgesprochenen didaktischen Absichten und Ziele, einem persönlichen Motiv entspringt, das verständlich machen kann, warum König sich ent-

[10] So ist, um bei Aristoteles zu bleiben, z. B. Königs Kolleg ‹Theoretische und praktische Sätze I› vom Sommersemester 1953 (Cod. Ms. J. König 25) fast gänzlich eine Diskussion mit Aristoteles über dessen Auffassung universaler, partikularer und singularer Sätze. Ein sehr kurzes Résumé Königs hiervon ist in den nun ganz oder teilweise veröffentlichten Vorlesungen zu Königs Konzept theoretischer und praktischer Sätze abgedruckt, in: J. König (o. Anm. 5) 193 f.

schlossen hat, gerade der Aristotelischen Rhetorik, einer in philosophischer Hinsicht sehr speziellen und von nicht wenigen sogar als philosophisch belanglos taxierten Thematik, ein ganzes Kolleg zu widmen.

Bei der Beantwortung dieser Frage ist man nicht auf bloße Vermutungen angewiesen. In einem Logikkolleg aus dem Sommersemester 1948 (Cod. Ms. J. König 16) erinnert König eingangs an vier verschiedene Inbegriffe von ‹Logik›, an die man in der damaligen philosophischen und wissenschaftstheoretischen Situation denken konnte. Neben der Aristotelisch-Scholastischen Logik (für König und seine Zeit noch eine Einheit), der modernen mathematischen Logik und der transzendentalen Logik führt König eine vierte Gruppe an, die, wie er sagt,

«am schwersten zu fassen ist, weil sie am wenigsten einheitlich ist. Betrachtungsweisen, die ihr zuzuzählen sind, sind sehr verbreitet und haben schon eine lange Geschichte, sind aber auch *sehr verstreut*. Man möchte meinen, es gehöre zu ihrem Wesen, *unsystematisch zu sein*. In der Tat ist es, wenn ich recht sehe, ein *Kernproblem* dieser Gruppe, ob sich ein Blickpunkt finden läßt, aus dem heraus sie als ein in sich zusammengehöriges Ganzes entwikkelt werden könnte.»

König charakterisiert sie «nur ganz oberflächlich» so, daß sie anders als die ersten beiden Gruppen (von der dritten, der transzendentalen Logik, sieht er dabei ganz bewußt ab)

«innigst berührt und betroffen und soz. in logischer Rücksicht philosophisch erstaunt ist von der im übrigen ja sehr offenkundigen Tatsache, daß wir Menschen doch nicht nur Gedanken äußern und Gedanken denken, die in dem Lehrbuch irgendeiner der vielen möglichen Wissenschaften ihren idealen Ort haben, sondern daß wir vielmehr weitaus zumeist nicht etwa *un*-wissenschaftlich, sondern *a*-wissenschaftlich denken, reden, mitteilen, uns unterhalten [...] Und nun ist natürlich die Kernfrage die: ob denn die eigene Natur und der Zusammenhang dieses a-wissenschaftlichen alltäglichen Denkens, Redens, Sich-Unterhaltens und Mitteilens überhaupt so ist, daß es wünschenswert oder wohl gar notwendig wäre, ihm eine besondere Beachtung und Behandlung in *logischer* Rücksicht angedeihen zu lassen. Und in dieser *einen* Frage sind dann eine ganze Reihe anderer sehr fundamentaler Fragen eingeschlossen, die ich hier nicht einmal erwähnen kann.»

König gibt daraufhin «mit Vorbehalt» einen Überblick über die Geschichte der literarischen Manifestationen dieser vierten Gruppe. Und an dieser Stelle heißt es – einigermaßen überraschend:

«Und da ist zunächst wieder *Aristoteles* zu nennen. Neben dem Organon hat Aristoteles auch eine *Rhetorik* geschrieben, und in dieser *Rhetorik* findet sich mancherlei, was an unsere 4. Gruppe denken läßt. Die Aristotelische Rhetorik wird heute nicht mehr viel studiert; in früheren Jahrhunderten war sie eines der am meisten studierten Werke. Und im ausgehenden Mittelalter waren die Lehrstühle für Logik – an den Universitäten – meist auch Lehrstühle für Rhetorik. Ich erwähnte schon, daß Aristoteles die Behandlung z.B. von Bitt-Sätzen in die Rhetorik verwies. In der Tat ist das Verhältnis von Logik und Rhetorik ein interessantes Problem, das tiefer liegt, als man auf den ersten Blick meinen sollte. Die Rhetorik ist – von ihrem Thema her – gehalten, ihre Aufmerksamkeit dem menschlichen Miteinandersein in Rede, Gespräch, Unterhaltung zuzuwenden. Unterhaltung heißt griechisch διάλεξις – διαλέγεσθαι – von woher sich bekanntlich unser Wort *Dialektik* herschreibt. Und was wir heute Logik nennen hieß in der Antike meistens ‹Dialektik›.»

Gerne würde man hier mehr über das Verhältnis von Logik und (Aristotelischer) Rhetorik hören. Doch König geht an dieser Stelle in seinem Überblick über die Literatur dieser vierten Gruppe weiter und kommt dann bald auf den eigentlichen Gegenstand seines Kollegs zu sprechen, und das ist nicht die «philosophische Logik» (wie er die 3. und 4. Gruppe zusammenfassend nennt), sondern die formale Logik der ersten, vor allem aber der zweiten Gruppe. Gleichwohl ist es für jeden König-Leser offenkundig, daß in dieser Art Logik nicht nur der lebensphilosophische Ursprung von Königs eigenem Denken liegt,[11] sondern daß mit ihr auch – freilich in anderer Blickrichtung und unter Aufnahme auch logisch-analytischer Methoden – ein wesentlicher Zielpunkt seines Philosophierens bezeichnet ist: Das Projekt einer philosophischen Logik, dem König seit Ende der 40er Jahre den Arbeitstitel ‹der logische Unterschied theoretischer und praktischer Sätze› gab, beschäftigte ihn jedenfalls Zeit seines Lebens. Es bleibt daher zwar immer noch eine Vermutung, aber doch keine bloße Vermutung, wenn man die Hinwendung Königs zur Aristotelischen ›Rhetorik‹ im Sommersemester 1944 mit diesem tiefer gelegenen, ursprünglichen Interesse an einer philosophischen Logik in Verbindung bringt, auch wenn dieses Interesse im Kolleg selbst der

[11] König hebt denn auch in dieser Gruppe neben anderen Autoren vor allem seinen Lehrer Georg Misch und dessen «unveröffentlichte Manuskriptberge» über Logik hervor. (Inzwischen publiziert: G. Misch, Der Aufbau der Logik auf dem Boden der Philosophie des Lebens, hrsg. von G. Kühne-Bertram und F. Rodi, Freiburg/München 1994.)

didaktischen Absichten und Ziele wegen kaum einmal seinen Niederschlag gefunden hat.[12]

Es würde den Rahmen dieses Nachworts sprengen, hier auf die Bedeutung und den Einfluß der Aristotelischen Philosophie auf das Denken Josef Königs im ganzen einzugehen. Ein kurzer Hinweis mehr biographischer Natur mag hier jedoch noch gegeben werden, auch deshalb, weil niemand geringerer als Martin Heidegger dabei eine gewisse Rolle gespielt zu haben scheint. König hatte nach der Veröffentlichung seiner Dissertation ›Der Begriff der Intuition‹ (1926), die sich noch ganz mit den Gedanken neuzeitlicher Autoren (Kant, Dilthey, Goethe, Bergson und Husserl) auseinandersetzte, ursprünglich vor, sich über Hegel, insbesondere über Hegels ›Logik‹, zu habilitieren.[13] Im Zuge dieser Studien hielt König sich im Wintersemester 1925/26 in Marburg auf, wo er eben Martin Heidegger hörte und auch dessen Seminar ‹Phänomenologische Übungen für Anfänger und Fortgeschrittene (Hegel: Logik, I. Buch)› besuchte.[14] In einem Brief an Plessner (vom 27. 2. 1926) schreibt König rückblikkend auf das Seminar: «Das Hegel-Seminar war nicht uninteressant – aber für mich *direkt* doch wenig ergiebig. *Das* habe ich von Heidegger mitbekommen: Hegel *ohne* gründliche Aristoteles-Kenntnis ist ein Problema.»[15] Und wenige Monate später (Brief vom 27. 5. 1926) heißt es wiederum an Plessner: «Ich weiß instinktiv ganz genau, worauf es mir ankommt und ich fühle mich auf dem Marsch. Aber es liegt noch sehr viel vor mir, das vorher bewältigt werden muß. Ich war zu lange fasziniert von der nachkantischen Bewegung. Durch Hegels ›Logik‹ werde ich jetzt schrittweise zurückgetrieben zu Leibniz und zu Aristoteles.»[16] In späteren Briefen (43, 47 u. 50) aus dem

---

[12] Erwähnenswert scheint mir immerhin §8 des Kollegs zu sein, wo die logische Struktur des spezifischen Handlungsbezugs des Gegenstands der Rede (im Sinne der Rhetorik) herausgearbeitet und von dort aus eine interessante Erklärung für die Möglichkeit des von der Redekunst erhobenen Allgemeinheitsanspruchs gewonnen wird.

[13] Vgl. die Briefe Nr. 27, 30, 31, 33, 34, 36, 39, 42 aus den Jahren 1925–27, in: Josef König; Helmuth Plessner, Briefwechsel 1923–1933, hrsg. von H.-U. Lessing und A. Mutzenbecher, Freiburg/München 1994.

[14] Drei Semester früher, im S.S. 1924, las Heidegger in Marburg über Aristoteles' Rhetorik! Ob König davon erfahren hat und ob das für die ja nicht gerade naheliegende Idee Königs, eine Einführung in das Studium des Aristoteles anhand der ›Rhetorik‹ zu geben, irgendeine Rolle gespielt hat, bleibt natürlich Spekulation. (Die noch nicht veröffentlichte Vorlesung Heideggers soll unter dem Titel ›Grundbegriffe der aristotelischen Philosophie‹ als Band 18 der Gesamtausgabe erscheinen.)

[15] ebd. 122.

[16] Brief 39 (o. Anm. 13) 135.

Jahr 1927 läßt sich noch in etwa verfolgen, wie aus dem ursprünglichen Hegel-Plan allmählich eine ganz eigene «Idee der Logik» erwuchs, offenbar der Keim von Königs 1937 erschienenem Werk ›Sein und Denken‹. Die weiteren Briefe (der letzte Königs an Plessner ist aus dem Jahre 1929) bezeugen die intensive Auseinandersetzung Königs mit den Arbeiten seines Freundes Plessner, aber auch und vor allem mit denen von Heidegger – von Aristoteles ist nicht mehr die Rede. Und doch: Königs ›Sein und Denken‹, eingereicht als Habilitationsschrift Ende 1933, geht unmittelbar ein älteres Manuskript voraus (Cod. Ms. J. König 96 u. 97), das von König etwa in die Jahre 1930–1933 datiert wird, und welches sehr umfangreiche Aristoteles-Interpretationen enthält, vor allem über κίνησις, δύναμις und ἐνέργεια (Met. Θ) und über πρᾶξις in der ›Nikomachischen Ethik‹, mit einer (wie König bemerkt) «langen Aristoteles-Anmerkung, die über Subjekt-Objekt geht und zuletzt mit dem abgebrochenen Spiegel-Vergleich endet».[17] Ohne an dieser Stelle die engen Beziehungen dieses Manuskripts mit dem folgenden von ›Sein und Denken‹ im einzelnen beleuchten zu können, so ist mit diesen knappen Hinweisen und Zitaten zumindest plausibel gemacht, daß auch Königs Hauptwerk durchaus Bezüge zur Aristotelischen Philosophie hat, auch wenn diese Zusammenhänge in ›Sein und Denken‹ nicht offen zutage liegen.

In dem Band schließlich, der nahezu das gesamte zu Lebzeiten veröffentlichte Werk Königs enthält, stellt der Herausgeber im Rückblick auf die dort versammelten sechs Aufsätze fest: «König pflegte seinen Blick auf die ‹Sachen selbst› zu richten, und seine Überlegungen im ständigen Gespräch mit den Klassikern, hier vor allem mit Kant, mit Hegel und immer wieder mit Aristoteles, fortzuführen.»[18] Für Königs Beziehung zu Aristoteles gilt also dasselbe, was einmal zu seinem Verhältnis zur antiken Welt überhaupt festgestellt worden ist, nämlich daß diese ihm «zeitlebens gegenwärtig» blieb.[19]

---

[17] Eine Anmerkung, die etwa 142 maschinenschriftliche Seiten umfaßt! – Ferner befindet sich im Nachlaß ein weiteres Manuskript (Cod. Ms. J. König 98), dessen zweiter, mehr als hundert Seiten umfassender Abschnitt mit ‹Denken und Handeln. Aristoteles-Studien zur Logik und Ontologie des Verbums› überschrieben ist.

[18] J. König, Vorträge und Aufsätze, hrsg. von G. Patzig, Freiburg/München 1978, 11.

[19] G. Patzig, Nachruf auf Josef König, in: Jb. d. Akad. d. Wissenschaften in Göttingen 1974, Göttingen 1975, 78. – König hatte sich für seine Studien zur antiken Philosophie mit einem Studium der klassischen Philologie (in den Nebenfächern) eine breite und feste Grundlage geschaffen. Dabei scheint eine frühe Neigung zur antiken Welt eine Rolle gespielt zu haben. Jedenfalls lernte schon der Gymnasiast, der das Realgymnasium

5. Der Umstand, daß König sich der Aristotelischen Rhetorik «in unhistorischer Absicht» (S. 52) nähert, führt dazu, daß König sich im Kolleg nicht mit gelehrter Literatur umgibt, wiewohl er um die Fülle derselben weiß. Auch zitiert König die griechischen Texte des Aristoteles (insbesondere natürlich den Rhetoriktext) nicht nach den seinerzeit wissenschaftlich maßgebenden Textausgaben, sondern anscheinend nach der Gesamtausgabe von Immanuel Bekker.[20] Davon abzuweichen und etwa die griechischen Zitate der ›Rhetorik‹ durch die heute führende Textausgabe von Rudolf Kassel[21] zu ersetzen, besteht jedoch kein Anlaß, zumal ein Vergleich der von König zitierten Lesarten mit denen von Kassel zeigt, daß die wenigen Abweichungen nur Marginalien betreffen. Leider gebraucht König beim Zitieren des Aristoteles nicht nur nicht die heute allgemein übliche Bekker-Paginierung, sondern gibt überhaupt eher selten die Stellen an, die er zitiert. Daher wurde bei der Redaktion des Textes die von König eingeschlagene ältere Zitierweise nach Büchern, Kapiteln und Sektionen durch die modernere Bekker-Zählung ersetzt und fehlende Stellenangaben hinzugefügt. Wo das den Rhetoriktext betrifft, ist diese Hinzufügung der Quellenbelege vom Herausgeber stillschweigend vorgenommen worden. In all den übrigen, weitaus weniger zahlreichen Fällen (andere Texte des Aristoteles und anderer Autoren) wurde die Hinzufügung in Form einer Fußnote im Text kenntlich gemacht.

Die von König gelegentlich beigezogene Übersetzung ist, wie er selbst (S. 160) sagt, die von Adolf Stahr.[22] Allerdings ergibt eine Überprüfung, daß König sich keinesfalls eng an diese Übersetzung angelehnt hat, sondern in der Regel über sie sehr frei, ja souverän verfügt hat.

---

zu Remscheid besuchte und daher keinen Griechischunterricht hatte, privat Griechisch. (Die in den bisher veröffentlichten biographischen Daten gemachte Angabe, daß König das Humanistische Gymnasium besucht habe, ist ein Versehen.) Zu seinen akademischen Lehrern in diesen Fächern zählte noch vor dem ersten Weltkrieg der Indogermanist Eduard Schwyzer (1874–1943), bekannt durch die bis heute maßgebliche historische ›Griechische Grammatik‹, und nach dem Kriege in Göttingen so bedeutende Gelehrte wie Richard Reitzenstein (1861–1931), Hermann Fränkel (1888–1977) und Max Pohlenz (1872–1962). Eine lebenslange Freundschaft verband ihn auch mit dem Gräzisten Bruno Snell (1896–1986).

[20] Aristotelis opera ex rec. Immanuelis Bekkeri, ed. Acad. Regia Borussica, vol. I–II, Berlin 1831.

[21] Aristotelis ars rhetorica, ed. R. Kassel, Berlin/New York 1976.

[22] Aristoteles' drei Bücher der Redekunst, übers. von A. Stahr, Stuttgart 1862 u. ö.

Aufgrund der vornehmlich philosophischen Blickrichtung des Kollegs wäre es wohl zu rechtfertigen gewesen, bei der Redaktion des Textes jede sachliche Kritik in den Fällen, in denen insbesondere der Historiker und der Philologe heute anders urteilen würden, auszuschließen. Zwar ist es nach mehr als einem halben Jahrhundert nur natürlich, daß manche Einzelheiten, die König (besonders im Einleitungskapitel) mitteilt, in philosophiehistorischer Hinsicht veraltet sind. Auch der Philosoph wird kraft des ihm heute zur Verfügung stehenden differenzierten begrifflichen Instrumentariums durch genauere Analyse des Aristotelischen Textes manche Auffassung Königs im einzelnen als überholt betrachten wollen. Aber dies tut dem Wert des Kollegs im ganzen keinen Abbruch: Die von König im Kolleg entwickelten philosophischen Gedanken, genauer die vorbildliche Art und Weise ihrer Exposition, werden dadurch kaum berührt und geben dem Kolleg in dieser Hinsicht sogar etwas Zeitloses. Gleichwohl wird der Leser es vielleicht nützlich finden, daß hier und da ein knapper Hinweis auf die Divergenz zur heutigen Forschungslage oder wenigstens ein Verweis auf entsprechende Literatur gegeben wird.

6. Es wurde bereits eingangs kurz daran erinnert, daß Königs Manuskript ein Text ist, der dazu bestimmt war, durch Vorlesen einem Kreis von Hörern mitgeteilt zu werden und daher von Haus aus kein Lesetext ist; und daß er eben deshalb, weil er auf Leser keine Rücksicht zu nehmen brauchte, sondern nur als Sprechvorlage für den eigenen Gebrauch diente, gewisse zunächst äußerliche Eigenschaften aufweist, die man – nunmehr als stiller Leser – als Mängel und Schwankungen bezeichnen mag, die aber, rezipierte man ihn in der Weise, für die er ursprünglich eingerichtet war, gar nicht wahrnehmbar wären. Ob, um nur irgendein Beispiel zu nehmen, die Kennzeichnung von Werktiteln, Zitaten und Einzelwörtern teils durch Anführungszeichen erfolgt, teils nicht, und wenn ja, ob in einheitlicher Form oder nicht (das eine Mal " … ", das andere Mal ‹…› – oder auch gemischt: " …› – dann wieder nur durch Unterstreichung gekennzeichnet), ‹sieht› natürlich kein Hörer, ebensowenig die für Gebrauchstexte charakteristische sehr häufige Verwendung von Abkürzungen und Kürzeln (z. B. von ‹u.›, ‹&› für ‹und›; Verdoppelung von ‹m› und ‹n› durch Überstreichung, z. B. ‹im̄er›, ‹versam̄elt›), wozu auch der starke Gebrauch von Ziffern statt Buchstaben bei allen Arten von Zahlen und Zahladverbien (‹von den 2ten› für ‹von den zwei-

ten›) gehört. Auch Schwankungen in der Groß- und Kleinschreibung und überhaupt gewisse persönliche oder auch zeitbedingte Eigenarten in der Orthographie des Autors zählen zu den Vorkommnissen, die nur der Leser, nicht aber der Hörer als auffällig oder gar störend empfindet. Besonders die von König häufig und gerne gebildeten substantivierten Infinitive und Partizipien, die bei ihm einen beträchtlichen Umfang erreichen können, werden, sowohl was die Groß- oder Kleinschreibung als auch die Getrennt- oder Zusammenschreibung sowie ihre Durchkoppelung betrifft, oft sehr uneinheitlich gehandhabt. Schließlich wird auch die Gliederung des dem gesprochenen Wort verpflichteten Textes nicht der entsprechen, die man bei einem reinen Lesetext erwarten würde. König hat seinen durchlaufenden Text nur absatzweise gegliedert, kürzere oder längere Pausen sind graphisch durch ‹Gedankenstriche› unterschiedlicher Art und Länge (–, ~, —) markiert, größere Übergänge durch eine längere Linie auf der Mitte der Seite oder durch einen Übergangssatz.

Derartige nur dem Leser auffallende Dinge, aber auch echte Fehler und wirkliche Unebenheiten beruhen indessen vor allem auch darauf, daß der Text ein Gebrauchstext des akademischen Alltags ist: König hat sein Manuskript mit nur wenig Muße von Woche zu Woche ausgearbeitet, aber den so entstehenden Gesamttext nicht mehr durchgesehen oder gar redigiert.[23] So lassen sich z. B. gewisse Schwankungen bei der Schreibweise griechischer (Eigen)Namen erklären. Schreib- und Flüchtigkeitsfehler (z. B. Dittographie), kleinere Versehen (etwa falsche Stellenangabe bei einem Zitat), Irrtümer (z. B. in einem Namen, Datum u. s. f.) und Inkonzinnitäten in der Syntax finden sich wie in jedem ad hoc geschriebenen und nicht mehr revidierten Text. Es sind zugleich allesamt Beispiele, bei denen auf der Hand liegt, wie sehr sie zu den Dingen gehören, die jedem Autor, der die intendierte Sache gedanklich fixieren und angemessen formulieren will, zunächst einmal (und vermutlich sogar notwendig so) gleichsam im Rücken seines Gestaltungswillens liegen.

Angesichts dieser Textlage wäre eine getreue Wiedergabe der

[23] Die Betonung liegt hier auf ‹Gesamttext›, denn natürlich hat König jeweils am Ende seiner Vorbereitung für die nächste Kollegstunde den Text nochmals durchgesehen und dabei vor allem die oben in Ziffer 1 erwähnten Streichungen vorgenommen. Diese Streichungen von Sätzen und von ganzen z. T. über Seiten gehenden Textpassagen sind gelegentlich zu Fehlerquellen geworden: in manchen Fällen wird zu Beginn eines Satzes eine mit dem vorhergehenden Satz (oder Abschnitt) verbundene Partikel stehengelassen, obwohl dieser Satz (od. Abschnitt) später getilgt worden ist.

reinen Manuskriptsituation (ein sog. diplomatischer Abdruck) gewiß keine Leseerleichterung und ein derartiger Text wird hier auch nicht gegeben. Die Absicht dieser Textbehandlung geht vielmehr dahin, dort in den Text einzugreifen, wo dieser seine Aufgabe, die Intention des Lesers auf den Sachverhalt zu richten, den auch der Text intendiert, wegen der oben beispielhaft angeführten Mängel nicht erfüllt und dadurch die Intention des Lesers auf die Sache beeinträchtigt. Die so nötig gewordenen Eingriffe in den Text sind jedoch behutsam und ohne Pedanterie vorgenommen worden. So ist z. B. die uneinheitliche Getrennt- oder Zusammenschreibung und Bindestrichschreibung zusammengesetzter Wörter auch gegen die heutigen Regeln beibehalten worden. Damit der Leser seine Aufmerksamkeit ungeteilt dem Inhalt zuwenden kann, wurde auch darauf verzichtet, bessernde oder berichtigende Eingriffe jeweils in einem kritischen Apparat zu dokumentieren.

Darüber hinaus trägt diese Textbehandlung dem Umstand Rechnung, daß Königs Manuskript ein Vorlesungstext ist, der dieser Mitteilungsform und Aufnahmeweise entsprechend eingerichtet ist. König vermag es, im geschriebenen Wort das gesprochene aufzubewahren, weshalb seine Kollegs, trotz vollständig ausformulierten Manuskripts, niemals ‹abgelesen› wirken. Dies gelingt ihm durch die Diktion seiner Sprache, die einerseits durch seine gemessen an den mechanischen Regeln der offiziellen Vorschriften eigenwillig erscheinende Interpunktion, andererseits aber auch durch gewisse das Schriftbild betreffende Eigenheiten unterstützt wird. Dazu gehören die zahlreichen der Betonung dienenden Unterstreichungen, die er nuanciert (einfache und doppelte Hervorhebung) sowie Akzentuierungen (só, díese). Da sowohl die Interpunktion als auch derartige Hervorhebungen nicht nur etwas Äußerliches, sondern auch tragende Elemente des Gedankens sind, wurde insbesondere die Kommasetzung Königs, die seinem Gedankengang und seiner Sprechsprache dient, nicht angetastet und die genannten Hervorhebungen auf der typographischen Ebene des Textes wiedergegeben. Der ideale Leser dieses Textes wäre mithin derjenige, der den Text bei schweigender Lektüre wenigstens für das innere Ohr laut werden läßt.

Zur Textgestaltung sei an dieser Stelle zusammenfassend und ergänzend folgendes bemerkt:

Änderungen am Text.

Geändert sind stillschweigend:
- Gliederung des (von König nur absatzweise gegliederten) Vorlesungstextes nach Teilen, Kapiteln und Paragraphen unter Hinzufügung entsprechender Überschriften.
- Unterteilung längerer (gelegentlich von uns durch Zwischenüberschriften gekennzeichneter) Abschnitte durch Absätze.
- Im Manuskript einfach unterstrichene Worte werden kursiv gedruckt, doppelt unterstrichene werden zusätzlich gesperrt.
- Vereinheitlichung der von König schwankend verwendeten sog. hervorhebenden Anführungszeichen (‹ › und " ") auf die Schreibweise ‹ ›.
- Titel von Werken werden von König entweder mit Anführungszeichen (‹ › oder " ") versehen oder durch Unterstreichung kenntlich gemacht oder bleiben (meist) unbezeichnet. Um das Druckbild nicht zu unruhig erscheinen zu lassen, wurde in der Regel auf Anführungszeichen bei Werktiteln verzichtet (in manchen Fällen jedoch auch durch › ‹ gesetzt).
- Hinzufügung der Stellenangaben, wo sie den Text der ›Rhetorik‹ betreffen (siehe oben Ziffer 5).
- Falsche Zahlen der Zitate.
- Schreib- und Flüchtigkeitsfehler (orthographischer und sachlicher Natur).
- Auflösung von unüblichen Abkürzungen und Kürzeln.
- Ersetzung von eckigen Winkelklammern durch runde Klammern.
- Veraltete deutsche Orthographie; die Kommasetzung Interpunktion Königs wurde jedoch beibehalten.

Bemerkungen und Zusätze des Bearbeiters.

Die durch schräge Klammern gekennzeichneten Bemerkungen des Herausgebers betreffen hauptsächlich:

– Hinzufügung der Quellenbelege all jener Texte *außerhalb* der Aristotelischen ›Rhetorik‹, die König zitiert oder auf die er sich bezieht, ohne sie anzugeben.

- Vervollständigung oder Hinzufügung von Literaturangaben, wo sie bei König entweder nur unzureichend oder gar nicht gegeben werden.
- Ergänzungen oder Erläuterungen sachlicher Natur.

7. Daß die im Sommer 1999 zunächst vorläufig abgeschlossene maschinenschriftliche Abschrift der handschriftlichen Vorlage letztendlich, so wie sie nun vorliegt, veröffentlicht werden konnte, wird einer Anzahl von Personen verdankt, die in überaus freundlicher Weise ihre Mitwirkung dafür eingesetzt haben. Allen voran danke ich Herrn Professor Günther Patzig (Göttingen) und Herrn Professor Wolfgang Wieland (Heidelberg), die die Veröffentlichung des Textes nicht nur mit ihrem ermunternden Interesse begleitet, sondern vor allem auch mit Rat und Tat gefördert haben. Prof. Patzig verdanke ich darüber hinaus wertvolle Hinweise zur Verbesserung des Textes. – Ferner bin ich der Inhaberin der Urheberrechte am Nachlaß von Josef König, Frau Dr. Almut Mutzenbecher, sowie dem Direktor der Handschriftenabteilung der Niedersächsischen Staats- und Universitätsbibliothek Göttingen, Herrn Dr. Helmut Rohlfing, verpflichtet für die von ihnen bereitwillig erteilte Erlaubnis, das Kolleg-Manuskript zu publizieren. Herrn Wolfgang Litzba vom Alber-Verlag danke ich für eine angenehme und effiziente Zusammenarbeit. – Dankbar bin ich außerdem all jenen, die mir bei der Klärung mancher Einzelfragen behilflich waren, so u. a. Martin Fruhstorfer, Dr. Nicola Höhmke, Sabine Köberle, M. A., und insbesondere meiner Frau Dr. Laura Santini, die überdies bei der Durchsicht der Korrekturen half und den Stellenindex erstellte.

Imola, im August 2000 *N. B.*

Stellenverzeichnis